北京扎耶德中心文
文明交流互鉴丛书

U0797109

当代阿拉伯研究
阿拉伯语语言文学学科发展与课程建设专辑
2

刘欣路　吴旻雁
主编

北京师范大学出版集团
BEIJING NORMAL UNIVERSITY PUBLISHING GROUP
北京师范大学出版社

前　言

语言互通是实现“一带一路”建设所需“五通”的前提和基础，因此，包括阿拉伯语在内的小语种已成为推动“一带一路”建设亟须的先导学科。这既为阿拉伯语专业的建设与发展提供了广阔的历史舞台，也促进了阿拉伯语教学进行更深层次的研究与改革。继2017年北京外国语大学阿拉伯学院精心策划了“第一届全国阿拉伯语专业学科发展与课程建设研讨会”后，2018年“第二届全国阿拉伯语专业学科发展与课程建设研讨会”于4月在北京外国语大学阿拉伯学院顺利召开。此次研讨会的主题是：基于专业核心素养的课堂重构。与会专家学者以不同视角对新时代阿拉伯语专业核心素养的构成、内涵、特点及相互关系展开了热烈的探讨。

两届研讨会的深入研讨，展示出阿拉伯语专业在新时代取得的成就：教材编写在质和量上显著提升，师资水平稳步提高，教学与科研良性互动。全国各高校阿拉伯语专业已培养了一批批服务于我国各行各业的阿拉伯语人才。

本书所收录的是“第二届全国阿拉伯语专业学科发展与课程建设研讨会”会议论文，是近年来阿拉伯语专业在基础理论、教学法、教材编写、课程建设、师资队伍建设、外语教育技术运用以及人才培养模式等各个环节研究和实践的部分成果。本书分为三个部分：人才培养的理论与实践、教学实践的创新与发展、教研互动的深化与推进。“人才培养的理论与实践”对阿拉伯语人才培养的背景、特点、趋势及总体原则等做了宏观的研究与建议；“教学实践的创新与发展”主要是对阿拉伯语各个具体教学环节的深入思考与探索；“教研互动的深化与推进”则是对近年来阿拉伯语教学基础理论的分析和研究。全书 20 余篇论文角度不同，涵盖面广，真实地反映了研究者们的研究思路，记录了他们的研究进程与成果，汇集并提炼了新的理念和做法。

我们希望，本书的出版能够推动阿拉伯语专业优良教学传统的继承和发扬，加强同行间的交流互鉴，培养和激励青年教师开展学术研究与探索的信心和勇气。同时我们也相信，通过全国各高校阿拉伯语专业的协同创新，阿拉伯语专业未来的路一定会越走越宽！

2019 年 1 月

目　录

第一部分　教学实践的创新与发展

第二部分 教研互动的深化与推进

第三部分 人才培养的理论与实践

第一部分

教学实践的创新与发展

课堂教学的关注重点

周　烈[①]

【摘要】课堂教学是整个教学过程中的核心环节，教师应从精神面貌、备课、教学方法、师生互动、课堂节奏、课堂纪律、人格魅力、工作态度、主旋律把握等多方面着手，着力提升教学能力，提高教学质量。通过深入思考和不懈探求，每一个教师都可以有自己的特点，自己的风格，自己的风采。

【关键词】课堂教学；教学法；教学效果

课堂教学是外语教学的重要手段，课堂教学的效果直接影响外语人才的培养。因此，外语教师，特别是年轻教师应不断总结课堂教学的经验，不断提高课堂教学的质量和水平。

一、精神面貌

（一）激情

激情源于爱岗、兴趣 、热情。激情就是一种精神气，一种气场，体现的是教师自己的心理状态 、精神状态。一名有激情的教师不抱怨、不发牢骚，传递的是正能量。教师要注意教学的移情作用，不能把自己的烦恼转嫁给学生，而应该把一切苦恼和不快都丢在教室之外。

① 教授，博士生导师，北京第二外国语学院原校长，中国中东学会副会长，中国阿拉伯友好协会副会长。

（二）自信

自信首先源自对教师职业的认可度；源自作为一名教师应该具有的优越感。其次是源自对基于充分准备的自己能力的认可。有了自信，教师在课堂上就能稳得住，放得开，才不会成为“低头党”。

（三）形象

教师的形象十分重要。因为从进教室的那一刻开始，教师就处在学生们的视线之中。所以教师的服装打扮、行为举止都体现着自己的风格，都会影响课堂效果，都应大方得体。教师的面部表情、肢体语言（如笑脸、站姿等）都不是小事。

二、备课状况

（一）教学目标

1. 要有明确的目标意识

有不少教师目标意识不强，有的甚至根本不考虑教学目标，只凭自己的感觉去上课。要熟悉教学大纲，了解总目标和学科目标，以此为主线，确定每堂课的目标，并在课堂教学的过程中努力去实现教学目标。

2. 不能把教材内容作为教学目标

教材是服务于教学目标的，教学目标是一个更高的概念，是一个人才培养目标，所以不能简单地把教材内容作为教学目标。

3. 不能把语言知识作为主要目标

教师在课堂教学的过程中，不能简单地把语言知识作为课堂教学的主要目标。对于外语教学来说，就是语言能力（听、说、读、写、译）及跨文化交际等综合素质和能力的培养。

（二）课堂设计

课堂设计就是把时间、内容、方法科学地加以安排的过程。

课堂设计的原则是为教学目标服务，以教学内容为主。

1. 是否有课堂设计

首先要看是否有备课本，备课本是否很旧。如果没有备课本，那是否有打印稿。如果没有打印稿，那是否有手稿。这些稿子是否整洁、清楚。也就是说，首先要看形式上是否有课堂设计。

2. 是否详细具体

其次看教学要求、教学目的、教学方法手段、项目的设计（从开场白到结束语）、时间的安排、重点和难点等是否在课堂设计中得到体现，是否详细具体。

3. 是否有备用项

在课堂设计中安排备用项十分重要。教师对课堂上有可能发生的情况都要有所准备。教师在上课时碰到最多的情况，一是时间到了内容没讲完；二是时间没有到，但准备的内容讲完了。没讲完没关系，教师除了有点儿遗憾，不会陷入被动，反正下次可以接着讲。但提前讲完了，剩下的几分钟怎么办，这并不是每一位教师都能处理好的。如果有了备用项，教师在碰到这种情况时就可以坦然自若、沉着应对。

（三）教学内容

1. 选择合理

教师要对教材进行合理选择，要看教材是否陈旧？难易度是否合适？教师对所选教材的内容是否熟悉，是否能驾驭？

2. 准备充分

教师在上课前一定要吃透教材，要明白自己对所教内容从词、句、文，到语法、背景等内容是否已经清楚？该查的查了吗？该请教的请教了吗？该注明的注明了吗？重点清楚吗？哪些要提问学生？哪些有可能被提问？ 一定要尽可能地做到仔细、全面、严谨。要多问一些为什么，多设想一些学生有可能提出的问题，准备得越充分，心里越有底，教学效果也就越好。在课堂教学中，如果发现大多数学生都没有听明白，那就是教师没讲清楚。

三、教学方法

（一）是否使用多媒体

教师要注意音像资料使用度的把握（量 、时机、时间、内容的契合度等）。

（二）是否使用启发式

教师上课时，要多用启发式，而不能满堂灌。有的学生通过感性即直观的方式掌握外语；有的学生则通过理性即逻辑的方式掌握外语。教师在课堂教学中，要因材施教，两者并用。第一类学生适合模仿、实践练习等教学方法；第二类学生适合语法讲解、逻辑推理、语言对比等教学方法。在许多情况下，则要两者兼用。

（三）是否设计了兴奋点

兴奋点的设计，每一堂课都应该有。教师要力求每堂课都有让学生放声大笑的情景设计。要注意讲课顺序的起伏变化，切忌单一死板；要突出重点，分散难点。一节课重点、难点不能安排得太多，以两三个为宜，其余为一般性内容。教学内容不能拆散、打乱，但重点和难点之间也要有间歇，“一张一弛”在课堂教学中也适用。

（四）是否考虑了综合能力的提高

教师上课不是只练习某一项，过多的朗读、听写、词汇讲解都不合适。要注意语言技能的培养，不是记住多少词和句，而是要学会用，要能用所学词句使用语言。这是外语教学的基本原则——实践性原则——决定的。

（五）是否能随机应变

随机应变是指，教师要能沉着应对课堂上发生的事先没做准备的情况。如：教师在备课时认为难的内容，学生却都已经懂了；教师以为容易的内容，学生却不明白；教师在课堂上被学生问住，答不出来；教师在课堂上与学生情绪对立，导致气氛紧张等。如何处理这些情况，取决于教师的教学机智。课堂教学是一个人综合素质和能力的体现和展示。教师要能在课堂上做到随机应变，可遵循以下三个原则。

第一，沉着冷静，遇事不慌。

第二，积极思考，巧妙应对。

第三，态度诚恳，留有余地。

课堂安排应留有一定的自由度，对于细节，不必规定得太详细、太具体，以免束缚手脚。

（六）是否能坚持用外语讲课

难，但一定要坚持。

四、与学生互动情况

（一）是否有明确的意识和目的

外语教学必须有课堂互动。一是为了检验教师教的和学生学的情况；二是为了给学生练习、展示自己的机会，以培养学生的综合能力，特别是交流合作的能力及自信心。

（二）是否有行之有效的安排

要看教师与学生互动的项目安排得够不够，是否合理合适，教师是否随时关注学生的反应和状态，是否根据课堂效果不断进行调整。

（三）方法是否正确

教师与学生互动不是追求全堂闹哄哄的形式，而是重在培养学生独立思考和解决问题的能力，特别是创新能力；是为了了解教师是否讲清，学生是否听懂；是为了了解学生是否已经掌握所学知识。在课堂互动的过程中，教师要特别注意学生积极性的维护和培养，要充分考虑互动方法的得当。

（四）是否考虑到点和面的结合

教师要考虑如何让全班学生都有机会参与到互动中来，成绩差的、不愿讲的、坐后面的、坐边上的都应有机会得到锻炼，有收获。在互动过程中，教师要注意调动每一个学生的积极性、主动性。

五、课堂节奏

（一）课堂教学活动的穿插、搭配是否合理

教师要把握好构成课堂教学活动的各种变化，包括按时上下课，学生最讨厌的是拖堂。

（二）是否重视开头的效果

开头的作用如下。

1. 引起学生的注意

把学生的注意力集中到教师的指令上来。

2. 为整堂课定调

有利于整个课堂教学活动的展开。

如何开好头呢？加强刺激强度、明确指令要求、不断变换方式。

（三）语速是否适当

教师在课堂教学过程中，要有意识地调整控制自己讲课的速度、音调，如学生较为熟悉的、已经讲过的内容可以讲快一点儿，声音也可以轻一点儿；对于难点和重点则应该讲慢一点儿，声音也可以重一点儿。

（四）时间是否把握

教师既要注意课堂上对每一个项目时间的把握，也要注意对整体时间的把握。课堂教学要尽量按设计推进，不要被卡住，不要被学生牵着走，自己更不要信口开河，天马行空，东拉西扯，而是要掌握主动权，做到心中有数。

（五）信息量是否把握

教师要关注讲解内容的量、实用性、新鲜感；要关注学生的收获感如何、是否吃饱；要尽量完成课堂设计安排的内容。最好是有所补充，但不要勉强，把握好度。

总之，教师在课堂教学进行的过程中，要把握好节奏，让课堂教学活动紧凑、高效，让学生觉得时间过得很快、很充实，而不是感到不耐烦，期盼早点儿下课。

六、课堂纪律的把握

（一）是否有要求

规矩一定要有，教师在第一堂课就要对学生提出明确、具体的要求，要把丑话说在前面。另外，每一堂课，在课堂教学进行的过程中都应根据具体情况提出具体要求。

我在第一堂课提的要求：一要勤奋，什么是天才呢？天才等于聪明加勤奋；二要自重，要求学生首先要尊重自己，尊重自己的人才会懂得尊重他人；三要合作，一个巴掌拍不响。你来求知求学，你想要，你就好好跟我配合。

（二）是否敢管

必须要管，不要怕管，学生最终敬佩的是要求严格的老师。

（三）是否有方法

怎么做？用哪些方法？学生打瞌睡、看手机、看其他东西、和同学说话、不配合、作业不完成、和老师发生冲突等，怎么办？如何避免？如何化解？总体而言，提倡鼓励为主，正面引导，提倡在课堂上给学生留有面子和余地，课下单独谈话，严格批评教育。但无论在什么情况下，切勿恶语伤人，更不可人身攻击，甚至体罚。

七、人格魅力

（一）行为举止是否得体

教师的语言谈吐是否有度，个人行为是否正派是决定教师人格魅力的重要因素。教师在课堂上过多地讲闲话，过分地自夸，议论他人等都不应该，都不得体，不符合为人师表的要求。

（二）对学生是否有爱心

教师在教学过程中，是否有谩骂、讽刺、挖苦学生的情况？是否对学生实施过冷暴力？对学生的感情投入有多少，真诚度如何？对学生的关爱程度如何？能否做到找每一个同学都交谈一次？教师可用多种轻松愉快的方式（如喝茶 、喝咖啡、吃饭、散步等）和学生沟通和交流。

（三）是否能平等对待每一个学生

教师对待优生、差生、男生、女生、美的、丑的、甜的、木的、穷的、富的是否能一视同仁，是否有偏爱，是否因此而产生无意识或潜意识行为伤害学生，甚至与学生产生情感裂痕，或是造成学生之间的不团结，形成派别？

（四）性格是否开朗

教师在课堂上要尽量阳光、热情开朗，向学生呈现一种积极向上的精神状态。教师的性格会影响班风的形成，影响学生在课堂上的状态。要正确理解师道尊严，做教师不是做官，不能恩威并施。学生的尊重不是讨来的、要来的，而是在你真心付出后学生回报给你的。

八、工作态度

（一）认真的程度

教师要认真对待备课、讲课、布置作业等每一个环节，要注重敬业精神、专业精神的树立。

教师要特别注意班风的培养，要引导学生构建生动活泼、团结向上、积极主动、刻苦勤奋、全面发展的班集体。

（二）负责的程度

教师要有高度的责任心，要对工作负责、对学生负责、对家长负责、对校系负责、对同事负责。

（三）投入的程度

教师在教学方面花了多少时间和精力？是否早到晚归？作业的布置、收交、批改是否及时到位？

（四）合作的程度

教师要注意与领导、与同事的合作，特别是与平行班教师的合作，要有团队意识。同事之间要真诚相待，提倡竞争，但这种竞争是良性的，是相互促进的，是充满正能量的，反之则不提倡。

九、教学的深度和广度

（一）教学的学术性

教学有深度、有广度、有高度、有厚重度，有很高的含金量。教师对此必须有明确的领悟和正确的认识。

（二）教学的严谨性

作为一名外语教师，首先要做到语言不能有硬伤，不能总给学生错误的信息和知识。一旦出错，教师要正确对待自己在课堂教学过程中的错误。讲错了要正确面对，坦然承认，虚心改正。不知道就是不知道，查证后告知学生，或纠正错误。不要怕丢面子，认错、纠错一定要做，当然也不能常做。

（三）教学的无限性

教学无止境。教师需要不断修炼，不断积累，要多读书、多学习，知识的、方法的、书本的、媒体的、他人的都要学，要不断地充实、提升自己。教师最有效的学习方法是听其他老师的课，是常向他人求教，汲取他人的经验和方法。

（四）教学的研究性

教学一定要和科研相结合，让研究促进教学、深化教学、激发教学的张力，让好的教学方法变成优秀论文，让好的讲稿成为优秀教材。

教师对这几点要有明确的认识，并认真落实到课堂教学之中。

十、主旋律的把握

（一）政治意识

教师要讲政治，要把握主旋律，说话要有度。

（二）育人意识

三尺讲台，教书育人。教师要高度重视培养学生健全的人格、正确的人生观、价值观、世界观。

（三）理解大学精神

大学精神倡导自由的思想、独立的精神、独立的学术意志，这与主旋律并不对立，也不矛盾。不过，教师在从事教学和科研活动时也要有立场、有底线、有红线。这是务必要引起高度重视的。

十一、结语

课堂教学是一门艺术，只要不懈探求，每一个教师都可以有自己的特点，自己的风格，自己的风采。

阿拉伯语时事导读课教学探讨

叶良英①

【摘要】高校阿拉伯语专业时事导读课程对教师的语言水平、知识结构、教学方法以及课堂组织能力有不同于其他基础课程的要求。基于此种理解，本文从该课程的教学定位、理念及方法的角度进行有针对性的思考，同时结合自己的教学实践，对课程特点、教学手段，及如何培养学生自学能力、独立思考能力和综合素质等方面的问题提出自己的看法。

【关键词】阿拉伯语时事导读课程；教学理念；教学方法；综合素质

阿拉伯语的新闻报道信息广泛、内容新颖、词汇丰富、表达生动，是一种不可或缺的语言资源，具有独特的语言教学价值。专为引领学生读懂新闻报道、时事评论而开设的阿拉伯语时事导读课，作为一门课程进入中国阿拉伯语教学界的课堂已有半个世纪的历史。我校几代师生的教学实践证明，该课程对开拓学生视野，帮助学生正确认识语言对象国社会、政治、经济、文化、外交事业的发展具有积极的作用。同时，该课程还有助于学生扩大词汇量、巩固语言基本功、增强语感、提高语言应用能力，是一门综合性很强的课程，也是一门对教师富有挑战性的课程。

从教学研究的角度看，目前我国阿拉伯语时事导读课相较英、法、德等语种而言还有一定差距。这不仅表现为优质教材的严重匮

---

① 阿拉伯语言文学博士，北京外国语大学阿拉伯语系副教授，主要研究方向为应用语言学与阿拉伯语教学。

乏，也表现为与课程相关的教学研究的相对滞后。从四年前开始接手该课程教学至今，我一直关注阿语界有关该课程定位、教学理念、教学规划、教材编写、教学方法等方面的研究成果，希望能借鉴别人的经验，缩短自己的摸索过程，但遗憾的是相关文章寥寥无几。四年的教学体验虽远不足以使我有资格与同行们谈“经验”，但确有一点心得意欲分享。

一、课程定位及教材使用

教育部高等学校阿拉伯语专业高年级教学大纲指出，高年级学生应具备读懂阿拉伯报刊中的国际新闻和一般性社会题材的报道的能力。[①] 这也就是说，高校阿拉伯语专业在高年级开设阿拉伯语时事导读课的宗旨是，培养学生读懂阿拉伯语新闻报道的能力。为了顺利达到这一教学目的，教师应在充分了解学生现有语言能力的基础上，选取阿拉伯主流新闻媒体发布的、难易程度适当的新闻报道、时事评论、人物专访、专题报道、专栏文章、读者来信等，作为时事导读课素材。题材应较全面地涉及政治、经济、外交、社会、文化、教育、科技、体育、名人、休闲、环保、卫生等领域，使学生通过学习，了解背景知识和新闻事件的来龙去脉，熟悉时事语言的基本特点和新闻通讯的常见写作手法、谋篇布局手段。通过深入分析，掌握总体思想、品味文章意味，提高学生的阅读理解、分析及语言概括能力，发展学生的连贯表述能力，最终使学生具有自主阅读时事报道获取所需信息和知识的能力，开阔视野、拓宽知识面、提高综合素质及就业竞争能力。

一门课程之所以能被称为课程，首要是因为有教材。时事课程虽有因时而变的独特性，但就事件类型、事脉相承及所用词汇等方面而言，有其核心内容及相对不变的基本部分。我国开设有阿拉伯语专业的本科院校，在高年级阶段全都设有时事导读课程，但截至

① 基础阿拉伯语教学大纲研订组、高年级阿拉伯语教学大纲研订组：《高等学校阿拉伯语教学大纲》，北京，北京大学出版社，2000。

目前，各高校在该课程的教学上都各自为战，没有一部相对统一、权威的教材，各校之间也鲜有交流。结果是教师在教学上疲于奔命，在所授题材上挂一漏万。据了解，现各高校均采用网络下载的随机材料，这一做法可谓利弊参半。“利”是最大限度地保证了教学内容的时效性，学生读到的都是相关热门话题的最新报道，很容易引起学生对所学材料的兴趣。如 2009 年宰牲节后的第一周，我从《半岛》网站选取了一篇有关朝觐的新闻。通过学习，配以声像资料，学生不仅了解了朝觐的程序，学到了相关知识，还感同身受地体验了朝觐的气氛，从文章的字里行间体会了朝觐者的心情，加深了对阿拉伯伊斯兰文化的认识。“弊”是缺乏系统性和稳定性，容易使教学偏离科学、系统的轨道。朝觐作为伊斯兰世界最重要的一项宗教文化活动由来已久，年年都有。诸如此类的题材，如能找一篇评论型的文章编入相对稳定的教材，待新一年朝觐时，选取最新的具体实例加入课程，教师就可以在备课时间和量上从容许多，在对题材的理性认识上也有望不断深入；学生也可以较全面地了解这一永久性题材，同时不失其时效性。由此来看，阿语界群策群力，编写一部兼顾时效性和系统性的教材，以保证该课程教学有序、科学运行是有必要的。由北京第二外国语学院编写的唯一一部教材《阿拉伯语报刊阅读》（1993 年出版）虽因内容陈旧被弃之不用，但确不失先河之效。

二、教学理念

早在 20 世纪 50 年代末，苏联著名教育实践家、教育理论家苏霍姆林斯基，就提出了造就个性和谐、全面发展的高素质人才的教育思想。当今中国教育界倡导的素质教育，就是对苏霍姆林斯基思想的实践，其基本内涵就是要尊重学生的主体性和主动精神，满足其兴趣、爱好和需求，注重开发人的聪明才智和潜能，注重形成人的健全个性。根据这一指导思想，阿拉伯语时事导读课应着眼于提高学生的综合素养，提高其思维能力和洞察能力，激发学生的求知欲，参与构建更加合理的知识结构。

在教学过程中，教师应强调学生是学习的主体，应尊重学生的思想，在充分了解学生现有知识构架的基础上，引导、鼓励学生大胆思索、质疑，并通过自己的努力，寻求解决疑虑的方法与途径，使学生从被动的知识接受者转变为主动的参与者与积极的探索者。在此宏观设想的基础上，针对时事导读课材料知识含量丰富、语言鲜活、富有时代感的特点，我们应尽力使每一位学生在下列几个微观层面有所收获。

（一）政策动向

每一篇报道、专访或评论都不仅代表作者本人的观点，也在一定程度上代表发表该报道的新闻媒体，甚至国家及民众的观点。学生通过课程学习，了解对象国的政策及意识形态动向，提高政治敏感度，为今后从事各方面工作打下基础。同时教师也应引导学生关心时政，在纷繁复杂的社会现象中，看到社会的发展，看到自己的机遇。

（二）背景知识

很多新闻报道或时事评论都包含丰富的背景知识，内容可能涉及阿拉伯国家或世界其他各国的风俗习惯、历史、地理、文化、政治、经济、军事、社会生活等方方面面，所以增加对学生背景知识的输入、促进学生的知识衔接也是该课程的教学目标之一。

为了激发学生的探求意识，教师应在课前数日将教学材料发放给学生，使他们有较充足的时间预习，并通过查找相关资料、搜索有关信息等方式获取充分的背景知识，最大限度地自行解决疑虑。课堂上，教师可用提问的方式，引导准备充分的学生提供背景知识，解答基本问题，并给予表扬和鼓励，使课堂评价过程进入“鼓励—提高—再鼓励—再提高”的良性循环状态。要解答理解所选材料所需的背景知识，教师必须做到备课充分。在学生有疑惑或学生无法自行获取相应背景知识的情况下，教师可用讲解、补充，以及准备音频、视频资料等手段为学生解惑、释疑，使课程实实在在地完成丰富学生知识面、拓展学生思维空间、启迪学生新思路的任务。几年的教学实践证明，通过对背景知识的介绍，可以促进学生紧跟文章思路，关联时事热点，点燃学生求知兴趣与热情，同时也可以让学生理性地认识阿拉伯文化的方方面面，感受中阿文化及中阿思维方式的差异。

（三）语言表述

一篇精选的新闻报道或时事评论不仅应该能为学生提供最新的动态，开阔思路，启迪思维，丰富知识，而且在语言层面也应该是范文。通过学习，学生在用词准确、语法规范、表述达意，乃至修辞得当、逻辑严谨等层面都能有所收获。

要达到这一目标，教师首先应严格选材。随着网络技术和世界新闻业的不断发展，每周可供教师选择的新闻语言材料可谓浩如烟海。如何在众多材料中选取观点新颖鲜明、说理到位、议论深刻，语言文字精练优美、生动活泼、沟通性强、感染力大的文章，不仅需要教师精心准备，同时也要有一套切实可行的技巧。如我们可以从关注主流媒体，跟踪名家、大家等方法开始。通过多年的关注，我发现在《生活报》《半岛》《中东报》《金字塔报》《复兴报》等在阿拉伯世界具有较大影响的主流媒体发表的很多文章都具有很高的水平，有的非常精彩，堪称现代阿拉伯语的佳作。

新闻报道由于受记者个人的学识、语言及认知能力、表达习惯等方面的影响，其语言往往有较强的个性特色。在课堂讲解过程中，教师应联系每篇文章的具体内容对其语言特点（如标题、文章的用词、句法、修辞、文体等）加以介绍，引领学生品味语言，感受形象，并通过分析语言领会作者的真正意图，领悟文章的丰富内涵，使学生在语言鉴赏和运用两方面都上一个新台阶。

与其他文体的阅读材料相比，新闻语言还具有词汇覆盖面广、词义变化多、新词及外来语出现频繁等特点。对此类语言现象，教师除在课堂上为学生做出清晰明确的解答外，还应要求学生分门别类做归纳摘录，便于背记，也便于以后查用。这样，通过不断阅读、不断积累，学生的语言表达也将变得更加丰富。

当然，可能由于有的记者的语言水平有限，也可能由于记者抢时间发稿，部分新闻报道的文章显得粗糙，经不起细致的琢磨与推敲，有的甚至存在拼写、用词或语法错误。对于这类文章，我们要尽力避免由于时间仓促而误选。如果在好文章中出现此类问题，我们也不必投鼠忌器，可以直接指出，设法将“坏事”变“好事”，使学生在职业素养、敬业等方面受到教益。同时，还可以借势规避死抠字面意思的流弊，引导学生抓住大意根本，用批判的眼光看待问题，辨别真伪。另外，还可以提醒学生不可模仿使用错误用法，让学生修正文章的错误及不足。通过这种训练，学生的语法意识、逻辑意识都将得到加强。

（四）综合素质

时事材料与其他文体的阅读材料相比，还具有信息量大、题材丰富、内容新颖、观点多样等特点，因此该课程具有提高学生综合素质的价值。教师可通过组织形式多样的教学活动，使学生的理解能力、分析能力、对比能力、概括能力、提出个人见解的能力得到一定程度的提升。

时事材料可以说是当今我国阿语界学生获取信息的最主要来源之一。如何从大量的材料中提炼有高附加值的信息，进而将这些信息内化为自己的知识结构，不仅需要学生有准确的理解能力，还需要具备逻辑分析能力、对比能力和归纳概括能力。

新闻报道、时事评论往往能反映社会机构或民众团体意识形态领域内的某些观念，因此，该课程教师除了需要帮助学生从字面上正确理解文章的意思外，还应引导学生从字里行间辨析作者写作的真正意图，以及文章反映的文化取向，进而提出自己的观点，提高学生的抽象思维能力和语言组织能力。另外，同样的新闻，同样的时事热点，不同的新闻媒体，不同的写作个体基于不同的政治立场、价值取向，或从不同的视角切入，常会对同一事件写出内容迥异甚至相反的报道。如关于 2009 年发生在我国新疆的暴力事件，阿拉伯主流媒体均有不同程度的报道，但有不少报道歪曲事实，属以讹传之作。面对类似情况，教师首先应引导学生冷静看待这些报道，深入讨论产生不同报道的原因，同时启发学生对不利于我国形象的报道做积极回应。自然，鉴于有限的阿拉伯语水平，学生很难有能力在阿拉伯媒体撰文反驳，但每个学生都有其特定的阿拉伯朋友圈，通过课堂的这种训练，一方面能提高学生捍卫国家形象的意识，另一方面也可以推动学生在小范围内积极宣传我们的政策及价值观。较之教给学生具体的知识，我个人认为提高综合素质的意义更大，影响更深远。

三、教学方法

教学方法是教学理念的具体体现。如何从总体上定位教学、规划教学固然重要，但如何将教学理念贯穿、实践于教学过程则显得尤为重要。据此，阿拉伯语时事课在采纳正常教学程序（如督促学生课前预习、找出问题、说明观点等）的基础上，曾采用过以下一系列教学方法。

（一）开放式教学

每学年的前几节课，教师通过分组的方式，请学生介绍用阿拉伯语出版的各国新闻媒介。48 个学生通常被分成 7 组，分别代表沙姆地区、海湾地区、阿拉伯半岛其他地区；埃及、马格里布地区、北非其他地区及非阿拉伯国家。在充分准备资料（包括音频资料和视频资料）的基础上，每组推选一名同学代表本组向全年级同学介绍所负责区域用阿拉伯语出版的新闻媒介的概况和主要特点。介绍形式不拘一格，同组同学可以补遗，其他同学随时可以提问。这种教学法有利于学生积极主动地参与教学过程，同时也培养了他们的集体协作精神与当众演讲能力。在整个过程中，教师将讲台交给学生，做忠实的倾听者，并在最后做点评、补遗和鼓励。在七周后改用学生到讲台向其他同学以报道新闻的方式继续该教学方法，做报道的学生还可以随机选择同学为其做口译。整个过程中，同学和教师也可以向做报道的学生提问。提问内容包括语言点、背景知[illegible]还包括报道人对事件的看法等。这种开放式教学对活跃课堂气氛，提高学生的课外准备积极性，引导学生尽快进入角色，甚至对提高他们的待人处世能力都有一定的帮助。

（二）点拨式教学

在学生自主解决问题遇到一定障碍时，为提高课堂单位时间的效率，教师可通过点拨、引导、启发等方式激发学生的思维，使其更加主动、积极地思考，以更大的学习热情获取知识，形成概念。

如在第一堂课，即新闻标题课上，教师事先从阿拉伯各国的主流媒体选取一定量的新闻标题，其中既包括硬新闻的标题也包括软新闻的标题，供课堂学习和讨论。在采用答疑的方式快速讨论完标题内容后，教师让学生总结阿拉伯语新闻标题的特点，以完成课堂教学的相应目标。但首次在课堂上接触新闻的学生，往往不知从什么角度着手进行总结。此时，教师可引导学生回过头去考察已学新闻标题的词汇特点、句式特点、修辞特点和语言表现力。通过教师的点拨和启发，学生会有茅塞顿开的感觉，争相发表意见。教师再通过梳理、总结和归纳，变零散为条理，这样，阿拉伯语新闻标题的特点学生便了然于心了。接下来，教师还可采用点拨的方式，引导学生进行横向比较，比对不同媒体在新闻标题写作上存在的差异，为学生日后自主阅读报刊文章打下基础。

在学习时事评论文章时，归纳文章的中心思想和写作的真正意图常常会对学生构成挑战，因为学生往往只求字面理解句意，做零散总结，不做深层次发掘。此时，教师需做一步步地点拨和引导，让学生多思考“为什么”“怎么样”。如前不久我选取了《生活报》上发表的一篇评论文章《阿拉伯文化——中心和边缘》作为时事课的教学材料。文中，作者用近半篇幅介绍了开罗作为文化中心时阿拉伯世界经历的辉煌，用另一半篇幅介绍了自从社会由文化专家治国转向技术专家治国后，西方的科技文化成了世界的主流文化，阿拉伯文化逐渐被边缘化，开罗的中心作用消失，阿拉伯世界不再有文化大师，也不再有中心。请学生总结中心思想时，学生的观点只限于“开罗原先是阿拉伯世界的文化中心，但这一切已成明日黄花”这一点。通过教师一步步的点拨、设问，学生才从文章的字里行间看出作者的忧虑——没有文化中心的国家不会有未来，和作者的雄心——重塑阿拉伯文化中心。最后，教师还应趁热打铁，就文章内容扩散开去，引发学生对中国文化现状作思考，呼吁学生居安思危，时刻意识到：中国优秀的传统文化是中华民族的血脉和灵魂，是中华崛起的根基和发展的优势。

（三）讨论式教学

该教学法贯穿于阿拉伯语时事课教学的始终，从第一次课的新闻标题学习到最后的时事评论，我们都在特定时段采用该教学法组织课堂教学。

如新闻标题课上，教师选取几篇篇幅短小的新闻报道，去掉标题，在学生正确理解内容的基础上，结合上半堂课总结的阿拉伯语新闻标题的特点，组织学生分组讨论，利用集体智慧为文章设计标题。设计完，每组挑选出一两个最好的标题写到黑板上，教师和学生再次围绕每组设计的标题进行讨论、评判，最后教师亮出原文标题，并做简要点评。通过这种训练，学生就能将新闻标题的特点铭记于心了。

在以后各周的课堂教学中，教师可在深入研究教学内容，以及了解学生知识结构、语言能力和关注焦点的基础上，精心设计几个旨在启发学生思考的问题，供课堂集体讨论。这些问题不应是简单的对错题，但可以是能对学生原有的知识和他们原先看待问题的方式或态度形成挑战的话题，也可以是与学习材料相关、同时也是作为当代大学生必须关注的话题，如时事热点、社会发展、时代风尚、家庭婚姻、女性地位等。此类话题很容易引发学生的探究兴趣和讨论热情。为了鼓励阿拉伯语语言水平稍差的学生参与讨论、发表见解，教师可在课前将讨论题通过班级邮箱发送给学生，供他们课前准备。这样，通过课前查阅资料、准备素材及课堂上的热烈讨论、分析，使他们提高了自学能力，得到了语言实践的机会，强化了思辨能力和用外语连贯表述自己观点的能力，更为重要的是，一段时间后，能够达到大大提高部分先前程度较差学生的自信心的效果。另外，日积月累的训练还有助于培养学生不怯场的良好心理素质。

（四）探究式教学

对于同一内容的重大新闻，不同媒体报道的侧重点各有差异；对于公众关注度高的新闻，不同媒体均会做后续报道。教师可根据新闻的这一特点，引导学生思考、关注，提出问题，并探索多种途径解决问题。

当出现重大事件时，教师可为学生选取数篇关于同一内容的、来自不同阿拉伯国家主流媒体和中国主流媒体的报道，引导学生学会用探究式方法解决问题。具体程序如下：课堂上，教师只对其中一篇阿文报道做充分讲解和讨论，其余的留待学生课后自学、消化。自学过程中，教师指导学生借助相关理论书籍和其他信息资源就汉语和阿拉伯语新闻报道的语言特点、侧重点做初步总结。随后敦促学生继续关注相关媒体的后续报道，并做数据统计分析，总结阿拉伯各国媒体对该事件的报道体裁，如事实性报道、评论和特写在新闻语篇中所占的比重，从中一窥各国新闻业的传统，进而判断出哪些国家的受众喜欢用事实说话，哪些国家的受众喜欢对事件发表评论，为学生日后从事有针对性的外宣工作奠定基础。

事实证明，该教学方法对培养学生的科研意识有一定的帮助。最近几年，笔者供职的北京外国语大学阿拉伯语系每年都有毕业生选择新闻报道作为研究课题。通过较长时间关注阿拉伯主流媒体对某一事件的报道，总结规律，最后写成学士学位论文，且常有学生的论文超出预料，堪称优秀。如 2010 届毕业生中，有一名学生以“对阿拉伯《生活报》关于中国报道的分析研究”为题，选取 2009 年 7 月 5 日至 10 月 7 日期间《生活报》新闻语篇标题中出现“中国”字眼的文章为研究对象。按照立场、篇幅、消息源、发布时间、报道方式、前后关联等标签标注，最后进行数据汇总，分析相关结果。文中，这名学生还以对新疆事件的报道为例，分析该阿拉伯媒体对中国政府的宗教政策的认识及其对中国的态度；以对国庆60周年报道为例，总结该阿拉伯媒体对中国整体实力发展的认识。这名学生还对比了《生活报》对这两次重大事件报道的差异性，分析了产生差异性的主要原因，对我国的外宣工作提出了针对性较强的建议。

（五）任务型教学

为激发学生的学习自主性，阿拉伯语时事课在不同的学习阶段设定不同的教学任务，将完成任务的过程作为学习的过程，并通过展示任务成果来体现教学效果。可作为任务教学目标的题材有很多，教师在设计过程中既要考虑契合学生的兴趣，使学生通过任务教学把所学知识、语言能力与实际生活相结合，同时也要兼顾可操作性。北外阿语系尝试让学生报道新闻、介绍阿拉伯国家新闻媒体、描述新闻图片、仿写新闻或评论、模拟记者招待会等任务教学模式，以锻炼学生收集、整理信息，综合分析问题、提出个人见解的能力。

发生在国内外的重大事件，学校承办的重大外事活动等都可以成为任务教学的题材。如上海世博会开幕前，教师事先给学生布置仿写新闻报道的任务，要求学生关注开幕式的整个过程，并自由组成五人一组的小组上网查阅资料，用集体的智慧完成报道写作，学生的积极性普遍较高。通过团队合作，学生大多较好地完成了任务。又如新近开幕的世界杯足球赛是很多学生，特别是男生关注的焦点。教师通过网络下载与此相关的新闻图片供学生练习做现场报道。又如前段时间发生在我国的多起校园血案，令国人震惊，也激起了高校学生极大的愤慨。教师以此为题材，组织学生模拟记者招待会，用阿语发表自己的看法，谴责凶手的惨无人道，同时反思在类似案件发生时，媒体应如何担负起社会责任。通过学生的畅所欲言和教师的适度点评，学生意识到新闻媒体一方面应尽可能地满足公众的知情权，但同时也不宜对此类负面新闻做过多渲染，以免给潜在的犯罪分子带来示范效应，使他们铤而走险。最近两年，北外阿语系每年都有相当比例的毕业生就职于中央电视台阿语频道、新华社、国际广播电台、中国网等新闻媒体单位，因此进行类似的任务教学模式对提高学生的就业竞争力和工作适应能力，提高学生对职业道德的认识都有一定的作用。

（六）讲解式教学

作为传统的教学方法之一，讲解式教学的主要优点是教师能用学生易懂的方式，经济、有效地同时向很多人传授知识。在时事课上，该教学方法主要用于解释与所学新闻语篇相关的语言点、语体知识，促进学生对阅读技巧和策略的掌握。

讲解式教学被很多人认为是一种“填鸭式”的教学模式，容易导致学生机械、被动地学习，但本人认为在时事课上，为了帮助学生尽快理解高难语料，该教学方法仍是一种行之有效的教学手段，特别是在解释词汇、句子或段落意义、篇章结构时，其优势显得尤为明显。采用讲解式教学应特别注意师生的情感交流，注意师生间的心灵互动，只有这样，这一传统教学法才能摆脱其固有的被动弊端，释放出新的活力与优势。

以上各种方法应灵活运用、有机组合，以促进学生积极思考，使学生的学习能力和综合素养有实质性的发展和提升，从而使本课程成为一个培养学生主动学习、主动探索的平台。

四、结语

时事导读课是一门对教师语言水平、综合知识以及教学方法、课堂组织能力要求较高的课程，因此教师有必要深入思考该课程的定位、教学理念及教学方法，同时针对课程自身的特点，采取灵活多样的教学手段，不断加强学生的阅读能力和自学能力，提高学生思维的灵活性和观察问题的洞察力，充分发掘该课程的语言教学价值和素质教育价值。

【参考文献】
[1] 端木义万．英美报刊阅读教程[M]. 南京：南京大学出版社，1997.
[2] 端木义万．报刊教学与素质教育[J]. 中国外语杂志社,2006（5）.
[3] 基础阿拉伯语教学大纲研订组，高年级阿拉伯语教学大纲研订组．高等学校阿拉伯语教学大纲[M]. 北京：北京大学出版社，2000.
[4] 江明．教师质量的永恒话题——面向21世纪提高教育质量国际论坛论文汇编[C]. 北京：语文出版社，2001.
[5] 束定芳、庄智象．现代外语教学——理论、实践与方法[M]. 上海：上海外语教育出版社，2004.
[6] 苏霍姆林斯基著，蔡汀译．怎样培养真正的人[M]. 北京：教育科学出版社，1992.

浅谈阿拉伯语语调教学

陆映波 [1]

【摘要】掌握阿拉伯语的语调规律是讲对、讲好阿拉伯语的基础。阿拉伯语语调教学对于语言教学而言具有重要的意义，却长期没有得到应有的重视。在本文中，我们主要探讨"现代标准阿拉伯语的语调呈现规律"和"我国阿拉伯语语调教学所面临的问题"这两个问题，希望能够对阿拉伯语教学事业有所促进。

【关键词】语调；阿拉伯语教学；标准阿拉伯语

语调是指"说话时高低、轻重、快慢搭配起来的腔调"[2]，是"人类语言共有的以音高运动为主要特征的超音段现象"[3]。布林格（Bolinger，1989）认为"音高是语调的最重要的因素"[4]。通常来讲，每种语言都有自己的语调，不同的语言会表现出不同的语调。对于母语而言，人对语调的把握是通过大量的语言积累将其内化在其语言系统中，其语调的把握通常会符合该种语言所公认的语言习惯，所以人在讲其母语（包括方言）时会表现出这种语言本应呈现的语调。对于外语而言，学习者常常会受到母语的影响，将母语中语调的感觉迁移到所学外语中，造成语调的"误用"。

尽管世界上的任何一种语言都有语调，但是有些语言属于声调语言（tone language），如汉语和法语，在声调语言中声调是通过不同的调值去标记的；而有些语言是语调语言（intonation language），

---

① 博士，北京语言大学中东学院阿拉伯语系副教授。

② 《现代汉语小词典》，871 页，长春，吉林教育出版社。

③ 陈虎：《英语语调研究百年综论》，载《解放军外国语学院学报》，2009（3）。

④ Bolinger Dwight，*Intonation and its Uses*，Stanford，Stanford University Press，1989，p.1.

如英语和阿拉伯语，在语调语言中语调是通过不同的音高去标记的。对于以汉语为母语的学习者，在他们习得语调语言的过程中，对语调的把握常常会忽略不同音高的表述方式，习惯性地将具有不同语调的音节置于同一音高加以表现，从而表现出“中式外语”的特点；而对于以语调语言为母语的学习者，在他们习得汉语的过程中，常常难以体会到不同调值的区别，在表达的过程中会将具有同一音高不同调值的音节置于不同的音高，从而表现出“怪腔怪调”“洋腔洋调”的现象。所以，当外语学习者去习得与母语处于不同语调类型的语言时，往往会在语调（声调）的把握上遇到更大的困难，需要对所学语言的语调特点通过跟读模仿进行细致的比对，切忌用母语语调的感觉去诠释所学语言的语调。

一、现代标准阿拉伯语（MSA）的语调呈现规律

在我国阿拉伯语教学过程中，对于语调的运用规律所提甚少，其中涉及的部分仅与陈述句、一般疑问句和特殊疑问句的声调相关，如：“‘هل’是个疑问虚词，用它发问的疑问句为一般疑问句，读升调。”[①]“特殊疑问句是就句子中的某个成分来提问的疑问句，句首用疑问代词 أين、كيف、من、ما，这种句子用降调。”[②]句子的声调在大部分情况下又直接由句子末尾单词的声调决定。但在实际运用的过程中，现代标准阿拉伯语语调呈现出更多的形态和规律，这些形态和规律主要表现在不同单词的声调选择上，这些单词不同声调的组配会使阿拉伯语篇章呈现出不同的语调。总体而言，可以将阿拉伯语语调规律总结为以下几点。

① 国少华主编：《新编阿拉伯语（第一册）》，28页，北京，外语教学与研究出版社，2002。

② 国少华主编：《新编阿拉伯语（第一册）》，68页，北京，外语教学与研究出版社，2002。

（一）升调词语和降调词语交替出现

在阿拉伯语篇章有声呈现的过程中，升调词语和降调词语通常会交替出现。我们很少见到呈现单一升调或降调的阿拉伯语句子和篇章（由单个单词组成的句子和篇章除外）。这一规则出现的原因比较易于理解：阿拉伯语篇章的语调体现为每一个单词的声调，通常来讲，一个篇章中的单词在有声呈现时会有升调、降调和平调三种可能性，其中平调出现的场合相对较少，大部分情况下篇章中的单词会以升调和降调的形式出现。在表现的过程中，升调和降调是相互依存、互为衬托的关系。换句话讲，阿拉伯语句子中单词声调的表现通常采用“欲扬先抑”的形式，如果句末单词为降调，其前的单词只有处于升调方能使其后单词“降调”的效果得以突出，反之亦然。从根本上讲，这一规律的出现是由阿拉伯语篇章最佳表现效果的要求所决定的。我们通过一个例子来说明。①

أنا حسن مراد، أنا مدرّس لغة عربية، أنا من القاهرة، القاهرة في مصر، أنا مصرى، وبيتي في القاهرة. الآن أنا في مطار القاهرة، هو مطار كبير، سيارتي خارج المطار، أنا في صالة الانتظار، أنا في انتظار صديقي وأسرته، صديقي اسمه السيد علي الحلبي هو من دمشق، دمشق عاصمة سوريّة، صديقي سوريّ، هو رجل أعمال، صديقي الآن مع ضابط الجوازات وبعد هذا مع مفتّش الجمرك.

在本段篇章中，根据材料有声呈现的效果，阴影部分的单词均表现为升调，非阴影部分的单词表现为降调。总体看来，表现为升调与降调的单词是交替出现的，这使得阿拉伯语篇章在推进的过程中，上扬和下抑成了声调主要的表现形式，上扬和下抑声调的交替出现也使得各自的表达效果更为明显。

这一规律不仅局限于叙述型篇章，对于对话篇章同样适用，如：

- وماذا فعل طارق بن الزياد؟
- فتح اسبانيا.

① 本文中所有语料事例均选自《灵格风阿拉伯语教材》的语音材料，其中所有内容均由具有电台播音资质的阿拉伯语母语人士配音和朗读，相对具有较强的权威性和代表性。

对话中阴影部分的单词同样呈现出升调，非阴影部分呈现为降调，二者呈现出交替出现的趋势。

这一规律不止在较长的篇章中适用，在极简的口语表达中依然能够表现出来，如：

مع السلامة يا أمير.

يا سيدتي.

我们看到，句中阴影部分的单词同样呈现出升调，与处于非阴影部分的降调单词交替出现。

（二）被强调的内容更倾向于以升调的形式呈现

在绝大多数语言中，相同的内容都有不同的表达方式，但不同方式所表达的含义又不尽相同，主要的区别表现为所强调的部分有所差别。在阿拉伯语篇章中，处于被强调的内容更倾向于以升调的形式呈现，如：

عندنا بستاني يعمل في الحديقة، عندنا طبّاخة تطبخ لنا طعاما

在此篇章中，阴影部分呈现为升调，非阴影部分呈现为降调。我们可以发现，呈现升调的部分均为篇章强调的内容，叙述者希望在呈现的过程中使这些内容得到听者更多的重视，因此采用使相应单词表现升调的方法实现这一目的。我们再看一个例子：

- خذ معك هذا السكين!

- هذا السكين؟ لماذا؟ أنا لا أريد أن أقتل أحدا.

- ولكن تريد أن تقتل الوقت!

在此篇章中，阴影部分的内容均为叙述者有意强调的部分，同样均表现为升调，在表意过程中发挥着举足轻重的作用。如果我们将篇章意义建构的过程比作一栋房子的搭建过程，那么这些以升调形式呈现的词语所代表的意义就像这栋房子的栋梁，决定着其表现的样式和具备的功能。

（三）处于平行结构的语言形式通常以相同的语调形式体现

在阿拉伯语篇章的呈现过程中，处于平行结构的语言形式通常以相同的声调体现，当这组平行结构最后一个词语处于句尾或一个相对独立意群的末尾时，该词的声调通常会遵循“陈述句和特殊疑问句降调，一般疑问句升调”的规律，其前出现的处于平行结构的词语通常会呈现相同的声调。如：

في البيت طابق علوي وطابق سفلي

ونأكل في غرفة الأكل ونقرأ ونكتب وندرس في غرفة المكتب

وفي كل غرفة سرير وتلفون وماء بارد وماء ساخن

في الفندق مطعم وبار وصالة للقهرة والشاي

在上述的例句中，我们可以看到，每句画线部分的单词均处于并列平行的结构中，相互之间多用连词“واو”连接，在有声呈现的过程中，这些语言形式均表现为相同的声调。当然，我们也发现，当这些平行结构中的最后一个单词处于句尾或一个相对独立意群的末尾时，依然会按照句式结构的声调总体规律去呈现。如第（1）句中“سفلي”与“علوي”并列，第（3）句中“ساخن”与“بارد”并列，第（4）句中“الشاي”与“القهوة”并列，但由于前者处于陈述句和独立意群的末尾，仍要遵循结尾降调的规律，因此无法与之前处于并列地位的单词呈现出相同的声调。

二、我国阿拉伯语语调教学所面临的问题

对于阿拉伯语而言，在大多数情况下，语调虽然不像发音那样对所表达的语义具有直接的决定作用，但却能够对语感有直接的影响，对篇章和口语表达的呈现效果有重要的影响。在语言的有声呈现过程中，正确的语调就像是食品烹饪过程中的盐，只有正确地把握和运用每一个单词的声调，才能够像呈现一盘咸淡适宜的菜肴一样通过正确的形式将语言内容表达出来，远离“外腔外调”与“怪腔怪调”。在我国阿拉伯语教学的过程中，语调教学与其他教学环节相比面临着以下的问题。

（一）教学重视度不足

从篇章构建的角度来看，我国阿拉伯语教学是按照单词、句型、篇章的顺序推进的；从篇章呈现的角度来看，我国阿拉伯语教学对单词发音和发音规律给予了较大的重视；当然，在这一过程中，以句法和词法为代表的语法体系在教学和评价过程中占据了相当大的比重。相比而言，语调教学在一、二年级基础教学阶段只可算是轻描淡写地提及，只对处于句子和独立篇章末尾的单词声调进行了规范，对于普通的句子和篇章应当如何呈现似乎并未提及。

对于阿拉伯语专业的中国学生而言，鉴于母语汉语与阿拉伯语在声调方面所表现的巨大差异，语调教学过程是至关重要和无法替代的。在阿拉伯语语调处理的过程中，倘若不加以适当引导和训练，中国学生在阿拉伯语表达的过程中受到母语负迁移的影响是在所难免的。

汉语篇章的声调体现在音节的四声音调上，对于有声呈现过程中表现出的声调的“上扬”和“下抑”并没有太多的要求。“胡明扬（1987）、Chang（1958）和 Xu（2002）等多位学者也都做过研究，他们的共识是：汉语语调不是音高的升降问题，而是调域高低的问题，通过提高或压低声调调域的方式来表现。”[①] 倘若从阿拉伯语语调的角度去审视汉语的声调，我们会发现，在大多情况下，汉语篇章在有声推进时是以“平调”的形式进行的，会尽量避免每一个音节的升降所带来的起伏，与阿拉伯语相比，汉语在有声呈现时常常是“四平八稳”“波澜不惊”的。因此，以汉语为母语的中国学生在朗读阿拉伯语篇章或使用阿拉伯语表达时，也会下意识地将起伏明显、“波澜壮阔”的阿拉伯语呈现“四平八稳”“波澜不惊”，丧失了阿拉伯语本身的味道，反而为之赋予了汉语特有的呈现方式。相反，在阿拉伯学生学习汉语的过程中，汉语每个音节的声调往往会成为他们学习过程中最大的挑战之一，他们同样会用说阿拉伯语时上扬下抑的感觉去表现汉语，从而造成了汉语表达的“外腔外调”。所幸

① 王萍、石锋：《试论语调格局的研究方法》，载《当代外语研究》，2011（5）。

的是，在对外汉语教学过程中，汉语的声调被给予了相当大的重视，教师们采用不同的方法帮助学生体会、感受、掌握四声调值的呈现方法，[①] 所以近些年我们遇到越来越多的外国学生能够说出字正腔圆的汉语。对于阿拉伯语教学而言，汉语教师们在汉语声调教学过程中所付出的努力正是阿拉伯语教学过程中所缺失的部分，应当得到更大的重视。

（二）语言范本不够权威

正确阿拉伯语语调的训练和养成需要权威、典型的有声教学资源的辅助[②]，理想的教学文本的录音材料应该能够较为突出地表现阿拉伯语的语调特点，通过略微夸张的方式让学习者（尤其是初学者）感受到阿拉伯语有声推进过程中固有的起伏感和韵律感，适合学习者进行反复跟读体味。有声教学材料范本的权威性对朗读者提出了较高的要求，应当为接受过标准阿拉伯语播音训练或《古兰经》诵读训练的专业人士[③]，但我们当下所能接触到的国内外的阿拉伯语教材及所配设的音频资料绝大部分并未达到这一基本要求。如果对这些语言范本进行客观的评价和判断，我们认为在语义、语法层面大部分教材中的语言范本是合格的，但在语感上却表现出明显的不足。

（三）语言范本语速过快

在语调教学的过程中，对于语言学习者而言，只有音频材料放慢语速，才能清晰地分辨出不同声调的呈现，学习者在复述和跟读时也只有放慢语速，才能呈现出正确的语调。“矫枉过正”和“夸张

---

① 在对外汉语教学过程中，汉语中四声调值的教学方法是相对较为完善和成熟的，通常采用图表法、辨声认读、辨韵认读、辨调认读和五度声调示意法等 13 种方法，从不同的角度让学生感受到四声调值的变化效果。

② 这里主要指教学文本的录音材料和听力材料。

③ 此处的“专业人士”并不意味着必须为“母语人士”，这是由于：一、我们所讨论的现代标准阿拉伯语（MSA）已经不再是某个地区阿拉伯人自然生成的语言，所以也不存在绝对意义上的“母语人士”；二、经过专业播音训练和《古兰经》诵读训练的非阿拉伯人对于阿拉伯语有声朗读呈现的效果不亚于阿拉伯人，具体的例证在这里暂不赘述。能否对阿拉伯语语音语调进行良好的把握取决于训练的方式和效果，而不局限于“阿拉伯人”的民族背景。

呈现”是使语言初学者认知外语特点的有效途径，人们只有对语言夸张呈现，才能够使语言的特点得到突出表现。在英语语调教学的过程中，不同声调（tones）经常被编成不同的曲调以凸显语言本身的韵律感，这种将平常语调转变为曲调的过程就是“夸张呈现”的手法。我们所说的将听力材料的语速尽可能放慢同样是“夸张呈现”的另一种表现形式。

我们所接触到的国内外阿拉伯语基础阶段教学的有声材料绝大部分是以中速进行的，没有将语速放慢进行“夸张呈现”，也未能使单词的声调得以凸显，这为初学者感知、认识、了解阿拉伯语有声呈现时的语调变化与起伏感设置了障碍。这也从一个侧面说明了语言教学阶段我们教材的设置依然存在较为明显的缺陷，有声材料朗读者的资质和表现效果仍为语音教学阶段亟待解决的问题。

三、结语

掌握阿拉伯语的语调规律是讲对、讲好阿拉伯语的基础。当下大部分阿拉伯语学习者对语调的掌握是通过较为经典材料的跟读与模仿来完成的，换句话讲，对语调的感知和掌握更多为自我训练的结果，在效果上与学习者自身的感悟能力直接相关。倘若我们能够逐渐弥补语音教学过程中存在的不足，对学习者（尤其是初学者）在“塑音塑调”的过程中给予科学、系统的指导，就一定会使更多的学生领悟阿拉伯语语调的奥秘，更好地克服由汉语所带来的母语负迁移，像阿拉伯语播音员一样，讲一口字正腔圆的阿拉伯语。

翻译模因论在阿拉伯语笔译教学中的应用[①]

劳凌玲[②]

【摘要】模因论是一种运用达尔文进化论来阐释文化传播模式的新型理论，近几年被引入语用学领域，以揭示语言传播和演变规律为研究目的，在此基础上衍生了翻译模因理论，用以研究有关翻译的理论、概念和观点。本文在模因论的基础上，从翻译模因论的视角出发，阐述翻译模因论与阿拉伯语笔译教学的关系，探讨翻译模因论在阿拉伯语笔译教学中的应用，阐明翻译模因论在阿拉伯语翻译教学中的积极作用。

【关键词】模因论；翻译模因论；阿拉伯语笔译教学

一、引言

全国目前开设有阿拉伯语专业的高校，几乎都将阿拉伯语笔译设为本科阶段的专业必修课，授课时间跨度 2～4 个学期，由此可见笔译在阿拉伯语专业培养体系中的地位十分重要。笔译是检测外语专业的学生掌握和运用语言知识能力的有效途径。“模因”本是生物社会学的概念，模因论是其在社会科学领域应用中的一种新型理论。近几年，西方对模因理论的研究趋向成熟，国内将其纳入语用学领域作为新兴研究对象，以揭示语言的传播和演变规律为目的，但是把它应用在外语教学研究中并不多见。本文以模因论为理论基础，

---

① 本文系广东外语外贸大学东语学院 2017 年度“书记项目”专项课题。

② 硕士，广东外语外贸大学日语学院、亚非学院（筹）阿拉伯语系讲师，研究方向为阿拉伯社会文化和阿拉伯语教学。

探讨语言模因与阿拉伯语笔译教学的内在联系，为高校的阿拉伯语笔译教学提供了一个新的研究方向。

二、模因论与翻译模因论

（一）模因论发展概述

模因（meme）起源于生物学词汇（gene），模因研究始于20世纪70年代的英国，由牛津大学的动物学家和行为生态学家理查德·道金斯（Richard Dawkins）在其1976年出版的著作《自私的基因》（*The Selfish Gene*）中首次提到。作者借助“基因”这一生物学领域的概念特征提出了存在于人类文化传播中的复制因子——模因。他认为，模因是一个文化传播单位和模仿单位，可以在人的大脑之间进行复制和传播，类似于生物基因的遗传方式。由此可见，任何可以通过“模仿”而被“复制”并得以传播的东西，包括文化和语言领域的概念和提法等都可以称为模因，如乐曲、手机病毒、服装款式、装修样式等。

（二）翻译模因论的形成

最早将模因论与翻译理论联系在一起的是芬兰赫尔辛基大学的学者安德鲁·切斯特曼（Andrew Chesterman）。他将翻译研究当成模因论的一个方面，认为有关翻译和翻译理论的观点和概念都属于翻译模因的范畴。他认为，模因在同一文化中是通过模仿特别是借助语言来传播的，如果想实现模因在跨文化中的传播，就必须要通过翻译了。照此看来，翻译过程实际上就是对源语的模仿过程，是将源语的文化和语言模因向译语复制和传播的过程。在此过程中，源语模因并不能完全对等复制，在复制的过程中会产生变异。何自然认为，翻译模因的复制并非等同于转移，可能会出现增值或删减。

三、对传统阿拉伯语笔译教学的反思

目前国内高校外语类笔译教学大致有四个类别，即本科阶段高年级的笔译课、本科翻译专业的笔译课、学术型硕士的笔译课，以及翻译硕士专业学位的笔译课。目前各个高校的阿拉伯语专业涉及后三个类别的并不常见，所以“阿拉伯语笔译”通常指的都是本科阶段高年级的笔译。

笔译是我国高校阿拉伯语专业高年级学生必须掌握的一项基本技能。笔译教学作为培养全面的阿拉伯语人才最重要的渠道之一，最终目的是让学生掌握双语转换的能力，但是目前阿拉伯语笔译教学的整体水平与英语、法语等语言相比还存在较大差距，而且翻译教材十分匮乏，课堂教学理念和模式相对传统，陈旧的笔译教学模式限制了教学效果的提升。阿拉伯语笔译教学长期以来重视结果而忽略了过程，教学方法单一。从教师的角度来看，大多数高校的阿拉伯语专业教师本身缺乏足够的翻译实践，教师将材料发给学生自行翻译，然后再把参考译文发给学生，一般仅依照参考译文来讲解和评价学生的译文，不能在选词、构句、衔接和文体等层面给出更深层次的剖析。教师对于材料题材的选择往往很随意，缺乏科学性、系统性和针对性，没有针对某一个翻译现象和策略进行专题练习。从学生角度来看，这种教学模式下的学生很难对笔译课产生浓厚的兴趣，多数学生不会花费时间去推敲打磨句子，多数学生借助字典查找意思相近的单词和词组，甚至通过在线翻译软件进行翻译，最后译出的句子都是按照中文思维堆积起来的，而且大多学生依赖教师提供的参考译文，被动地接受知识的传授，缺少有效的思考和对语言的运用，这种典型的知识传授型的教学方法过分强调了教师“教”的作用，使教学课堂索然无味，忽视了激发学生学习的积极主动性，最终影响了教学效果。

四、翻译模因论与阿拉伯语笔译教学

翻译模因论从一个全新的角度揭示了语言发展演变的规律，为高校的外语翻译教学提供了新的研究方向。阿拉伯语笔译教学实际上就是一个语言模因的复制和传播过程，这一过程可以利用模因周期理论来阐明。比利时专家弗朗西斯·海拉恩（Francis Heylighen）提出了模因的复制要经历同化、记忆、表达和传播四个阶段的理论，这四个阶段形成一个完整的模因复制环路，并且周而复始。

（一）同化阶段

同化阶段指的是，一个模因像食物在人体内被消化掉一样，被宿主注意、理解和接受的过程。在这一过程中，模因因其特性被宿主关注到，然后宿主把呈现的模因纳入自己的认知范畴，并进入思维模式进行兼容，最后宿主将模因按照自己的认知模式再次呈现出来。同化过程是模因传播的重要基础，阿拉伯语笔译课堂同化的阶段就是教学的第一步——翻译材料的选择，选择合适的材料是顺利完成笔译教学任务的重要步骤。笔译课堂中的学生便是宿主，为了提高宿主的兴趣和关注度，翻译材料的内容必须新颖，具有时效性，避免题材的单一性，改变以往翻译材料来源于政治、文学和新闻领域的局限性，拓宽选材的范围，既有政治、文学和新闻报道，又有科普、文艺评论、经贸等，这样才能吸引学生主动学习。此外，应该调换笔译课堂上的教师与学生的主次地位，课堂应以学生为主体，教师起引导作用，不能一味地向学生传授枯燥的翻译理论知识，而是要介绍相关的背景知识，多向学生阐明选材的目的和意义，了解学生希望在笔译课程上学到什么知识，可以承受的学习量等，以此来激发学生学习的兴趣和主观能动性。

（二）记忆阶段

记忆阶段指的是，模因在宿主记忆中保留时间的长短。任何一种模因都需要在大脑中停留一段时间，停留的时间越长，被宿主记忆的可能性就越大，完成后续表达和传播的可能性也越大。心理学认为，人的记忆具有极强的选择性，人们每天经历的事情在记忆中停留的时间是十分短暂的。同样，并不是每一个模因都能被宿主的记忆保留下来，要想让宿主最后记住，唯有感化宿主，联结宿主的认知。从这一阶段的特点来看，以教师为主体的知识传授型的阿拉伯语笔译课堂显然不会使学生对知识有明显记忆效果。教师首先应弄清楚每一个阶段对应的翻译理论与实践任务及其重点内容和主要解决的问题，主要采用精讲精练的教学方法，重点讲解主要的翻译理论，通过典型例句来示范讲解翻译技巧和策略，并配以大量的实践练习和重点讲解。其次，教师不应完全丢弃基础阶段精读课的背诵教学法，在笔译课堂它一样可以发挥重要作用，可以切实有效地延长记忆时间，完成传播。教师可以挑出一些名家译文和精彩的阿拉伯语文章要求学生背诵或者复述，打磨学生对语言的敏感度，培养良好的阿拉伯语思维方式，不断提升翻译能力。

（三）表达阶段

表达阶段指的是，在与其他个体交流时，模因从宿主记忆中被提取出来，转化为受体可以接受的模式的过程。模因被提取的最主要渠道便是语言输出，它可将模因直接应用到其他事物当中。这一阶段的特点是将内在转化成为外在，将输入转为输出。在经历了前面两个阶段后，学生们充分掌握了翻译材料和翻译策略、技巧等相关内容和知识点，进而用目标语对原模因进行重新编码，更换载体进行表达。学生们经常在表达这一阶段遇到许多困难，无法将材料原文准确地用目标语表达出来。因此，这个阶段的教学重点应该是提高学生的文字表达能力。教师应重视学生译文文体的流畅性，阿译汉时要着重检查学生的译文是否都是直译，译文的表达是否符合汉语的语言表达习惯；汉译阿时则着重检查译文是否行文流畅，语法错误是否太多，遣词造句是否符合阿拉伯语表达习惯等。同时鼓励学生阅读大量的原版书籍，培养语感，训练学生篇章翻译能力，避免只侧重单句练习，这样很容易使学生忽视上下文的结构的衔接。鼓励学生之间合作学习，取长补短，互改译文，促进语言表达能力的提高。

（四）传播阶段

传播阶段是模因周期理论的最后一个阶段，其实也是表达阶段的外延，是模因借助各种载体进行传播的过程。模因的表达需要传播来证明真实效果，并发扬光大。翻译就是人类借助语言进行模因复制和跨文化传播的活动，在这个过程中，模仿是完成传播的基础步骤。因此，教师应要求学生进行大量的阿拉伯语仿句练习，从语法、句法和文体等方面进行模仿，掌握阿拉伯语最地道的表达方式，避免出现“中式阿拉伯语”。另外，文化因素的导入对翻译的准确性也十分重要，教师应借助多媒体手段向学生介绍不同阿拉伯国家的文化背景知识，介绍文化之间的差异。同时，教师应在每个学期设置几次情景翻译，给学生布置具体的翻译任务，分配不同的角色，引导他们完成诸如论坛、媒体采访等的翻译任务，这对于语言模因来说也是一种十分有效的传播方式。

五、翻译模因理论在阿拉伯语笔译教学中的应用

在阿汉互译的过程中，对语言模因的复制和传播过程并不意味着原件和复印件从形式和内容上完全一致。在此过程中，语言模因往往会与不同的语境和文化背景相结合，成为新的语言模因。根据这个特点，我们可以把语言模因的类型分为基因型模因和表现型模因两种。基因型模因的特点是，在复制传播时，模因的内容相同而形式各异，即语言模因传递的内容完全一致，但是表现形式各式各样。表现型模因的特点则恰恰相反，在复制传播时，表现形式相同而内容不同，即通过复制原模因的结构来创造新的模因。在阿拉伯语笔译教学过程中，我们可以根据翻译模因的两种类型来采用不同的策略。

（一）基因型模因

翻译的过程是源语的语言和文化向译语传播的过程，我们在对源语进行翻译时，应该尽量保持其模因信息的准确性和一致性，以保证源语在译语中的有效复制和传播，但是在方式上可以稍有不同，如果在译语的模因库中能找到与源语内容和形式一模一样的模因，就可以直接复制。例如：الخط الساخن（热线）、الدولة الإسلامية（伊斯兰国）、عنق الزجاجة（瓶颈）、浑水摸鱼（الصيد في الماء العكر）、人力资源管理（إدارة الموارد البشرية），这些词组无论是在汉语中还是阿拉伯语中都有对等的模因存在，也就是汉语和阿拉伯语的表达内容完全一致，所以翻译时可以直接进行复制，实现双语直接转换。在句子中也同样存在类似的情况，阿译汉举例如下。

1. البطالة في منطقة اليورو تبلغ أعلى مستوى منذ طرح العملة الموحدة.

（欧元区的失业率达到退出统一货币以来的最高水平。）

2. هذه الرؤية ظهرت وكأنها قصر من الرمال.

（这种观点就像建在沙子上的宫殿，根本站不住脚。）

3. عصفور في اليد خير من عشرة على الشجرة.

（手中一只鸟，胜过树上十只鸟。）

句1中的منطقة اليورو（欧元区）跟汉语的表达方式是完全对应的，翻译时只需当作一个单词来记忆，在任何场合都可以直接照搬，不会产生其歧义；句2和句3虽然没有译得十分精练和优美，但是通过语言模因的直接复制比较完整地保留了原句中十分鲜明的比喻形象。

汉译阿举例如下。

1. 伊拉克要求在埃及提炼原油。

（العراق يطلب تكرير البترول الخام في مصر.）

2. 法治国家的概念始于中世纪末。

（بدأ مفهوم دولة القانون في أواخر القرون الوسطى.）

3. 以眼还眼，以牙还牙。

（العين بالعين والسن بالسن.）

句 1 的词汇排列和翻译与阿拉伯语完全一致，句 2 和句 3 的词汇排列虽然稍有不同，但是词汇基本没有改变。在进行翻译时，对与原文模因一致的译语模因可以直接加以使用，不仅能保证两种语言的语义对等，而且对于学生来说，对语言模因的记忆等过程也会相对加快，更容易被感染，成为新的宿主，使得语言模因在译语中得到快速传播。

在汉语和阿拉伯语中，完全一致的词汇表达毕竟有限，如果源语的模因无法在译语的模因库中找到完全一致的模因时，则可以考虑在译语中寻找意义相同、形式不同的模因去复制源语模因。例如：

1. أنصحني الطبيب بالتخلص من العدسات اللاصقة.

（医生建议我不要佩戴隐形眼镜。）

2. خرج من السجن قبل سنة لكن ذيل الكلب لن يعتدل.

（他一年前出狱了，但是狗改不了吃屎。）

3. 小心隔墙有耳。

（حذر وللحيطان آذان.）

句1中的，"عدسات لاصقة"从字面上看，既没有"隐形"也没有"眼镜"的意思，如果没有一定的阿拉伯语词汇积累，直接从阿语模因复制到汉语模因，整句话的意思就错了。句2中的"ذيل الكلب لن يعتدل"是一句阿拉伯语习语，意为"狗尾巴直不了"，汉语中没有形式和内容与之完全对应的模因，如果将它带入句子中，意思虽然正确，但是却无法成为有效的模因而被人接受。句3的"隔墙有耳"是汉语的一个成语，意思是"隔着一道墙，也有人偷听"，比喻即使秘密商量，别人也可能知道，常用来劝人说话小心，以免泄露。阿拉伯语中没有直接对等的模因，只能找到与之形式不同、意义相近的"للحيطان آذان"来表示。

为了将源语的模因完整地复制到译语中，学生在对源语模因进行解码并重新编码时，应尽量在译语模因库中寻找类似的语言模因，以便快速感染宿主，并迅速得到传播。

（二）表现型模因

表现型模因指的是采用同一种表现形式、嵌入不同信息内容进行复制和传播的模因。它采用同一种表现形式，按需表达不同的内容。例如，阿拉伯语中的“أهلا وسهلا”和“السلام عليكم”被译成“你好”，阿语问候语的字面和汉语问候语毫不相干，这就是表现型模因的典型例子。再比如：

1. هو رجل صعب .

（他是一个难以相处的人。）

2. لا أحد يملاء عنيها على الأرض.

（世界上没有人能入得了她的眼。）

3. 事与愿违。

（تجري الرياح بما لا تشتهي السفن.）

4. 这真是一个坏消息！

（يا له من خبر أسود!）

句1中的“صعب”字面意思是“困难的”，如果这个句子直接翻译成“他是一个困难的人”，那就是一次失败的模因复制。句2的原意是“世界上没有一个人可以充满她的眼睛”，同样是字面意义与其所指的内容不一致。句3同样不能被直接复制到阿拉伯语的模因当中，而是要在阿拉伯语模因库中找到一致的习语表达，按需表达不同的内容。句4则需要学生具备一定的中阿文化背景来进行模因的转换才能顺利完成此句的翻译。

由此看来，在对表现型模因进行翻译时，学生要善于捕捉译语翻译模因库中的现有的强势模因，再根据不同的语境将这些模因重新组合去感染宿主，从而能更快地完成复制和传播的过程。

六、结语

笔译处于阿拉伯语专业学习的高级阶段，是学生高层次的语言能力，也是检验学生大学学习生涯效果的最重要技能之一。将翻译模因论引入阿拉伯语专业的笔译教学中是一种崭新的尝试，为中阿互译提供了新的研究视角。通过分析语言模因的四个周期，了解每个阶段的特点。模因的复制和传播的过程实际上就是中阿互译的过程，语言模因的复制和传播规律在阿拉伯语笔译教学中有着举足轻重的作用，因此，教师既不能忽视翻译理论对笔译教学而具有的指导作用，又要根据不同语言模因的类型来制定具有针对性的教学方法，从教学材料、模式和练习等方面改进笔译教学。

【参考文献】

[1]Richard Dawkins. The selfish Gene [M]. Oxford: Oxford University Press, 1976.

[2]Chesterman Andrew. Memes of translation[M]. Amsterdam: John Benjamins, 1997.

[3]何自然、陈新仁等．语言模因理论与应用[M].广州：暨南大学出版社，2014.

[4]关锐．汉语—阿拉伯语地道翻译初探[M].北京：外文出版社，2015.

[5]薛庆国．阿拉伯语汉语互译教程[M].上海：上海外语教育出版社，2013.

[6]马景春等．实用阿汉互译教程[M].上海：上海外语教育出版社，2010.

[7]刘开古．阿拉伯语汉语翻译教程[M].上海：上海外语教育出版社，1991.

[8]何自然、何雪林．模因论与社会语用[J].现代外语.2003（2）.

[9]何自然．语言中的模因[J].语言科学．2005（6）.

[10]马萧．翻译模因论与翻译教学[J].山东外语教学.2005（3）.

“产出导向法”应用于大学阿拉伯语写作课程教学的可行性探析

丁　杨[1]

【摘要】本文以“产出导向法”（production-oriented approach，POA）为理论依据，以《高等学校阿拉伯语教学大纲》为实践依据，结合教学实践经验，从教学理念、教学假设、教学流程三个方面梳理和分析“产出导向法”在大学阿拉伯语写作课教学中实践的可能性，并期待在该方法的指导下，提高学生的阿拉伯语写作能力，改善大学阿拉伯语写作课程教学的效果。

【关键词】产出导向法；大学阿拉伯语；写作教学

一、引言

“产出导向法”（production-oriented approach，POA）（文秋芳，2015、2016、2017、2018）是我国学者尝试提出的具有中国特色的教学理论，旨在克服中国外语教学中“学用分离”的弊端。POA强调“学用结合”，既强调产出过程，又强调产出结果，将“输入性学习”和“产出性运用”紧密结合（文秋芳，2015）。POA诞生之初是针对英语专业技能课程改革，随后拓展到大学英语教学，继而扩展到英语之外的其他外语学科（文秋芳，2015）。经过十几年的发展，其理论体系日臻完善，对中国外语教学发挥着很好的指导作用。

写作能力是学习阿拉伯语者必备的一项技能，国内大部分高校

---

① 大连外国语大学意阿语系副主任。

的阿拉伯语专业都开设了写作课。2018 年国家教育部颁布的《外国语言文学类教学质量国家标准》中，将“阿拉伯语写作课”作为阿拉伯语专业核心课（教育部高等学校教学指导委员会 2018）。《高等学校阿拉伯语教学大纲》对“写的指标”的描述是：“写是教学的重要一环，是检验语言准确性的有效尺度。写包括书写、听写、写摘要、写应用文和写文章等多种形式。”① 但在目前的大学阿拉伯语写作课程教学过程中，普遍存在着课程设置不合理、教学方法单一、评价方式不合理等问题。本文以 POA 为指导，希望探索出一条大学阿拉伯语写作教学的新途径，克服传统写作教学中的不足之处，充分激发学生的阿拉伯语写作热情，使学生的写作学习更有针对性，对写作的评价也更加有效合理。

二、POA 的理论体系概述

POA 的理论体系由教学理念、教学假设和教学流程三个部分构成，其中“教学理念”是“教学假设”和“教学流程”的指导思想；“教学假设”是“教学流程”的理论支撑；“教学流程”是“教学理念”和“教学假设”的实现方式。与此同时，教师的中介作用体现在“教学流程”的各个环节之中（文秋芳，2015）。如图 1 所示（文秋芳，2018）。

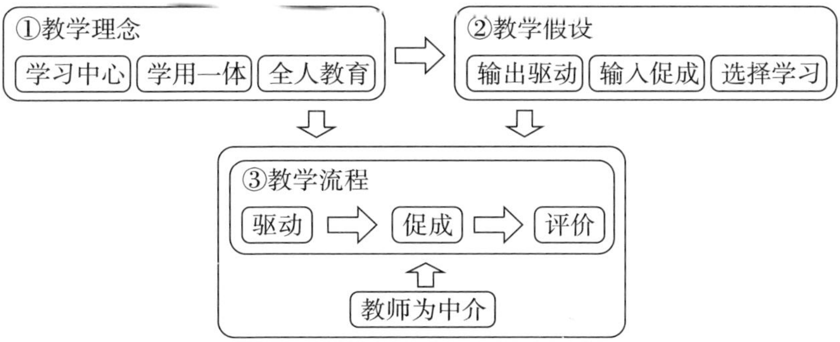

图 1　第 5 阶段再修订的 POA 理论体系（文秋芳，2018）

---

① 基础阿拉伯语教学大纲研订组、高年级阿拉伯语教学大纲研订组：《高等学校阿拉伯语教学大纲》，2000。

（一）教学理念

教学理念包括，学习中心说、学用一体说、文化交流说和关键能力说。

学习中心说是对学习者中心说和教师中心说的挑战，其倡导的教学原则是“教师主导、学生主体”，但又回避了“双主原则”的复杂性，要求教师在课堂教学活动中发挥关键性作用，同时强调一切教学活动都是为了“学习”，只要学生学有所成，则哪一方是中心并不重要。

学用一体说是针对目前外语课堂教学中学用分离问题而提出的，强调课堂教学中应实现输入和输出一体化，输入和输出中间不允许存在很长的时间间隔，学与用应无缝衔接。

文化交流说则旨在正确处理目的语文化与学习者本土文化的关系。语言与文化是紧密相连的，文化交流说强调不同文化之间应当相互对话、相互尊重、相互理解、相互学习。学习外语应当能够通过外语了解对象国、了解并尊重其文化，同时又能够用外语介绍中国和中国文化，使彼此之间能够相互借鉴和学习。

关键能力说是全人教育说的替代说法，旨在使教育目标更加具体化。目的是培养所有人都应当具备的关键能力。根据教育部颁布的《外国语言文学类教学质量国家标准》，对外语类专业本科生的能力要求是“应具备外语运用能力、文学赏析能力、跨文化能力、思辨能力，以及一定的研究能力、创新能力、信息技术应用能力、自主学习能力和实践能力”（教育部高等学校教学指导委员会，2018）。“关键能力说”就是要让学生在学习语言的过程中，潜移默化地发展这些能力。

（二）教学假设

POA 提出了四个教学假设，分别是输出驱动假设、输入促成假设、选择学习假设和以评为学假设。

输出驱动假设要求学习者先尝试输出，使自己意识到产出的困难，然后教师针对产出目标和学生在产出中的困难提供相应的输入，帮助学生有效运用所提供的相关输入，这一假设逆转了传统的"先输入后输出"的教学顺序，目的是有意识地创造"饥饿感"，激发学生的学习欲望。

输入促成假设是指要为明确的产出目标服务，它与"输出驱动假设"紧密相连，要求在输出驱动后，一定要有相应的输入与输出任务精确对接，促成输出的有效顺利完成。

选择学习假设认为，以目标为导向的重点学习比"全面精学"的效率高，提倡根据产出目标的需要，从输入中选择学习所需要的材料，对产出不急需的输入材料可以降低要求，不要求产出，甚至搁置不学。

以评为学假设认为，课堂教学中评学结合能够比评学分离取得更好的教学效果，要求教师认真对待评价环节，提高对评价的认识，教师与学生在评价环节积极开展互动，教师应有目的、有重点地进行指导，将教学与评价有机结合。

（三）教学流程

POA 的教学流程分为三个阶段，即驱动、促成和评价，这三个阶段组成了若干循环链，教师在其中起着中介作用。

驱动环节的主要任务是，通过产出使学生认识到自己的不足，从而调动他们的学习积极性，刺激学习欲望。其质量指标为交际真实性、认知挑战性和产出目标恰当性。教师可以根据学生的实际情况，主动调整学生的参与方式和驱动流程，只要保证完成质量即可。

促成环节的主要任务是，为学生完成产出任务提供恰当的帮助，整个过程中要体现"学用一体"的理念。其衡量指标是精准性、渐进性和多样性。在促成活动中，不需要区分是输入还是输出，重点应放在促进学生将输入材料从接受性知识转换为产出性知识。

评价环节的主要任务是，对促成活动或产出成果进行即时或延时评价。POA 在教师评价、学生自评、学生互评和机器评价之外，还创造性地提出了"师生合作共评"的评价方式，作为对以上评价方式的补充，教师和学生共同参与，快速有效地完成评价，提高学习的质量和效率。

三、大学阿拉伯语写作教学中存在的问题分析

写作是阿拉伯语教学的输出环节，是整个教学过程的重要一环，国内各高校阿拉伯语专业教师对写作课程都十分重视，做出了很多有益的尝试和努力，以期提高阿拉伯语学习者的写作水平，并取得了一定效果。马和斌运用“母语负迁移”和“错误分析理论”对阿拉伯语写作课程中存在的问题进行了分析并提出了解决方法（马和斌，2007、2008）；龙翔运用“语言输入输出理论”对大二上学期阿拉伯语写作课进行了改革实践，并取得了良好效果（龙翔，2016）；海平和汪珏分别利用自己的授课经验和“项目导向法”分析了阿拉伯语经贸应用文教学中存在的问题，并提出了解决方法（海平，2015；汪珏，2015）；杨华总结了国内高校阿拉伯语写作教学的现状，并探索了改革之道（杨华，2013）。尽管如此，目前大学阿拉伯语写作教学中仍然存在一些不尽如人意的地方。

（一）课程设置不合理

目前阿拉伯语写作课程与精读、阅读等课程分离，输入的质量和数量都难以保证；且教授精读、阅读课程的教师与教授写作课程的教师之间的沟通也难以保证。大量的高质量阅读有助于学生积累词汇和表达，也能够帮助学生培养语感、训练阿拉伯语思维，但由于写作课程与其他课程的分离，造成学生词汇匮乏、表达单调，哪怕有话可说，也因为词汇和表达的困难而望而却步。

（二）教学方法单一

目前教授阿拉伯语写作课的教师大多仍采用传统的讲授法，一般都是先进行写作理论和技巧的讲解，之后讲评作业或练习，随后分析范文并进行一些写作训练，最后布置作业。这种方法中规中矩，但目的性不强，也难以激发学生的兴趣，造成学生学习写作的主动性和积极性不强，影响教学效果。

（三）评价方式不合理

有效的评价应当能够使教师获得教学反馈，进行教学反思，并不断改进教学方法；同时学生也可以通过有效的评价弥补不足，改进学习方法，提高学习效率。然而，目前阿拉伯语写作课程的评价方法以教师批改作业为主，写作测试为辅，这种方法的缺点是缺乏即时性，造成写作过程和评价过程分离，学生不能及时有效地得到反馈；同时评价效率不高，教师工作量大，批改也以改正语言和表达错误为主，缺少对内容、逻辑等的评价，从而造成学生写作能力提高速度较慢，学习动力不足。

四、POA 在大学阿拉伯语写作课程中应用的可行性

（一）学生具备应用 POA 的能力

POA 面向的学习对象是中高级外语学习者，相当于《欧洲语言共同参考框架》的 A2 或以上水平（文秋芳，2015），该框架对该 A2 水平的描述为："能理解最切身相关领域的单独句子和常用词语，如简单的个人与家庭信息、购物、四周环境、工作等。能就自己熟悉或惯常的生活话题完成简单而直接的交流。能用简单的词语讲述自己的教育经历、周边环境以及切身的需求。"（欧洲理事会文化合作教育委员会，2008）。也就是说，POA 要求语言学习者具备足够的认知水平、语言积累和语言技能，能够进行一定的语言产出性活动，具备完成输出任务的能力。该要求与《高等学校阿拉伯语教学大纲》中对二级水平的要求基本是一致的。目前，阿拉伯语写作课程面向的对象主要是大学二年级及更高年级的阿拉伯语学习者，他们掌握了基本的词汇、主要的语法规则、常用的表达和句型，也掌握了遣词造句、谋篇布局等基本的写作方法。教师如果能在授课中正确运用 POA，则可以促使学生盘活已有的知识和能力，在写作实践中学习、提高语言运用能力。

（二）教师具备运用 POA 的能力

POA 强调教师的主导作用，教师应是课堂教学的设计者、组织者、引领者和指挥者（文秋芳，2017）。这种主导作用要求教师在驱动环节明确产出目标和学生水平，制定难易程度适中的产出目标，呈现接近真实的交际场景，以激发学生的学习欲望，并对学习产生"饥渴感"；在促成环节要体现"学用一体"的理念，有针对性地为学生提供帮助，但又不要大包大揽，替代学生学习；在评价环节要保证评价的有效性，发挥教师的专业指导作用，利用教师评价、学生自评、学生互评、师生合作共评等评价方式，达到"以评促学"的目的。

目前，国内大学中承担阿拉伯语写作课程授课任务的教师绝大多数都受过多年的专业训练，并且积累了大量的教学经验，语言水平高、教学能力强，同时他们还有着敬业奉献、一丝不苟的教学态度和精神，完全符合 POA 对教师的要求，也为 POA 在大学阿拉伯语写作课程中的应用提供了坚实的保证。

（三）师生提高写作应用能力的需求

随着我国经济社会不断发展，对应用型人才的培养越来越受到重视。外语学习的重要特点之一就是应用性，写作就是外语应用性的最好体现形式之一。POA 的提出就是为了解决外语教学中存在的"学用分离"的问题，其教学理念中的"学用一体说"与我国传统的"知行合一观"一脉相承（文秋芳，2018），目的是让学生能够"以学促用""以学助用""学以致用""学有所成"（文秋芳，2017）。POA 可以有效指导教师给予学生更多、更有效的写作练习机会，激发学生的学习热情，使学生积极主动地参与课堂活动，积累有关写作的各种语言知识、技巧和信息，并立即在实践中加以运用。此外，POA 还可以促进写作课程与精读、阅读等课程的有机联系，教授写作课程的教师必须加强与教授精读、阅读等课程教师的沟通交流，了解他们的授课内容，同时也可以向他们提出要求，使学生在日常的精读课、阅读课上接受数量足够多、质量足够好的输入，同时又用高质量的写作输出带动语言输入，形成良性互动，并从写作入手，实现培养应用型人才的目标，提高国内高校阿拉伯语专业的人才培养质量。

五、结语

写作是阿拉伯语专业教学的重点内容之一，本文通过对 POA 和大学阿拉伯语写作教学现状的分析，证明了 POA 是可以应用于阿拉伯语写作课程之中的。但本文仅从理论层面和教学经验出发，缺少教学实验数据和教学实践的支撑，下一步应尽快开展尝试 POA 的实践，并在实践中积累数据和经验，用实践来检验 POA 在大学阿拉伯语写作教学中产生的效果。

【参考文献】

[1] 文秋芳．构建产出导向法的理论体系 [J]. 外语教学与研究，2015（4）.

[2] 文秋芳．师生合作评价：产出导向法创设的新评价形式 [J]. 外语界，2016（5）.

[3] 文秋芳．产出导向法的中国特色 [J]. 现代外语，2017（3）.

[4] 文秋芳．"产出导向法"与对外汉语教学 [J]. 世界汉语教学，2018（3）.

[5] 基础阿拉伯语教学大纲研订组，高年级阿拉伯语教学大纲研订组．高等学校阿拉伯语教学大纲 [M]. 北京：北京大学出版社，2000.

[6] 教育部高等学校教学指导委员会．普通高等学校本科专业类教学质量国家标准 [M]. 北京：高等教育出版社，2008.

[7] 马和斌．母语负迁移对阿拉伯语写作的影响及解决办法 [J]. 语文学刊（高教・外文版），2007（4）.

[8] 马和斌．零起点阿拉伯语专业学生常见写作错误分析 [J]. 甘肃联合大学学报（社会科学版），2008（5）.

[9] 龙翔 . 大二阿拉伯语写作课设计探究——以扬州大学 2014 级大二上学期写作课为例 [J]. 科技文汇（下旬刊），2016（2）.

[10] 海平 . 阿拉伯语经贸应用文写作及其课程教学浅析 [J]. 当代教育实践与教学研究，2015（9）.

[11] 汪珏 .“项目导向型”教学法在阿拉伯语经贸应用文写作课程中的运用 [J]. 开封教育学院学报，2015（7）.

[12] 杨华 . 高校阿拉伯语写作教学现状研究与改革探索 [J]. 佳木斯教育学院学报，2013（10）.

[13] 欧洲理事会文化合作教育委员会 . 刘骏，傅荣主译 . 欧洲语言共同参考框架 [M]. 北京：外语教学与研究出版社，2008.

“时间”“时”“体”概念的区分以及对阿拉伯语教学的反思

陈　铮[1]

【摘要】时体范畴是语法研究中的重要内容，但传统阿拉伯语法对此问题却并未有专章述及。本文区别“时间”“时”“体”三个概念，讨论阿拉伯语的时体范畴及其在语言中的固化形式，并对当前我国的阿拉伯语教学进行反思。

【关键词】时间；时；体；阿拉伯语；教学

由于阿拉伯语动词有过去式、现在式与命令式之分，而传统语法将“时”与“体”概念不加区分地纳入动词内涵中，并未有专门章节研究阿拉伯语的时体问题。这导致学习者在学习过程中，往往误以为过去式就代表“过去时”，现在式代表“现在时”，在语言实践中也常为动词的“时态”而纠结。因此，教师有必要引导学生区分“时间”“时”“体”三个概念，帮助学生总结时体范畴在阿拉伯语中的固化形式，并在语言实践中自如使用。下文将就阿拉伯语时体范畴予以讨论，对“时间”（الزمان）、“时”（الزمن）、“体”（الجهة）做个区分，论述其在语言中的固化形式，以期对我国的阿拉伯语教学有所帮助。

① 博士，北京第二外国语学院中东学院讲师。

一、时间与时

（一）时间与时的辨析

时间（الزمان）与时（الزمن）的区别在于：时间是点与量的概念，即时点与时量；而时则属于话语范畴，是事件相对于话主的时空位置。

例如：

1. بدأ الاجتماع في الساعة التاسعة، واستمر ساعتين.

会议九点开始，开了两小时。

2. بدأ الاجتماع في الساعة التاسعة ، وانتهى بعد ساعتين.

会议九点开始，两小时后结束了。

3. بدأ الاجتماع في الساعة التاسعة، سينتهي بعد ساعتين.

会议九点开始的，将于两小时后结束。

句1中“ساعتين”（两小时）是时量，说明会议持续的时间长度，这是事件的内部时间；“الساعة التاسعة”是时点，通过介词“في”（在……里）使事件与外部时间发生关联；句1、句2中表示的事件“开会”相对话主的说话时间已经成为过去了，而3的会议相对于说话时间而言已经开始，但尚未结束。可以看出，“时”属于话语层面的范畴，它通过动词、类动词①、表时工具词、副词、介词等手段，在话语构建中得到体现。

（二）时间的标记方式

阿拉伯语中的时间标记方式包括以下几种②。

1. 时量名词

如“خمسة أيام”（五天）、“كم ساعة”（多少小时）、“أحيانا”（有时）、“تارة”（时常）。

① 指词根、派生形容词等可以起动词作用的词项。

② تمام حسان: «اللغة العربية: معناها ومبناها»، عالم الكتب للنشر والتوزيع والطباعة، ط6، عام 2009، ص 229-227.

2. 时间名词

如"صباح"(早上)、"مساء"(晚上)、"عشية"(前夕)。

3. 时间方位词

如"قبل"（之前）、"بعد"（之后）、"لدن"（当）、"عند"（在）、"بين"（之间）、"وسط"（中间）。

4. 时间指示词

如"اليوم"（今天）、"أمس"（昨天）、"غدا"（明天）、"الآن"（现在）。

5. 移用为时间副词的动词词根

如"آتيك قدومَ محمد"（穆罕默德到时我来找你）中词根"قدومَ"。

6. 移用为时间副词的时空名词

如"آتيك مقدمَ محمد"（穆罕默德到的时候我来你这里）中的"مقدمَ"。

7. 时间副词

它们是："متى""أيان""لـمّا""إذا""إذ"。时间副词表示关联两个事件的时间概念。如："لما رآهم بنفسه أمر بألا يغادر البيت أحد."（亲眼看到他们后，他立刻下令任何人不得离开家门。）副词"لـمّا"将"下命令"与"看见他们"两个事件从时间上联结在一起。除了这5个原生时间副词外，还有一些表时名词和介词、指示词等移用为时间副词，如上2～6列举的部分。

二、时与体

（一）时与体的辨析

传统语法中，动词被定义为"同时表明事件概念与事件时态的词"[تدل على أمرين معا؛ هما :معنى (أي :حدث) وزمن يقترن به.][1]，根据动词词型，阿拉伯语时态被二分为过去时与现在/将来时，过去时由过去式动词（الفعل الماضي）表示，而现在式动词（الفعل المضارع）和命令式动词（فعل الأمر）则表示现在/将来时态。按照这种划分，过去式动词

---

① عباس حسين:«النحو الوافي»، الجزء الأول، دار المعارف بمصر، ط3، ص 46.

和现在式动词应该各自为政，在自己管辖的范畴活动。但实际情况并非如此：过去式动词可以表示一般/现在或将来时态，如"رحم الله فلانا"（愿真主宽恕某某）；现在式动词也可用于过去时态，如"لم أشاهد هذا الفيلم"（我没看这部电影）。

这证明了前文对"时"的定义，即，时是话语构建中的范畴，它由多种形式共同决定，仅凭动词的词型是不可能确立的。

我们认为，动词词型表明动作事件的"体"（الجهة /aspect）意义。夸克（Quirk）认为，体表达了一个语法范畴，该范畴反映了涉及时间的动作被注意或被感受的方式。① 王力先生将"体"称为情貌："在语言里，对于动作的表现，不着重在过去现在或将来，而又和时间性有关系者，叫作情貌。"② 它既有别于时（tense），又区别于态（mood）。戴耀晶从事件角度对体做了界定：体是观察时间进程中的事件构成的方式。③

审视各家对"体"的定义，可以得出："体"是事件内部的时间结构。时与体的差别在于：时是话主对事件所关联的时间建立的一种索引关系，这种索引关系帮助话主将事件定位到过去、现在或是将来；体则说明与时间关联着的事件，它不具有时间上的索引性，它的实质是描写、刻画事件的内部时间结构。

（二）体范畴

现在需要重新审视阿拉伯语动词，前文已经把"时"定义为"话语活动中话主对事件时间建立的索引关系"，那么动词作为词库内的抽象概念，就不再具有"时"的意义了，因为它尚未进入话语构建中，句法操作尚未启动。因此，我们最好把"فعل"和"يفعل"的差异看作是体的差异：前者是完成体，后者是未完成体。

西伯威对阿拉伯语动词的定义是：

---

① R. Quirk, *A Comprehenseive Grammar of The English Language*, London, Longman, 1985, p.188.

② 王力：《中国语法理论》，282 页，北京，商务印书馆，1944。

③ 戴耀晶：《现代汉语时体系统研究》，5 页，杭州，浙江教育出版社，1997。

"动词是一类表示实体间事件的词，事件或发生在过去，或将要但尚未发生，或正在进行中尚未终结。"[①]

不妨将西伯威定义的"时间"理解为动作的内部时间，将动词重新定义为："表示实义动作事件概念，该事件或已完成，或未完成。"

而词库中的动词好比光杆动词，它仅表动作概念和体概念，此时动词尚未与人称、性、数、时发生关系。如动词"ذهب"，它的词典义是"—去了"；而动词"يذهب"的词典义是"—去"。前缀"يـ"此时还只是"未完成体"的体标记。

动词进入言语表达时，才真正与人称、性、数、时发生关联。过去我们常说，阿拉伯语中一个动词就可以表示一个句子，其实是不甚准确的。虽然一个句子可能只占用了一个词位，比如"جاء."（他来了），但此"جاء"绝非词库中的光杆动词彼"جاء"。因为，当话主说出这个"جاء."时，它已经经过了人称、性、数和时的处理：人称（他）、性（阳性）、数（单数）以零形式附着在"جاء"上，时体（过去时完成体）则体现在动词的词型以及语境关系中。

体范畴也具有层级性，这里作个简单总结。

1. 词汇体

动作事件中的体意义，主要通过动词或类动词的形态与意义表示。

（1）动词词干意义表示的情状体，如静态还是活动，持续还是瞬间等。

范德勒（Vendler）提出了如下四种情状[②]。

- 静态（حالة），如：عرف（知晓）、أحب（喜爱）、مرض（抱病）。
- 活动（نشاط），如：سار（走）、جرى（跑）。
- 达成（إنجاز），如：بنى منزلا（建房）、كتب رسالة（写信）、رسم لوحة（绘画）。
- 完结（إتمام），如：مات（死亡）、وصل（抵达）。

（2）动词词式表示的体意义，如增加重母表示夸张概念，"كسّر"

---

① سيبويه: «كتاب سيبويه»، الجزء الأول، مكتبة الخانجي للطباعة والنشر والتوزيع، ص 12.

② عبد المجيد جحفة: «دلالة الزمن في العربية: دراسة النسق الزمني للأفعال»، دار توبقال للنشر، ط1، عام 2006، ص180.

（打碎），重复根母结构表示事件的重复，如“زلزل”（撼动）、“دمدم”（发怒）。

（3）动词词型表示的体意义：完成与未完成。完成体由过去式动词的形态表示，类似我们汉语的体标记“—了”；未完成体由现在式动词的形态表示。未完成体的具体意义可能和动词的情状有关。比如，动词表示一个可持续的事件，则现在式多表进行体，例如“يسير”（走着/在走）、“يرسم اللوحة ”（在画画）；如果动词表示的事件是瞬时的，那么它的现在式形态常常和工具词合成，共同执行体的功能，也可以通过与其他词项的搭配来表明体意义。例如，完结动词“يموت”（死），在多数情况下，它表示的事件不具有持续性，可以和表临近体的助词“كاد”搭配——“كاد يموت”（快死了）。

（4）部分工具词（الأدوات），如虚词和表示体意义的助动词，这类词与动词合成共同表明体意义。例如“أوشك أن يبكي ”（要哭了）、“ظل يدعم”（一直支持）、“بدأ يقرأ”（开始读）。

（5）一些表趋向状态的实义动词，常被借用为表示体意义的工具词，这种使用方式已得到固化。例如“عاد يفعل”表示“又，重新”，“راح يفعل”表起始体，意为“—起来”，“سبق له أن فعل”表经历体，意为“—过”，“بقي يفعل”用于持续体，意为“一直—”。

2. 事件体

事件体指小句所示事件的体，与论元构式、主谓构式相关。此时，体意义不仅体现在动词词项上，也体现在主谓关系、事件论元关系上。比较下面例句。

a-1. أكل الطفل تفاحة.	那孩子吃了个苹果。
b-1. أكل الطفل خمس تفاحات.	那孩子吃了五个苹果。
c-1. أكل الأطفال تفاحة.	孩子们吃了一个苹果。
a-2. سار محمد ساعتين.	穆罕默德走了两小时。
b-2. سار محمد أميالا.	穆罕默德走了几里地。
c-2. سار محمد وشاطئَ البحر.	穆罕默德沿着海岸走。

穆罕默德向大海走去。 d-2. سار محمد تجاه البحر.

哈桑不停跳着。 a-3. يقفز حسن بدون توقف.

哈桑跳了几下。 b-3. قفز حسن قفزات.

从例1的三个句子中可看出，受事论元的数量、施事论元的数量会影响事件内部的时间；例2-a通过时量宾词"ساعتين"（两小时）刻画事件的时间进程，2-b则是通过空间上的度量"أميالا"（几里）刻画时间，因为走过这几里地必然要求有时间上的延伸，2-c虽然没有量词，但是偕同宾语"وشاطئ البحر"（沿着海岸）从侧面刻画事件"走"可能要花的时间，它取决于沿海岸线走了多远；2-d不及物移动构式，通过方向性短语"تجاه البحر"（朝着大海）刻画时间，也就是说，"走"需要的时间是完成从"محمد"位置到大海位置这段路程的时间；例3-a与3-b相比，前者用介词短语修饰事件在时间上的持续状态，后者则用绝对宾语修饰"跳"的次数，刻画动作的重复状态。

概言之，"体"相当于动作事件的参数。经过"体"修饰的动作事件在话主"时"的操作后，就成为现实的话语表达。下面我们简单介绍下阿拉伯语中的时体标记。

（三）时范畴

我们已经明确了时间、时、体三者的关系，即它们都与三维空间以外的第四维度——"时间"有关。三者的区别在于：时间（الزمان）是一种物理标量，它像一把尺子，有刻度，能进行测量；体是事件内部的时间结构，能反映我们观察事件的位置；时则是帮助我们把事件定位到某个时间点的索引方式。阿拉伯语对时的标记方式包括以下几点。

1. 零标记

指无明显的形态变化与形式标记。例如"تقدمت به السن."，过去式动词"تقدم"本身不具有时的概念，但是它通过话语加工，具有了时的功能，而这种时功能的标记是无形的，隐藏在语篇语境中。

2. 工具词

泰玛姆 · 哈桑教授按照过去—现在—将来三个时间区域，结合不同的体，分出了 16 种时体形式，以下是肯定式陈述句时体的例子①。

<table>
<tr><td>较远的过去
الماضي البعيد</td><td>较近的过去
الماضي القريب</td><td rowspan="2">现在
الحال</td><td>较近的将来
الاستقبال العريب</td><td>较远的将来
الاستقبال البعيد</td></tr>
<tr><td>完结体
（كان فعل）</td><td>完结体
（كان قد فعل）</td><td>سيفعل</td><td>سوف يفعل</td></tr>
<tr><td colspan="2">一般过去时
（فعل）</td><td>一般现在时
（يفعل）</td><td colspan="2">一般将来时
（يفعل）</td></tr>
<tr><td colspan="2">进行体（كان يفعل）</td><td rowspan="3">进行体
（يفعل）</td><td colspan="2" rowspan="6">持续体
（سيظل يفعل）</td></tr>
<tr><td colspan="2">持续体（ظل يفعل）</td></tr>
<tr><td colspan="2">完成体（قد فعل）</td></tr>
<tr><td colspan="2">继续体（ما زال يفعل）</td><td rowspan="3">持续体
（يفعل）</td></tr>
<tr><td colspan="2">起始体（طفق يفعل）</td></tr>
<tr><td colspan="2">临近体（كاد يفعل）</td></tr>
</table>

上表说明虚词、时体工具词已经成为标记时态的固化手段。例如，过去时态的形式标记手段主要是助词“كان”、虚词“قد”和附着在过去式动词上的过去时态“零标记”；现在时态的形式标记手段是现在式动词上附着的“零标记”；将来时则由虚词“سوف”“السين”、助动词“سيكون”等标识。

3. 时间副词

除动词和工具词外，时间副词、时间指示词等也可以帮助确立时态，这就是体现在语篇语境（القرينة المقالية）中的时态。例如“أزوره الآن”“أزوره غدا”，两个句子中动词的时标记都是零形式，前者通过时间指示词“الآن”确立现在时态，后者则以“غدا”确立将来时态。

通过时的定位，再结合体标记，我们就可以对事件进行定位与描述。事实上，阿拉伯语的时体结构并不限于上表列出的 16 种，实

① تمام حسان: «اللغة العربية: معناها ومبناها»، عالم الكتب للنشر والتوزيع والطباعة، ط6، عام 2009، ص232.

际运用中的时体结构呈现出灵活性。例如：

1. يذكر أن ميسي يبلغ حاليا 29 عاما، وهو ما يعني أنه سيكون قد وصل إلى عامه ال31 بعد مشاركته في نهائيات كأس العالم المقبلة في عام 2018 والمقرر إقامتها في روسيا.

梅西现年 29 岁，这意味着他在 2018 年参加俄罗斯世界杯决赛时将是 31 岁。

2. كانت أمي تتمنى أن أصير قسا. (1) غير أن ما احتفظت به من صلواتي بالكنيسة كان هو الجانب الجمالي للفضاء وللطقوس وهو ما سيكون فيما بعد مدخلا لاهتمامي بالمسرح.①

母亲当时希望我能成为一名牧师，可是让我坚持去教堂礼拜的原因主要是那里展现的空间美和仪式美，它后来也成为我对戏剧产生兴趣的启蒙点。

例1，主要推断梅西在2018年时的年龄，"عام" "سيكون 2018"说明事件发生在"将来"时间段，"بعد مشاركته في نهائيات كأس العالم"（参加完世界杯决赛后）是在将来时间段里设置的一个观察参照点，完成体"قد وصل"表明从说话原点到观察参照点之前，该事件已经完成，也就是梅西已满31岁。这是将来时完成体。

例2，第一句"كانت تتمنى"（当时希望）确立了所言内容和话主之间的时间位置，即事件发生在过去，和话主说话时间隔着一段不短的时间距离。第二句承继上句，谈论"当牧师""去教堂"的相关内容。从时间上看也是承继的，"كان"的存在说明言说内容定位在过去。后半句"سيكون"（将成为）本是表将来时态的助词，但在本句中，它的体功能多于时功能，主要因为：（1）前半句有过去时助词"كان"的限定，说明当时我之所以坚持去教堂作礼拜，主要是为了欣赏教堂环境与宗教仪式中的美感；（2）下文中"فيما بعد"（那以后）说明后文事件与前文事件的时间位置关系，而词根短语"اهتمامي بالمسرح"（我对戏剧的关注），说明它代表的事件在语境中已经发生，它是小句事件的边界。换言之，"去教堂礼拜"是时间坐标起点，"我对戏剧关注"是时间坐标上的终点，它们都定位在

① حسن الوزاني: إيمانويل ميفسود، صحيفة العرب، السبت 2015/06/27، السنة 38 العدد 9961 .

过去时段，而“教堂空间美与仪式美成为启蒙”这个事件是发生在这个起点与终点之间的，也就是说，它是“过去时—将来体”，其时间轴位置如下图所示。

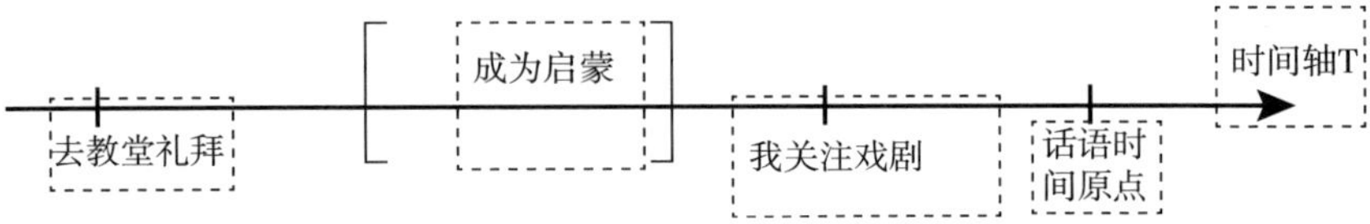

4. 句法成分

句法成分也可以建立时态关系，突出表现在状语和意旨宾语上。

状语（الحال）是描述动作事件发生时，主语或宾语的状态。这意味着状语表示的事件，其“时”需要参考主句的“时”进行定位。

意旨宾语（المفعول له）从形式上说是泛指宾格词根，其功能在于阐明事件发生的原因或目的，它的使用要求是词根表明的事件与主句事件必须在时间（الزمان）和主语（الفاعل）上保持一致。这表示，词根表示的事件也以主句事件的时间为参照。

下例1、例2画线部分为状语，例1状语为主动名词“مؤكدا”加宾语，说明“医生对某事情表示肯定”这个事件和“医生对病人恢复情况表示乐观”一事是同时发生的。例2中第一个画线动词“يقتعدون”（坐着），时间是“وجد جماعات العمال”（他看到工人们）的时刻，在那个当下，工人们正坐在马路牙子上；之后的三个动词“يلتهمون”（吞咽着）“يتحادثون”（聊着天）“يتضاحكون”（欢笑着），又以“يقتعدون”——工人们坐马路边上的时间作为参照。

例 3、例 4 画线部分是句法上的意旨宾语，词根所示的事件与主句事件同期。

1. في صباح اليوم الثاني جاء الطبيب وفحص المريض وحقنه بالكافور، ثم صرح بارتياحه للحالة مؤكّدا أن الخطر زال تماما. ①

第二天上午，医生来了，给病人做了检查，注射了麻药，然后

① نجيب محفوظ: «القاهرة الجديدة»، دار مصر للطباعة، ص 38.

说对病情表示乐观，并肯定险情已经完全过去。

2. ووجد جماعات العمال يقتعدون لإفريز أمام الدكان يلتهمون طعامهم ويتحادثون ويتضاحكون.①

他看到一群群工人坐在店铺前墙沿的石阶上，一边狼吞虎咽地吃着饭，一边闲聊着、哄笑着。

3. انفرج الماء عنهما، فإذا هما صاعدان، وقد أمسك الرجل بذراع الغريق، فكبّر الناس إعجابا بهمة المخلّص، وفرحا بنجاة الغريق.②

他俩从水里冒出，男人抓着溺水者的胳膊，一下子上了岸，人们大声称赞，敬佩施救者的善举，也为溺水者的得救感到高兴。

4. قال بعض الحكماء :لست أطلب العلم طمعاً في بلوغ غايته، والوقوف على نهايته، ولكن التماسَ ما لا يسع جهله، ولا يحسن بالعاقل إغفاله.③

有哲人说：我求知不图穷尽一切学问、极尽无限知识，但求学得必通之识，智慧之理。

5. 语气

语气也是时标记的手段之一。命令、禁戒、鼓动、希翼、条件等，都不表示过去的时态。但是在此类句子中，常使用过去式动词表现在时或将来时。例如：

1. ”يا عزيزي الإسكاف إن من جاء اليوم للشراء إنما جاء ليشتري السلطان، لا ليشتري نعالك؟ !“④

“我亲爱的鞋匠啊，今天来买货的人，可是冲着买国王来的，难不成还为了买你的鞋？！”

2. ”ليس أبسط ولا أسهل من ذلك... أنت سلطان أثناء النهار... إذن فأنا أعيرك للدولة طول النهار، فإذا جاء المساء عدت إلى منزلي !...“⑤

① نجيب محفوظ: «القاهرة الجديدة»، دار مصر للطباعة، ص 48.

② من مقالة مصطفى لطفي المنفلوطي، « لغتنا الجميلة »، ج 9.

③ الجاحظ: «البيان والتبيين»، « لغتنا الجميلة »، ج9.

④ توفيق الحكيم: «السلطان الحائر»، مكتبة مصر، ص26.

⑤ توفيق الحكيم: «السلطان الحائر»، مكتبة مصر، ص39.

“那再简单不过了……白天你是国王，那整个白天我都把你借给国家，到了晚上，你就回我家！……”

3. ”هب أن النتيجة خيبت أملك... ماذا أنت صانع؟ !“①

假设结果不如你所愿，你会怎么做呢？

4. تمنيت أن لو قد حدث كذا.

但愿那能发生。

5. بارك الله لك في الموهوب لك، وشكرت الواهب، وبلغ أشدّه، ورزقت برّه.

祝福你喜得贵子，你要感谢主的恩泽，愿他茁壮成长，孝顺父母。

6. هلا أدام إليها النظرَ حتى تطرق هي حياء ولو مرة ! هلا حياها بابتسامة؟ ②

怎么不多看看她，直看到她害羞地低下头，哪怕一次也好！怎么不给个微笑向她问好？

例 1 的过去式动词处于类条件句中，并不表示过去时态，根据时间指示词“مويلا”，句子的时态是现在时。例 2 画线的过去式动词在条件句中表示现在一般时态。例 3 假设句，动词“تبيخ”表现在一般时。例 4 表希翼，例 5 表祝福，例 6 则表鼓动。

6. 言外语境

言外语境也可帮助确立时态，典型例子就是新闻报道的标题。以下四则新闻标题中动词均使用现在式，事件时态完全依赖言内与言外语境判断，这是现代阿拉伯语新闻标题的体例规范。可以看到，例 1 未出现任何时间副词，所报道的事件时态完全依赖言外语境，比如该事件是否在电视或广播中已有相关报道。例 2～例 4 则由时间指示词说明新闻事件的时态。

1. طائراتنا تقصف مواقع العدو.

我战斗机空袭敌军据点。

---

① توفيق الحكيم: «السلطان الحائر»، مكتبة مصر، ص 114.
② نجيب محفوظ: «خان الخليلي»، دار مصر للطباعة، ص49.

2. طائراتنا تقصف مواقع العدو أمس.

我战斗机昨日空袭敌军据点。

3. الرئيس يتفقد اليوم مواقع العمل في السد العالي.

总统今日考察高坝工地。

4. المجلس الوطني الفلسطيني ينعقد غدا بالقاهرة.

巴勒斯坦民族委员会明日于开罗召开会议。

三、对阿拉伯语时体教学的反思

上文辨析了时间、时、体三个概念，并对阿拉伯语中时范畴、体范畴的固化形式进行了简单梳理。反思目前我国的阿拉伯语教学，可能沿袭传统语法时体概念的情况是多数。从教学方式上看，时体教学普遍是将时体概念置于例句中，作为纯理论的语法现象来分析讲解。很多学生对时体概念缺乏深层理解，从而导致语言实践中的误用。针对这一情况，教师在教学过程中需要从概念层面帮助学生明确阿拉伯语的时体范畴，引导学生主动归纳总结阿拉伯语时体的固化形式，学会在具体语境中合理运用时体表达。

首先，我们需要反思，在阿拉伯语教学过程中需要灌输何种“时体”概念，是在传统阿拉伯语法体系中照本宣科，还是需要加入我们当代对时体概念的新理解？对于母语非阿拉伯语的学习者而言，我们的教学恐怕应择后者。因为全球化语境下，现代阿拉伯语已经有了新的发展，传统语法也亟需更新，以适应新时代语言发展的需要。阿拉伯语专业的教师需要以发展的眼光看待语言教学，主动借鉴当代语言研究的成果，运用相关理论指导教学实践。如果一味教条式地传授语法知识，可能只会劳而少功。

其次，从概念灌输的形式上说，教师在传统阿拉伯语法框架下，不妨运用认知策略中的迁移法，引导学生有意识地将阿拉伯语与英语、汉语等其他语言进行比较，认识阿拉伯语时体系统与其他语言时体系统的异同，体会阿拉伯语在话语表达中时态的相对定位与绝对定位两种手段，帮助学生对阿拉伯语时体系统形成较为清晰的概念。在课堂教学上可运用多元化的教学方法进行探讨式的学习，例如融入数学方法中的数轴概念、错位相加法、心理学上的正迁移法，帮助学生触类旁通。

最后，由于阿拉伯语的"形式"特征突出，加之教师在教学中对语法规则的强调，造成许多学习者往往视语法教条为最高准则，忽视了语境对语言形式的制约与影响。对此，我们应该帮助学生明确：话语活动，无论其形式如何，必然处于特定的语境中，我们需要依赖语境去构建话语、理解话语，而非拿着教科书去评判某个语言现象符不符合语法规范。阿拉伯语教学，特别是语法教学，有必要结合具体语境帮助学生理解语法结构，而非使用孤立的例句填鸭式地教授语法知识。

【参考文献】

[1] 戴耀晶 . 现代汉语时体系统研究 [M]. 杭州：浙江教育出版社，1997.

[2] 王力 . 中国语法理论 [M]. 北京：商务印书馆，1944.

[3] Quirk, R, A Comprehenseive Grammar of The English Language. London: Longman.1985.

[4] تمام حسان ：«اللغة العربية ：معناها ومبناها»، عالم الكتب للنشر والتوزيع والطباعة، ط6، عام 2009.

عباس حسين ：«النحو الوافي»، الجزء الأول، دار المعارف بمصر، ط3.

[5] سيبويه ：«كتاب سيبويه»، الجزء الأول، مكتبة الخانجي للطباعة والنشر والتوزيع.

[6] عبد المجيد جحفة ：«دلالة الزمن في العربية ：دراسة النسق الزمني للأفعال»، دار توبقال للنشر، ط1، عام 2006.

基于慕课的“翻转课堂”模式在阿拉伯语本科教学中应用的可行性分析

李　珮[1]

【摘要】慕课和翻转课堂都是科技发展催生的新型教学方式，在国外的大学中已经广泛应用并取得了良好效果。本文主要探讨在慕课背景下，高校阿拉伯语教学中“翻转课堂”模式构建的可行性，希望促进学生通过线上线下结合的方式进行有效学习，最终实现预设的教学目标和学习价值。

【关键词】慕课；阿拉伯语；翻转课堂；教学模式

慕课（Massive Open Online Course，MOOC）作为一种新的在线课程开发体系，自产生以来就引发了全世界教育界的改革热潮。而国内学者关于慕课的研究，从2012年开始迅速增多，其中对外语课堂的设计主要强调发挥学生的主体作用，教师给予合理、及时的指导，引导学生利用丰富的网络资源，进行独立自主的外语学习。外语慕课的建设在英语、日语等大语种中的发展势头较好，现今许多高校的阿拉伯语教师也开始探讨该模式在本科阿拉伯语教学中的运用。因此，本文将以大连外国语大学阿拉伯语专业在此方面的实践为例，结合现阶段本科阿拉伯语传统教学中出现的问题、师生的特点以及平台建设情况，探讨慕课与翻转课堂结合的可行性和实施效果。

① 大连外国语大学意阿语系阿拉伯语专业讲师。

一、概念的界定和问题的提出

（一）慕课

慕课最早被提出是在 2007 年，主要特点是大规模、在线和开放，它强调在高校外语教学过程中以学生为中心，并且颠覆了传统的教育理念和模式。学习者可以不受时间和地点的限制而随时使用网络资源，学习时间也不同于传统课堂的 45 分钟，一般慕课平台上的课程多为 10 分钟左右，这样使得学生能够在学习过程中保持注意力高度集中，避免因学习时间过长而导致的疲惫。除此之外，依托平台的互动专区，学生的问题也能得到及时的反馈和回应。

（二）翻转课堂

在传统课堂中，采取“先教后学”的教学模式，即教师先讲授课堂内容，学生课上掌握，课后自行复习消化；而在翻转课堂（Flipped Classroom）中，则要求学生课前先阅读相关资料，或者观看视频学习资源，在课堂上对预先学习过程中发现的问题，与老师同学进行讨论和交流。

通过研究和实践，我们发现这两种形式的教学模式，可以互为补充。一方面，慕课平台上的大量系统的课程资源，弥补了翻转课堂碎片式学习的弊端；另一方面，慕课借助翻转课堂，可以回归传统教室，弥补在线课程中师生缺乏面对面交流的不足。在本科阿拉伯语教学中，如果将这两种新兴模式与传统课堂教学相结合，可以丰富教学形式，激发学生的学习兴趣，从而提高教学效果。

二、高校外语慕课发展的大事件

2017 年 12 月 23 日，由北外倡议发起，全国多所外语类院校和具有外语优势的各类院校联合组建的“中国高校外语慕课同盟”在京成立。

2018 年 3 月 23 日，第三届全国高等学校外语教学改革与发展高端论坛在北京举行，当晚，中国高校外语慕课联盟正式启动了“中国高校外语慕课平台”。

值得一提的是，在该平台上也上线了一门阿语课程，课程的名称是《零起点阿拉伯语入门》。这门课程是以北京外国语大学齐明敏教授2014年录制的微课《阿拉伯语语音零基础快速入门》为基础改造而成的，我也参与了这门课程的改造工作，在原来的微课的基础上，除了增加课后练习、文化课程、讨论与反馈等版块，还设置了期末考试环节。与原来的微课相比，网络课程“学多练少”的问题得到改善，师生间的互动性也有所增强，预计学习效果与传统网课相比会有所提高。虽然这门课程主要是面对将阿拉伯语作为二外或三外的学习者开设的，可我个人通过学习发现，齐老师讲解得十分系统、细致，完全可以当作阿拉伯语专业本科生语音阶段在课堂学习后的补充。除了这一门课程之外，该平台还将整合各大外语院校的优质师资，推出一些与阿拉伯语相关的其他课程。我们在阿拉伯语本科教学中，可以将这些慕课资源作为课堂教学之外的重要补充和资源扩展，在课程中把教学内容与教学目标紧密地联系起来，以产生一种更加聚焦的学习体验。这也就引发了我们关于将“在线视频课程”与“传统课堂教学”结合的“翻转课堂”教学模式，应用在阿拉伯语本科教学中的思索。

三、翻转课堂模式应用于大学阿拉伯语教学的可行性分析

（一）教师接受程度

翻转课堂的实施效果主要取决于两个环节。

1. 学生课前通过教师提供的视频学习新知识

这一点取决于几个因素，比如：视频制作是否能吸引学生？是否方便学生观看？知识体系的设置是否合理？知识点的讲解是否透彻？从而对教师在知识体系的把握、视频制作技术上提出了更高的

要求。关于这一点，我个人做过一次尝试。通过录制一个时长为 7 分钟的小视频，对阿拉伯语中“特指宾语”这个语法点进行讲解，是一个典型的微课程。在课前，我将该视频上传到班级的公共邮箱，请学生观看，后期还设计了一些问题和练习，课上通过这些练习，来考查学生观看视频学习的效果，以及解决他们学习该语法点过程中的问题。通过学生的反馈可以看出，那一节课教学效果是比较好的。这个视频是在学校技术部门的支持下录制，教师提供 PPT 和脚本，配合他们录制，后期的制作（非核心业务）交由专业人员完成，教师则可以节省精力去完成自己擅长的教学业务，在这方面学校也给予了许多的优惠政策和便利条件。我校已经举办了两届微课大赛，并鼓励教师以此为基础，将网络课程引入本科教学。当然，这并不是一门慕课，只是一个推动网络课程与传统课堂相结合的一个起点。要想完成一门完整的慕课，还需要组建教师团队，付出更多的努力来达成。

2. 通过组织课堂活动实现知识内化

这一点是翻转课堂教学模式的特点，传统课堂教学往往将教学重心放在学习过程的第一步——传递信息，而更重要的第二步——吸收内化，却经常被放在没有教师帮助的课下去完成。而在翻转课堂教学模式中，我们把对知识的吸收内化放在课上完成，这就要求教师组织丰富多彩的课堂活动，这对教师关于课堂活动的设计也提出了更高的要求。这个方面对教师来说，相比视频的设计和录制等技术环节，要更加熟悉，易于把控。

（二）大学生学习特点

1. 在翻转课堂模式下的个性化学习中，学生成了自定步调的学习者

学生们可以自主选择学习时间、学习地点，也可以控制学习内容、学习量的多少。由于在课堂中减少了教师的讲授时间，为学生留出了更多学习活动时间，因此能充分提高学生在课堂上的主人翁意识，使其能够积极地参与到学习过程中来。他们成了整个学习过程的主角，不再是传统课堂上被动的知识接受者。

2. 翻转课堂大大提升了教师和学生，以及学生与学生之间在课堂上的互动

当教师或者同学评价其学习结果时，课堂中的互动性就会变得更加有效，根据教师的评价反馈，学生将更加客观地了解自己的学习情况。

（三）慕课平台资源建设情况

我国一些高校已经加入了国际知名慕课平台，比如北大清华与edX[①]合作，上海交大和复旦大学加盟Coursera[②]等，还有由清华大学研发出的中文慕课平台“学堂在线”，于2013年10月10日正式启动，面向全球提供在线课程。大连外国语大学也与超星图书馆合作，推出了一系列外国文化通识类在线课程。任何拥有上网条件的学生均可通过相关平台，在网上学习课程视频。

随着“新时代、新人才、新方略”口号在第三届外语教育改革与发展论坛上的提出，以及中国高校外语慕课平台这样一个专门针对中国高校外语教学的慕课平台的上线，为基于慕课的翻转课堂教学模式提供了平台保障。为了响应这一新举措，联盟内的各大院校都将出台一些针对慕课的给予教师的鼓励性政策，如：录制慕课的课时与传统课堂教学课时的换算，建议一个慕课课时约合1.5个正常课时；鼓励教师申报慕课建设项目，并将其计入科研成果等一些措施，还将继续完善，以填补这一领域的政策空缺。这一针对外语教学的慕课平台，将通过建设优质外语慕课资源共建、共享机制，推动跨校合作，弥补语种和学科发展不均衡的问题，促进新建专业院校的教学质量提升。

---

① edX是麻省理工和哈佛大学于2012年4月联手创建的大规模开放在线课程平台，它免费为大众提供大学教育水平的在线课堂。

② Coursera是免费大型公开在线课程项目，由美国斯坦福大学两名计算机科学教授创办。旨在同世界顶尖大学合作，在线提供免费的网络公开课程。Coursera的首批合作院校包括斯坦福大学、密歇根大学、普林斯顿大学、宾夕法尼亚大学等美国名校。

四、结语

基于慕课的翻转课堂模式促进了线上、线下教学的深度融合，这种混合式教学可以激发学生自主学习的欲望，提高学习效果，并融合各高校的优势和特点，克服新建专业普通教师知识与能力的局限性。这一模式在阿拉伯语本科教学中的应用具有可行性，不过还需要在实际教学的过程中进行更多的尝试和实践。

核心素养视角下的阿拉伯语阅读课教学模式探析

韩　博[①]

【摘要】在深化课程改革的背景下，培养学生的核心素养是教育的根本任务。核心素养既包括母语交际、外语交际、数学素养和基础科技素养等学科素养；还包括数字素养、学会学习、社会与公民素养、首创精神和创业意识、文化意识和表达等跨学科素养。对于阿拉伯语专业而言，学生的核心素养主要涉及语言能力、学习能力、思维品质、文化意识。对于外语学习者而言，阅读是大量语料输入的最便捷方式。本文认为，将内容依托、文化导入以及图式理论融入阅读教学模式中，便于学生掌握有效的阅读技巧，提升其阅读能力与核心素养。

【关键词】核心素养；阿拉伯语阅读课；教学模式

2014年4月，教育部颁布《关于全面深化课程改革　落实立德树人根本任务的意见》（以下简称《意见》）。该文件深入回答了“培养什么人、如何培养人”的问题，并提出将“学生发展核心素养体系”的研制与构建作为着实推进课程改革深化发展的关键环节，以此来推动教育发展。《意见》的出台，为我们指明了方向。落实立德树人是课改的核心和根本任务，培养学生核心素养是育人的重要目标。

那么，基于核心素养，如何设计和实施阿拉伯语课程教学、如何修订相关课程标准、如何完善学业质量评价标准等问题就成为我们不能回避的议题。根据笔者自身的教学实践和教学反思，本文首

---

① 博士，大连外国语大学阿拉伯语讲师。

先简要介绍核心素养的内涵，以核心内涵为出发点，分析阿拉伯语阅读课的课程目标，并提出利用多种教学模式来构建和提升学生专业核心素养的思路，最后针对阿拉伯语阅读教材提出改革设想。

一、核心素养与阿拉伯语阅读课教学目标

当前我国对核心素养的研究处于起步阶段，欧洲多国、美国、澳大利亚早在 20 世纪 90 年代就开始研究核心素养内涵框架。例如，欧盟列出了个体所需要的八大核心素养：（1）母语交际；（2）外语交际；（3）数学素养和基础科技素养；（4）数字素养；（5）学会学习；（6）社会与公民素养；（7）首创精神和创业意识；（8）文化意识和表达。欧盟的核心素养框架由学科素养和跨学科素养两部分构成：母语交际、外语交际、数学素养和基础科技素养属学科素养；数字素养、学会学习、社会与公民素养、首创精神和创业意识、文化意识和表达属跨学科素养，渗透于学科学习和活动过程中。①

借鉴国外相关研究成果，我们认为核心素养指的是学生应具备的适应终身发展和社会发展需要的必备品格和关键能力。阿拉伯语学生的专业核心素养主要包括以下四个方面：第一，语言能力，指掌握语言知识和语言技能并进行人际交往和交流；第二，学习能力，指在不同的情势下运用不同的学习策略，将技能转变为能力；第三，思维品质，指分析、概括、比较、创新等思维活动，适应信息时代和知识社会的需要，运用创造性思维来解决复杂问题；第四，文化意识，指通过学习而形成文化理解，使学生具有人文底蕴和科学精神。这四点彼此关联，共同促进学生的阿拉伯语学科素养的形成。核心素养具有时代性、综合性、跨领域性与复杂性特点。

阅读看似是每个人天生就有的一种能力，然而，哪怕是在母语阅读中，我们想提高阅读能力也需要掌握一定的方法和技巧，并通过不断摸索和实践才能具有。阿拉伯语阅读课的教学目标就是培养学生的阅读素养和阅读能力。阅读不是灌输知识，因为若以知识灌

① 张华：《论核心素养的内涵》，载《全球教育展望》，2016（4）。

输和记忆的方式教授阅读课，就只能让学生学会知识，无法形成素养。在信息时代，学生的个人知识是其素养的基础、前提和载体。无知识，亦无素养的形成。但是一切知识，只有成为探究和实践的对象的时候，才有可能转化为素养。因此，阿拉伯语阅读课应该转变教学方式，让学生的深度学习与协作学习结合在一起，学习知识与实践结合在一起。具体来说，分为以下三方面目标。

（一）知识目标

1. 巩固和激活已有知识，扩展词汇和句型的理解与使用。

2. 扩大知识面，加深对阿拉伯国家社会、文化背景知识的了解和认识，增强语感。

（二）能力目标

1. 帮助学生学习并掌握预读、寻读和略读的阅读技巧，提高阅读速度。

2. 培养学生通过构词法和上下文猜测词义以及理解能力。

（三）素质目标

1. 启发引导学生认识针对不同的阅读目的、对象和场合，选择不同的阅读方式。

2. 培养学生批判性思维、文化意识、协作意识、问题解决意识以及创新精神。

二、阿拉伯语阅读课的三种教学模式

“核心素养重视个体适应未来社会生活和终身发展所必须具备的关键素养，其本质上应是一般素养的精髓和灵魂，在数量上则应该少而精。”[①] 也就是说，核心素养要有突出性和代表性。在大学本科阶段，应该重点培养阿拉伯语学生获取知识、习得能力、发展人

① 常珊珊、李家清:《课程改革深化背景下的核心素养体系构建》，载《课程・教材・教法》，2015（9）。

文素养的综合素质，以满足学生在未来的生活和工作中的生存需要、工作需求。为了实现上文提到的知识、能力、素质三大教学目标，我们从内容依托、文化导入、图式理论三个角度来分析阿拉伯语阅读课的教学模式。

（一）内容依托式阅读教学

为了提高学生的外语能力，提高外语教学效率，应改变传统上单纯学习语言的教学模式。将外语作为各种学科内容的媒介，即运用外语学习不同主题的内容，将语言形式在语言文本中体现并掌握，这就是依托式外语教学模式。“依托课程内容进行外语教学是指，将语言教学建基于某个学科或某种主题内容的教学之上，把语言学习与学科知识学习结合起来，在提高学生学科知识和认知能力的同时，促进其语言水平的提高。”[①] 这里提到的“内容”指的是真实阅读题材，可以激发学生的阅读兴趣。大学生学习阿拉伯语，虽然是零起点学习，但他们是成年人，对阅读题材和内容要求不同于中小学生。在阅读课上选择适合大学生们认知水平、有逻辑、有意义的阅读材料，对他们来说更有吸引力，此外，阅读题材内容还应该丰富，涵盖人文历史、文学作品、社会科学等各个学科。

以《新编阿拉伯语（第三册）》第8课为例，课后的一篇文章是《伊本・白图泰》，这篇文章的可读性强，容易激发学生的兴趣，引导学生思考。很多学生对摩洛哥的两座旅游城市非斯、丹吉尔有所耳闻。在课堂教学中，读到这两个地名的阿语表达时，笔者鼓励学生猜词，第一个城市名较容易猜，第二个需要借助教师的启发，学生也能猜得出来。笔者进一步提问：这两个城市位于摩洛哥哪里？摩洛哥旅游业的发展情况如何？此外，文章中提到了伊本・白图泰的成长背景，以及他是一个热爱旅行、求知欲强的虔诚的信徒（رجل تقي وَرِعٌ طموح الى العلم محب للارتحال）。可以启发学生思考“تقيّ”的词根和曾学过的“اتقى الله”这个动词；旅行用的是“الارتحال”，而这个表达跟“السفر والرحلة”意思差不多，但这是高级词汇，也很好记。后文出

① 代庆宁、吕哗：《CBI 教学理念及其教学模式》，载《国外外语教学》，2004（4）。

现了 “تجوال”，这个词跟 “تجول” 同词根又不同义。诸如此类，在具体语境下让学生了解了词汇含义及用法。

这篇文章还提到了伊本·白图泰一生游历的很多地方，借此可以问学生：你对伊本·白图泰还有哪些了解？旅行对伊本·白图泰的人生、性格有哪些影响？伊本·白图泰的旅途开销从何而来？他的游记记录了哪些神奇经历？由于这样的文章具有启发性，同时有意义的内容、有趣的问题，使得学生记住了很多词汇和表达，因此就能通过阅读扩大学生知识面、增加对阿拉伯文化的了解。在内容依托式的阿拉伯语阅读课教学模式中，课程内容涉及阿拉伯历史、地理、政治、文学、民俗等方面，课堂教学活动中包括教师讲解、学生就某一问题进行陈述和回答、小组讨论等。既要注重语言知识的输入，还要鼓励学生获得多学科知识，对所学习的阅读材料进行思考，对目标语进行实践。

（二）文化导入式阅读教学

因为所有的语言知识都是通过社会习得的，所以语言是文化的有机组成部分。“语言也是人类思维的工具。人类思想的形成借助于语言，同时人类的思想又常用语言的形式进行表达。语言词汇是最明显的承载文化信息、反映人类社会文化生活的工具。”① 在教学中将语言与文化相结合，其重要性不言而喻。“将语言置于文化背景之中，揭示文化在某种语言现象形成和发展演变中所起的作用，加深人们对于语言现象的正确理解。”②

文化导入教学模式指的是，以阅读材料为基础，提出涉及文化的具体问题，进行相关文化知识的补充，提高学生的文化意识和文化适应能力。值得一提的是，文化适应能力是交际能力的重要组成部分，只有具备某种语言文化背景知识的人才能与该社团的人顺利交际。

例如，《新编阿拉伯语（第三册）》第 9 课课后阅读文章《自由》，

① 束定芳：《语言与文化关系以及外语基础阶段教学中的文化导入问题》，载《外语界》，1996（1）。

② 罗林：《阿拉伯语方位词教学的文化导入》，载《四川外语学院学报》，2008（3）。

讲述了作者和猫之间的一件小事。作者一直不理解猫悲伤、难过的表情和它的哀求原因，作者说道："要是我是苏莱曼就好了，我就可以理解动物的语言，可以明白小猫的需求。"笔者曾在课堂上问学生，苏莱曼是谁？学生在预习时并没有注意这个问题，所以他们不知道。因此，笔者将苏莱曼的身份引入，介绍他是伊斯兰教的一位宗教人物，以"智断亲子案"来说明他是一个非常有智慧的人。此外，在信息时代，教师还应该教会学生如何利用网络资源找到关于苏莱曼的背景资料。在教学中，除了使学生学会语言，还要培养学生的语言学习能力，具有较强学习能力的人具备解决疑难问题的能力。在阿拉伯语基础阶段学习中，学生可以通过中文关键词搜索相关背景资料，或在必应（Bing）上搜索阿拉伯语关键词，找到维基百科词条。

未来阿拉伯语专业人才是通晓阿拉伯语语言及其文化的国际人才，应通晓阿拉伯国家的历史文化，了解中东地区的宗教文化背景。鉴于阿拉伯语阅读课教学题材广泛，涵盖阿拉伯社会生活的方方面面，教师在教学中导入的文化内容应该与教学内容密切相关，选择生动、形象、有代表性的文化知识加以引入。同时，要遵循循序渐进的原则，分阶段引入主流阿拉伯文化知识，提升学生对阿拉伯伊斯兰文化的兴趣。

（三）基于图式理论的阅读教学

由于我国高校阿拉伯语专业教学为零起点教学，学习者在基础阶段对阿拉伯语词汇、语法、背景知识积累有限，因此给学习者的阅读理解与认知造成了一定障碍。阿拉伯语阅读课教学进行的是泛读训练，要求学生有大量的语言输入。但遗憾的是，初学者在阅读速度和难点处理上遇到了瓶颈。要么读不下去，心生焦躁；要么浅尝辄止地读完，不了了之；要么借助词典查找每个生词词义，一字一句，刨根问底。总之，学生缺少有效的阅读技巧和必要的阅读训练。

康德的图示理论可以在阅读过程中发挥编辑、推断、整合、补充的功能，帮助学习者辩词猜义、理解长句、把握语篇等。"图式理论认为，阅读理解的过程首先从最低层次的认知字母开始，在字母的某些特征填充了记忆中某个字母空位后，该字母图式就被激活。同样，在读者输入一个词的部分特征后，这个词的图式就被激活。但在词的层次上，上下文语境将对图式的激活产生更加明显的作用，前面的词的意义能够激活更高层次的图式，更高层次的图式的自上而下的作用能够指出后面词的图式范围，因此，后边的词只要输入更少的自下而上的信息，图式就会被激活。”①

在阿拉伯语阅读教学过程中，教师应引导学生掌握两个阅读原则：第一，在基本读懂的前提下，控制好阅读速度；第二，分清难点和重点，猜词与查词相结合，抓住文章的主要脉络和篇章结构。正如中国学者文秋芳所说：“读书如同吃鱼，鱼头无肉，吃起来且费时间。鱼刺又分粗刺和细刺。粗刺要剔除不能强吃，否则要出问题，而细刺如混在鱼肉里咀嚼吃下去，虽不舒服，却无大碍。遇到像鱼头一样难读且无关大局的地方可以暂且放一旁；遇到类似‘粗刺’的难点要认真解决；遇到类似‘细刺’的难点只需稍加处理就放行。”② 根据我们的实际经验，“在母语阅读中，很少用到主语、谓语等方法去分析语法，更多的是寻找语句中各部分内容的语义关系，依靠语感直接去寻找深层语义关系，实现对语篇或语句的理解”。③此外，课堂教学应与课外阅读训练相结合。课内进行少量的精读，而课外完成大量的泛读。大量的课外阅读可以带来大量语言输入，扩大词汇量，增强语感，获取相关文化知识。关于篇章的理解，我们教会学生使用预读、寻读、略读、快读与慢读相结合等阅读技巧，掌握技巧有助于提高阅读质量。

---

① 肖凌：《认知理论下基础阿拉伯语阅读训练策略研究》，载《北京第二外国语学院学报》，2012（4）。

② 文秋芳：《英语课外阅读二个原则：控制速度　处理难点》，载《中国图书商报》，2007-07-10。

③ 肖凌：《认知理论下基础阿拉伯语阅读训练策略研究》，载《北京第二外国语学院学报》，2012（4）。

三、关于阿拉伯语阅读教材改革的设想

在课程改革背景下开展教学研究与教学改革是每一位教师必须研究的重要课题。阿拉伯语专业与英语专业相比，在教材建设方面还有很大的发展空间。例如，市场上出现的阿拉伯语教材均是由中国学者编写，而引进的阿拉伯原版教材以及中阿合编的成体系的教材还很少。

阿拉伯语阅读读本还需再丰富，这要求我们在教学之余，找到一些好的素材，并将之转化成教材，实现资源共享。第一，我们需要在有限的时间里，以学生为中心，进行换位思考，教给他们真正有价值的内容，让他们认为阅读课上得有意义。可考虑编写一套涉及北非、海湾、沙姆地区、马格里布地区的文化之旅阅读教材，包括这四大区域的地理、历史、政治、商业文化等内容。第二，我们应该不断创新、更新阅读课的内容题材，兼顾知识性、趣味性、启发性与可读性。多数高校正在使用的《新编阿拉伯语》有非常实用也非常有趣的教学题材，例如第 11 课提到的阿拉伯语标准语和方言之间的区别，举了很多国家方言的例子，这一课提到的最多的是埃及方言。很多学生渴望学些方言中简单的词汇，可以帮助他们更好地适应三年级出国或毕业后外派的工作环境。可以在阿拉伯语阅读材料中适当增加一些涵盖方言的文学作品，便于让学生知道方言在生活中发挥的独特作用。

【参考文献】

[1] 常珊珊，李家清 . 课程改革深化背景下的核心素养体系构建 [J]. 课程 · 教材 · 教法，2015（9）.

[2] 代庆宁，吕哗 .CBI 教学理念及其教学模式 [J]. 国外外语教学，2004（4）.

[3] 罗林 . 阿拉伯语方位词教学的文化导入 [J]. 四川外语学院学报，2008（3）.

[4] 束定芳 . 语言与文化关系以及外语基础阶段教学中的文化导入问

题 [J]. 外语界，1996（1）.
[5] 文秋芳 . 英语课外阅读二个原则：控制速度 处理难点 [J]. 中国图书商报，2007-07-10.
[6] 肖凌 . 认知理论下基础阿拉伯语阅读训练策略研究 [J]. 北京第二外国语学院学报，2012（4）.
[7] 张华 . 论核心素养的内涵 [J]. 全球教育展望，2016（4）.

词块在阿语教学中的应用

李小卫[①]

【摘要】词汇在语言学习中既是基础，又是语言习得的内容。充足的词汇是语言学习者表达思想的必要条件，因此词汇的学习至关重要。词汇的学习和词汇量的积累成为学习者必须解决的一个难点。近些年，词块教学法被从事英语语言教学的专家学者、研究者们认为是帮助学习者记忆和掌握词汇最有效的方法之一，也越来越受到重视和认可。词块理论和教学法对阿拉伯语教学的借鉴和实践有着重要的指导意义。本文在介绍词块概念及其分类的基础上，分析了词块在阿语教学中的优势，并对词块在阿语教学中的策略进行了有益探索。词块教学法增强了学生在阿语学习中的词块意识，提高了学生对词汇学习和应用的效率。可以说，词块在阿语教学中是一种行之有效的方法。

【关键词】词块；教学法；阿拉伯语

语言的学习离不开词汇，各项基本语言技能的发展也离不开词汇，词汇的学习贯穿于学习的全过程。第二语言习得的研究也表明，词汇学习是第二语言习得不可逾越的一个重要过程，尤其是在初学阶段。英国著名语言学家威尔金斯（Wilkins）曾在《语言学与语言教学》中说："没有语法就只能传递有限的信息，然而，如果没有词汇，则什么都传达不了。"这进一步说明了词汇学习在外语学习中的作用和意义。阿拉伯语的学习也是如此。

---

① 博士，北京第二外语学院中东学院阿拉伯语系教师，主要研究方向是阿拉伯语言与文化。

词块是语法、语义和语境的结合体，它有效地把语言知识和语言的应用结合起来。实践证明，将词块的相关理论和教学法应用于阿拉伯语的教学过程，能够有效地帮助阿语学习者克服词汇记忆的难关，提高词汇记忆的效率，减少错误，并提高阿拉伯语语用中的流畅性、准确性和地道性。

一、词块的概念

词块概念的形成并被应用于语言学，受到了语言学界的重视，许多学者和研究者开始将词块与具体的语言教学结合起来，并把词块作为语言学习的一个基本单位。词块教学法作为一种比较新的教学法，在外语词汇的教学中非常有效，是外语学习的一条捷径。词块教学法能够使学生在学习中，注意到词汇的语境、语法、语用以及语篇意义等多种要素，能够帮助学生创造性地、更加准确地运用语言，对听、说、读、写、译各种基本能力的培养和提高都极为有益。

不同的语言学家从不同角度对词块展开了诸多研究，并用不同的术语来表述词块。

贝克（Becker，1975）最早提出词块的概念。[①] 他认为，语言中那些模式化了的固定和半固定的结构就是词块。词块集功能和形式于一体，兼具词汇和语法的特征。该理论认为，语言的记忆和存储、输出和使用都不是以单个词为单位的，那些固定或半固定模式化的多词语结构才是交际的最小单位。

Pawldy 和 Syder（1983）用“词汇化句干”来指称那些形式和内容都基本固定的结构。[②]

Nattinger 和 DeCarrico（1992）从形式和功能的角度，提出了“词汇短语”（lexical phrase）[③] 这一术语。

---

① J. Becker，The Phrasal Lexicon，Cambridge Mass，Boltand Nesman，1975，p.17.

② A. Pawldy & F. Syder，“Two pwzzles for linguistic theory：Native-like selection and native-like fluency，” In J. Richards & R. Schmidt（Eds），*Language and Communication*，London，Longman，1983，pp.191-226.

③ J. Nattinger & J. DeCarrico，*Lexical Phrases and Language Teaching*，Oxford，Oxford University Press，2000.

刘易斯（Lewis，1993）将这种词汇组合称为词汇组块（lexical chunk）。他认为，语言不是由传统的语法与词汇组成，而是由多词的预制词块组成。所以，词块应成为语言教学的最小单位。①

雷伊（Wray，2002）则用程式语这一概念表示多词单位。他指出，程式语是连续或非连续的预制语，可作为一个整体存储于大脑中，使用时可以随时被整体提取。②

尽管研究者开展研究的侧重点有差异，研究涵盖的范围不尽相同，用以描写词块的术语名称各异，但是他们关于词块本质的认识却基本相同，那就是：词块是一种词汇短语，是以整体形式储存在大脑中的具有一定语用功能的词语或词语串，有较为固定的语法结构、稳定的搭配意义和特定的语用环境。

综上所述，词块，即指词汇短语，是一种特殊的多词词汇现象，是以整体形式储存在大脑中的一串连贯或不连贯的词或者是具备固定意义的话语片段。词块可以整体或稍作改动，作为固定单位来使用，从而实现语言使用的准确性和流畅性。词块的这一特点为词汇的记忆和词汇量的扩充带来了极大的便利。

二、词块的分类

基于不同角度和目的的词块研究，其分类方法也多种多样。

Pawldy 和 Syder（1983）依据词在语篇中的衔接功能，将词块分为多词词汇、惯用表达式、短语限制语和句型框架四类。③Nattinger 和 DeCarrico 依据词块结构的特点，把词块分为多元词块、习俗语词块、短语架构词块和句子框架词块四类。④

---

① M. Lewis，*The Lexial Approach*，Hove，Language Teaching Publications，1993.

② A. Wray，"A. Formulaic sequences in second language teaching：Principle and Practice，" *Allied Linguistics*，2002，21（4），pp.463-489.

③ A. Pawldy & F. Syder，"Two pwzzles for linguistic theory：Native-like selection and native-like fluency，" In J. Richards & R. Schmidt（Eds），*Language and Communication*，London，Longman，1983.

④ Nattinger，R. James & DeCarrico，Jeanette S，*Lexical Phases and Language Teaching*，Oxford，Oxford University Press，1992.

分类方式更加通俗易懂，并受到普遍认可和接受的词块分类法，则是刘易斯的分类方式。[①] 笔者在阿拉伯语的教学实践中也主要借鉴了这一分类法，并将词块主要分为以下四大类。

（一）单词和多词组合（聚合词）

单词即传统意义上的单一词汇，如“قلم ،غرفة ،وزير”等。而多词组合（聚合词）指的是固定搭配，是具有习语性质的固定词组，它的语义不能从构成组合的单个单词中推断出来，因而不可随意拆开和分割使用，如：على الاستعداد ل ، على فكرة ، من أجل...، على سبيل المثال، على...等。

（二）搭配语

搭配语指的是以较高的频率出现的单词组合，它是由某些固定的结构形成的框架式短语，使用者可根据需要进行替换。在阿拉伯语中，对应的范畴更加宽泛一些，形容词词组、动宾结构以及其他的一些常用固定搭配等都属此列。如：الدول الأعضاء، الدول النامية، يمكن لفلان أن ...، ليس صعبا على فلان أن ...، على ما أظنّ، لا بدّ من...等。

（三）惯用表达

惯用表达，指的是固定或半固定、有着固定语用功能的单词组合，主要指口语交际当中所使用的套语、谚语、固定表达等。如：الحمد لله، إلى اللقاء، بكل سرور، ما العمل؟ لا شكر على واجب، ما شاء الله等，学生可以进行整体记忆和使用。

（四）句子框架

一般指形式和功能固定或半固定的词块，为整个句子提供框架结构或者作为语篇当中的衔接语、引语等来使用，如：يسرّ فلانا أن ...، فلان يتشرف بأن ...، لم（لا، ليس）... فقط، بل ... أيضا، ... أحيانا ، وأحيانا أخرى...، ... هذا من جهة، ومن جهة أخرى...،等。这些句子框架能够起到组织篇章或连接上下文的作用。

从以上的例子当中我们可以看出，阿语词块不是简单机械的单

---

① M. Lewis，*The Lexial Approach*，Hove，Language Teaching Publications，1993.

词叠加，而是单词依据阿语的语用习惯、语法规则等，经过有机组合，成为语法化的词汇；这些词块同时具备了阿拉伯语语法、语义和语境的优势，能够被学生在听力、表达、阅读、写作、翻译等各项语言技能和语言实践中直接应用或灵活变化，省去了语法生成的过程和困难。此外，这些阿语词块的内部即构成词块的各个语法成分之间，在结构上有着可供变化的巨大空间，这也为学生创造性地使用这些词块提供了巨大的可能性，从而为学生语言输出能力的提高、语言技能的训练和巩固奠定良好的基础。

三、词块在阿语教学中的优势

传统的阿拉伯语教学有其优势，但也存在着诸多弊端：或是过分重视语法的教授，或是过分强调单词的记忆，其结果往往导致学生熟练掌握了阿语语法和一定量的阿语词汇，但在熟练和灵活运用语言的能力方面依然没有提高。词块教学法能够将二者在阿拉伯语的教学实践中有效地结合起来，使学生能够把相对固定的词块作为一个整体的语言单位或形式来记忆，在语言运用中能够提高学习效率，增强语言运用的能力，实现语言运用的准确性、连贯性和得体性。

（一）词块教学法符合阿语语言学习的规律

语言习得的过程，大部分是以整体的词块形式出现的。词块在习得语言的早期有着非常重要的作用。在基础阶段，阿语词块的记忆和掌握尤其对阿语的学习有着积极、重要的意义。

1. مسرور ب

مسرور بحضوركم، بمجيئكم، بوجودكم...

مسرور بلقائكم، بمقابلتكم، برؤيتكم، بمعرفتكم ...

هما مسروران (مسرورتان) ب...، هم مسرورون ب...، هنّ مسرورات ب...

（他）很高兴……

他很高兴您的莅临、您的到来、您能出席

他很高兴看到您、见到您、看见您、认识您

他俩（她俩）很高兴……，他们很高兴……，她们很高兴……

2. هل تسمح لي ب...

هل تسمح لي بالجلوس، بالدخول، بالسؤال، بالأكل، بزيارتك، قراءة الصحيفة...؟

اسمح، اسمحا، اسمحوا، اسمحي، اسمحن لنا بأن...

我可以……吗?

我可以坐下、进来、问问题、吃东西、拜访你、看报纸……吗?

请你、你俩、你们、妳、妳们让我们……吧

词块学习法通常是在学习词汇时，借助词块的形式来接受和掌握，然后模仿、套用，在具备语法能力之后，学生就可以对词块结构进行加工和创造：或填充，或替换，或重新组装，进入创造性使用所学语言的阶段。以词块形式习得语言符合事物的认知规律，即符合认知事物从简单到复杂，从模仿到创造，从广泛吸收到最终内化和产出的过程和规律。阿拉伯语的学习过程也是如此。

如例 1，在完成对画线部分词块记忆的基础上，学生既可以灵活替换介词“ب”后面的内容，也可通过名词句起语的变化完成对这一词块的改写和扩充。而在例 2 中，学生掌握了“允许某人……”这个句型之后，可以根据表达需要对“允许”的具体内容随意变化，也可以在掌握命令式动词之后对“允许”的不同命令式词型完成练习。从模仿到创造、从简单到复杂这样的学习方式，使学生在阿拉伯语的学习过程中事半功倍。

在基础学习阶段，学生尚未掌握阿拉伯语语法知识，母语的负迁移影响较大，在对阿拉伯语句子结构没有形成基本认识的情况下，学生在词块记忆的基础上，可以直接套用、模仿、部分替换等，完成较为简单的语言实践。随着对阿拉伯语词法、句法等内容的进一步学习，学生能够逐渐完成对原有词块的扩充、改写、重组等这些较为复杂的语言学习过程，为学生掌握更多所学内容并灵活运用打下基础。

（二）词块教学法是阿语词汇记忆的有效途径

记忆在外语学习中处于中心位置，在词汇学习中尤为如此。一些短语共享一个词块结构，记住了一个词块，就等于记住了一个词块群。词块是由较大的词汇群构成的，因此，一次性记忆的单词量会大大增加。由于词块的意义是置于特定的语境中的，因此它比脱离语境单独记忆词汇更加容易，且不易遗忘，减少了短时记忆的负担。

3. على ما أعرف، على ما أظنّ، على ما أعتقد

据我所知，我觉得，我认为

4. يحبّ البعض بعضا، يحترم البعض بعضا، يساعد البعض بعضا، يتعلم البعضا من بعض...

相互关爱，相互尊重，相互帮助，相互学习……

5. كما تعرف، كما تشاء، كما تريد

如你所知，如你所愿，如你所想

从本质上来看，词块分布在一个具有生成力的连续体上，这一生成力正是创造新话语的能力。在例 3 至例 5 中，学生只需记住画线部分的共有结构，就可根据需要任意替换动词、动词主语等，按照阿语动词词法的变化规律完成该词块的表达与应用。词块本身为语言习得提供了现成的原材料，成为理想的语言记忆单位，也揭示了词汇学习的本质规律。词块的这一能产性，使得学生可以根据阿拉伯语的语法规则和词块的构成形式，生成若干同类的短语，从而具备了“举一反三”的能力。

阿拉伯语词块正是利用了词汇之间固定、半固定的搭配及词汇语境、语用方面的关系，让学生在记忆时把单独的阿语单词变成了语用半成品，有效地扩大了阿语的词汇量，对于词汇结构较大的阿语词块或者句子，学生词汇记忆的量和质都有了极大的提高，也对阿拉伯语语法的学习起到了积极的推动作用。

（三）词块能够保证阿语的流利性和连贯性

人们使用语言的流利程度不取决于他的大脑中存储了多少语法规则，而是存储了多少词块。词块是事先预制好的词汇组合，在特定的语境中有特定的衔接功能。

6. له أخوان كبيران، أحدهما موظف يشتغل في الشركة، والآخر تلميذ يتعلم في المدرسة الثانوية.

他有两个哥哥，一个是任职于公司的职员，另一个是就读于高中的学生。

7. بجانب بيتي حديقتان، إحداهما حديقة الشعب، والأخرى حديقة السلام.

我家附近有两个公园，一个是人民公园，另一个是和平公园。

8. تدور الكرة الأرضية حول نفسها، فتنشأ من ذلك ظاهرة النهار والليل، هذا من جهة، ومن جهة أخرى، تدور الأرض حول الشمس في الوقت نفسه، فتنشأ الفصول الأربعة.

地球的自转产生了昼夜，地球同时也在围绕太阳公转，因而产生了四季。

词块在形式上具有整体性，在语义上具有约定俗成性。因此，这使得词块在语言运用中的可记性非常强这一最大优点凸显出来，词块的搜索和提取速度快，有利于语言使用的流利性和连贯性。在例6、例7中，画线部分的词块，事先已经以整体形式储存在学生的记忆中，可以被作为整体直接运用，而不必临时按照语法规则去生成。因此，当需要描述两个并列的人或物时，只需根据其阴性或阳性，选择使用例6当中的“...أحدهما...، والآخر...، إحداهما...، والأخرى...”这一固定词块结构就行。而在描述一件事情的两个方面时，则可使用例8当中的固定结构把较为复杂的句子衔接起来，实现了阿语语言表达的顺畅与连贯。

学生在阿拉伯语的学习中如果能够以词块的形式大量识记、背诵、吸收和熟悉各种语料，做到熟练使用和创造，那么，他在阿拉伯语的运用当中就能根据所要表达的思想，选取自己熟悉且简练优美的词块，说出和写出的内容就会自然而然地具有很好的流利性和连贯性。

（四）词块能够增强阿语的准确性和得体性

在一定程度上，阿拉伯语的地道、纯正比流利性和连贯性的要求更高、更难。阿拉伯语词块作为语法、语义、语境的结合体，将阿拉伯语的语言知识与应用有机地结合起来。掌握大量的阿语词块有助于学生实现选词、用词的准确性和得体性。

9. - كيف حالك؟

- الحمد لله، بخير. وأنت؟

– 你好吗?

– 感谢真主，我很好。你呢?

10. - شرفتمونا.

- الله يشرفكم.

– 真主使你们荣幸!

– 您让我们不胜荣幸!

11. - نورت البيت.

- الله ينوركم.

– 真主使你家蓬荜生辉!

– 您让我家蓬荜生辉!

12. - مبروك.

- الله يبارك فيك.

– 真主赐福于你!

– 恭喜!（祝贺!）

13. - أراك في المكتب صباح غد.

- إن شاء الله.

– 明早见!（好的。）

– 明早办公室见!

语言习得研究表明，语言习得的最初阶段往往是从一些具有特定语用功能的词汇短语开始的。人们习得的不仅仅是词汇短语，还习得了与词汇短语相应的语用功能。学生对阿拉伯语的语用能力，意味着他不仅要知道如何生成语法规范的句子，还要学会自如得体地运用这些句子。词块在这一方面也有着重要独特的价值。在例 9 至例 13 当中，学生在初学阶段就应该以对话或者上下句的形式完成词块记忆，因为这些交际套语不仅是约定俗成的习惯表达，同时还承载着阿拉伯—伊斯兰文化的丰富内涵。这些内容只有作为整体来记忆和使用，才能更好地体现出学生对阿拉伯语运用的准确性，凸显阿拉伯语在交际中的语用特色和文化功能。

词块特定的社会功能表明它运用于特定的社会语境，在语言表达的形式与意义结合方面有着固定的形式，肩负着特定的交际功能。阿拉伯语的交际套语被作为词块在特定语境中自如运用，才能最大程度地实现它的准确性、得体性，从而避免语言误用和文化误解，实现顺利交际。正是在这样的语用过程中，学生形成了较强的阿拉伯语语用意识，增强了他们阿语语言交际的得体性。

四、词块在阿语教学中的应用策略

在阿语教学中，词块教学法的应用把教学的重心从相互独立的阿语语法和词汇的教学向词块转移，能够让学生接触具体的语言材料，为学生提供更具普遍意义的语言素材，让学生在阿语语言学习的最初阶段，就养成在语境中记忆和使用词汇的学习习惯。

（一）呈现阿语词块，培养词块意识

学生的语言能力既包括学生根据语法规则生成语言的能力，还包括在语境中准确使用地道的语言的能力。词块教学法为这一目标的实现提供了极好的切入点。

在阿拉伯语的教学活动中，笔者在按照词块的构成形式和话语

功能讲授词块相关知识的同时，也适时、适量地向学生讲授词块相关的理论知识，在教学实践中，始终把词块作为阿拉伯语词汇教学的重要内容，培养学生的词块意识。

在具体的课堂教学中，笔者采用多种方式有意识地引导学生寻找、辨识阿语词块，慢慢培养学生对词块的敏感性。例如，笔者在《新编阿拉伯语（第二册）》第 1 课[①]的词汇教学中，就是通过引导首先向学生呈现词块，然后在课上和课下督促学生加强记忆，最终以词块的方式完成词汇的记忆。

.14

旅行，旅途，航班	رِحْلَةٌ جـ رِحْلاَتٌ
去世的，故去的	رَاحِلٌ جـــ رَاحِلُونَ
旅行家	رَحَّالٌ جـــ رَحَّالَةٌ / رَحَّالَةٌ جـــ رَحَّالُونَ
阶段，行程，时期	مَرْحَلَةٌ جـــ مَرَاحِلُ

.15

值得、堪当	اِسْتَحَقَّ يَسْتَحِقُّ اِسْتِحْقَاقاً الأَمْرَ
实现，付诸实施	حَقَّقَ يحقّق تَحْقِيقًا فلانٌ الأمرَ
实现，得到证实	تَحَقَّقَ يَتَحَقَّقُ تَحَقُّقًا الْأَمْرُ
他有权（做），他可以（做）	حَّقَ يَحِقُّ لَهُ أن يَفْعَلَ كذا
他有权（做）	مِنْ حَقِّهِ أن يَفْعَلَ كذا
权利，权益	حَقٌّ جـــ حُقُوقٌ
事实，现实，真理；事实上，实际上	حَقِيقَةٌ جـ حقائقُ: في الحقيقة
真的，真正的，实在的	حقيقي م حقيقية

在例14、例15当中，笔者借助了阿拉伯语的派生构词法，引导

① 国少华主编:《新编阿拉伯语（第二册）》，4～6 页，北京，外语教学与研究出版社，2003。

学生分别对以“ر، ح، ل”和“ح، ق، ق”为根字母构成的相关单词进行整合，让学生形成词汇链和词块的意识，然后以词块形式完成词汇记忆。两个例子都借助了词汇整合的方式，但例14的词块侧重了派生名词的整合，例15则侧重的是同根动词的整合。经过总结、分类、对比和归纳，词汇的记忆对于学生而言就不再是枯燥无味的，而是有趣的、有律可循的过程。

（二）复现阿语词块，促进内化和积累

在学生逐渐形成词块意识之后，笔者在进一步的阿语教学中，不断鼓励学生在所学新词的基础上，积极联想和联系已经完成记忆的词块，尽可能地拓展、扩充词汇之间的搭配，完成更大、更多词串基础上新词块的积累，并加强词块的语境意识。

例如，笔者在《新编阿拉伯语（第二册）》第 8 课[①]的教学中，结合本课阿拉伯语信件的书写格式，引导学生在复习《新编阿拉伯语（第一册）》第 18 课[②]内容的基础上，分类完成信件开头问候语相关词块的积累。

16.

تحية طيبة وبعد، تحية وبعد، تحية خالصة وبعد، تحية من صميم القلب وبعد،

أشواقى إليك وبعد، تحياتي إليك وبعد، سلامي إليك وبعد،

سلامي إليك وإلى الأسرة العزيزة وبعد،

السلام عليكم ورحمة الله وبركاته وبعد،

而在《新编阿拉伯语（第三册）》第 2 课[③]的教学中，笔者再次结合本课所学，督促学生完成对阿拉伯语信件的书写、格式、问候、

① 国少华主编:《新编阿拉伯语（第二册）》，150 页，北京，外语教学与研究出版社，2006。

② 国少华主编:《新编阿拉伯语（第一册）》，194～202 页，北京，外语教学与研究出版社，2012。

③ 国少华主编:《新编阿拉伯语（第三册）》，39～42 页，北京，外语教学与研究出版社，2007。

落款等全部相关内容的词块的扩充、完善以及积累，并最终实现对这些内容的准确、熟练运用。

.17

... إنك الآن تدرس في انجلترا بعد أن أكملت دراستك في مصر، والذين درسوا قبلك في أوربا أشكال وألوان، ويمكن تقسيمهم إلى مجموعات:

فمنهم من شعر بأن ...

ومن الدارسين في أوربا من كانوا على العكس من ذلك...

وهناك مجموعة ثالثة هي التي تعجبني وهي ...

...

كما اختلف الدارسون في أروبا، اختلفوا كذلك في سلوكهم بعد عودتهم إلى بلادهم.

فمنهم الذي عاد إلى بلاده ...

ومنهم من عاد فكأنه لم يخرج من بلده...

ومنهم من استتفاد كثيرا من أوربا...

...

同时，在《新编阿拉伯语（第三册）》第 2 课[①]的教学中，利用本课课文，借助词块完成整体语篇的教学，帮助学生对篇章当中的连接方式完成积累。例 17 中，画线部分的内容就是该语篇在逻辑层次上的连接。借助词块的方式，不仅方便了学生对课文层次的理解，有助于他们更加轻松地记忆和背诵课文内容，而且能够让他们熟悉这样的语篇连接方式，将其吸收之后内化为自己的东西，从而在写作时提高语篇意识，能够迅速完成谋篇布局，增强语篇的连贯性和地道性。

这些阿语词块反复出现，完成总结、归纳、对比之后，学生能够将这些词块的内容以网状联系的方式吸收消化，提高对词块的理解，增强运用语言的自信和熟练程度。

① 国少华主编:《新编阿拉伯语（第三册）》，39～42 页，北京，外语教学与研究出版社，2007。

（三）巩固阿语词块，灵活运用输出

词块是一个从自由组合到固定的、内部限制性由弱到强的连续体。对学生来说，学习连续体两端的自由组合和固定的内容较为容易，困难的是中间的部分，也是词块的主体。笔者在阿语教学实践中，通过多种方式，如补全词块、完型、改错、造句、翻译、篇章改写、口头复述、书面写作等不断巩固阿语词块，增强学生灵活运用语言的能力。

18.词块استغنى عن[①]

1- 字典对于学习外语的人来说是不可或缺的。

2- 人类和动物都需要空气和阳光。

3- 儿子常对父亲说：我不需要你的帮助。

القاموس لا يُستغنى عنه بالنسبة إلى دارسي اللغة الأجنبية.

إن الهواء والشمس لا يُستغنى عنهما للإنسان والحيوان. (الهواء والشمس لا يَستغني عنهما الإنسانُ والحيوانُ.)

يقول الابن دائما لأبيه: أستغني عن مساعدتك.

为了进一步巩固词块“استغنى عن”　的运用，笔者设计了例18当中的3个汉语句子的阿译。该词块的掌握难度较大，是阿拉伯语重点四级词汇。在翻译当中，学生需要掌握该句型的主动语态和被动语态形式，注意到该句型在使用时，阿拉伯语思维习惯与方式和汉语的明显区别，同时还要关注该句型在本质上表达的是否定意义的内涵。

在完成《新编阿拉伯语（第二册）》第 8 课[②]的学习之后，笔者要求学生围绕以下给出的关键词和提纲，对母语为非阿语的学习者在学习阿语时的学习方法进行总结。

---

① 国少华主编:《新编阿拉伯语（第二册）》，174 页，北京，外语教学与研究出版社，2006。

② 国少华主编:《新编阿拉伯语（第二册）》，147～158 页，北京，外语教学与研究出版社，2006。

.19

(1) عباد الشمس، عبد العزيز، أحمد عبد القادر

(2) كل شيء في أوله صعب، رحلة ألف ميل تبدأ بخطوة

(3) إلى جانب ذلك، على خير وجه، من الطبيعي، مع مرور الايام، كلما

(4) رأيك في العربية وهي لغة أجنبية

(5) علاقتك مع أبناء وطنك، علاقتك مع العرب

(6) ماذا يجب أن تفعل في الاستماع والتكلم والقراءة والكتابة

例 19 的总结是一篇综合性的考查内容，需要学生对阿语学习相关的固定搭配、谚语俗语、重点句式结构、美词佳句和语篇的引语，以及其中的连接表达，包括阿拉伯—伊斯兰文化的诸多方面都给予关注。学生在完成总结之后，就能真正理解阿拉伯语的学习方法，掌握阿拉伯语语言知识、文化内容、语用习惯等。

在阿语教学实践中，学生在教师有意识的引导和帮助下，逐渐形成词块意识，养成以词块形式记忆词汇的习惯，并把它作为一条主线贯穿学习的各个阶段，不断总结和改进，并在学习中把识别和记忆词块、内化和积累词块、灵活运用词块密切结合起来，形成有机互补的完整环节，阿拉伯语的教学与学习必定能够实现更好的效果。

五、结语

近年来，语言学家通过对语料库的研究表明，自然话语中的 90% 是由那些兼有词汇和语法特征的固定或半固定的词块来实现的。因此，在阿拉伯语的教学中借鉴英语教学的理论和经验，运用词块教学法，符合语言认知规律，能够提高学生语言运用的准确程度和流利程度。因此，词块理论应用于阿拉伯语的教学和研究，为阿语教学改革和实践提供了方法，对提高阿拉伯语教学的有效性具有重要的理论指导以及实际意义。

【参考文献】

[1] Becker, J. The Phrasal Lexicon[M]. Cambridge Mass: Boltand Nesman, 1975.

[2] Lewis, M. The Lexial Approach[M]. Hove: Language Teaching Publications.

[3] Lewis, M. Implementing the Lexial Approach[M]. UK: Language Teaching Pubcications, 1997.

[4] Nattinger, J. & DeCarrico, J. Lexical Phrases and Language Teaching[M]. Oxford: Oxford University Press, 2000.

[5] Pawldy, A. & Syder, F. Two pwzzles for linguistic theory: Native-like selection and native-like fluency[A]. In Richards.J. & Schmidt. R.（Eds）. Language and Communication[C]. London: Longman, 1983.

[6] Wray, A. Formulaic sequences in second language teaching: Principle and Practice[J]. Allied Linguistics, 2002.

[7] 陈伟平．增强学生词块意识，提高学生写作能力[J]. 外语界，2008（3）.

[8] 丁言仁，戚焱．词块运用与英语口语和写作水平的相关性研究[J]. 解放军外国语学院学报，2005（3）.

[9] 国少华．新编阿拉伯语（第一至六册）[M]. 北京：外语教学与研究出版社．

[10] 胡小颖．词块法对大学英语写作能力发展的理据与实践[J]. 哈尔滨学院学报，2009（3）.

[11] 廉洁．词汇短语对第二语言习得的作用[J]. 外语界,2001（4）.

[12] 刘晓玲，阳志清．词汇组块教学——二语教学的一种新趋势[J]. 外语教学，2003（6）.

[13] 钱辉．词块习得对二语写作的影响[J]. 高教学刊，2016（13）.

[14] 马广惠．词块的界定、分类与识别[J]. 解放军外国语学院学报，2011（1）.

[15] 基础阿拉伯语教学大纲研订组，高年级阿拉伯语教学大纲研

订组．高等学校阿拉伯语教学大纲．北京：北京大学出版社，2017.

[16] 基础阿拉伯语教学大纲研订组，高年级阿拉伯语教学大纲研订组．高等学校阿拉伯语教学大纲词汇表．北京：北京大学出版社，2000.

浅谈《基础阿拉伯语》课程教学

张　羽[①]

【摘要】《基础阿拉伯语》课程是我国高校阿拉伯语专业基础阶段最重要的核心课程。本文通过分析目前国内高校该课程开设的现状及存在问题，探讨了改进课程教学的方法与策略，包括精读与视听说一体化教学、增强文化导入意识、对传统教学手段进行改革创新。

【关键词】《基础阿拉伯语》；教学现状；教学策略

阿拉伯语是22个阿拉伯国家、西亚北非地区3亿多人的母语。随着"一带一路"倡议的不断推进及中国国家主席习近平对阿联酋进行的国事访问，中国与阿拉伯国家的关系日益紧密，并将迎来发展的"黄金期"。国际国内对阿拉伯语人才的需求日益增加，迫切需要培养一大批专业技能过硬的阿拉伯语人才。而国内阿拉伯语教学，尤其是基础阶段的阿拉伯语教学，对阿语人才的培养起到了至关重要的作用。《基础阿拉伯语》课程作为本科基础阶段最重要的专业核心课程，其教学水平直接影响到学生的阿语掌握程度。因此，合适的课程教学方法是教学质量及阿语人才培养质量的保证。

一、《基础阿拉伯语》课程教学任务与目标

《基础阿拉伯语》课程又被称为"精读课"，是国内高校本科阿拉伯语专业基础阶段最主要的核心课程。该课程于第一至第四个学

---

① 北京外国语大学阿拉伯学院2018级博士，浙江工商大学东方语言文化学院讲师。

期开设，平均每周 8～10 个学时。该课程从基本发音开始，系统讲解词汇、句型、语法等，通过每一课的精讲精练，配合课下的预习复习及听说读写练习指导，为学生打下牢固扎实的阿语基础，做到听、说、读、写、译全面发展。

本课程通过理论教学和相关训练，调动学生的学习兴趣与能力，使学生掌握阿语的基本理论、基础知识和基本技能，并提高学生分析问题、解决问题和综合运用所学知识的能力。此外，使学生对阿拉伯社会及文化有一定的了解。本课程的教学应达到《高等学校阿拉伯语教学大纲》中规定的语音、语法、词汇以及听、说、读、写、译方面的要求，为高年级专业课程学习打下坚实的基础。

在基础阶段结束时，阿拉伯语专业学生必须参加全国阿拉伯语专业四级考试（以下简称阿语专四），测试于每年五月第二个周六上午举行，该测试由高等学校外语教学指导委员会阿拉伯语分委员会组织。经过 2017 年、2018 年两次试测，2009 年起测试正式实施。根据《测试大纲》的规定："其目的是全面检查已完成基础阶段课程的学生是否达到教学大纲规定的各项要求，考核学生运用听、说、读、写、译各项基本技能的能力，考核学生对词汇、短语、词法、句法等语言知识的掌握程度及运用语言的综合能力。同时，本考试也检查相关高等院校《大纲》实施情况，帮助各高校提高教学水平和教学质量。"[①] 可见，该测试不仅是对学生的考验，也是对全国高校阿语教学水平的检验。《基础阿拉伯语》课程作为基础阶段最重要的核心课程，需使学生达到阿语专四所规定的水平，是提高通过率的关键。因此，该课程教学水平的重要性非同小可。

二、课程教学现状及存在问题

我国最早创办阿拉伯语专业的高校是北京大学（1946 年）。自我国高校建立阿语专业的 70 多年以来，在一辈辈教育者的探索与努

① 教育部高等学校外语教学指导委员会阿拉伯语分会，高校阿拉伯语专业四级考试大纲，北京，2007 年。

力下，高校阿拉伯语教学已经取得了长足的发展与进步，为我国培养出一批又一批优秀的阿语人才。然而，不可否认的是，在取得进步的同时，我国高校的阿拉伯语教学仍存在诸多问题。《基础阿拉伯语》作为所有高校均开设的基础阶段专业核心课程，集中体现了现阶段我国阿语教学存在的缺点与不足。

（一）课程教学与专四测试的关系处理不当

阿语专四是基础阶段最重要的测试，该测试仅限阿拉伯语专业在校生参加，学生在大二阶段统一参加测试，如未通过，可在大三补考一次，即最多有两次参加测试的机会。该测试不仅是衡量学生阿语基础水平的标准，更是检验各个高校基础阶段教学质量的试金石。因此，为提高测试的通过率及优良率，许多高校在《基础阿拉伯语》课程教学中过分强调阿语专四的重要性。由于阿语专四每年的题型、考点相对固定，部分高校打乱该课程的教学安排，将课程教学的重心放在测试的考点上，使教学的目的变得功利。

阿语专四共分三大块，分别是听力部分（20%）、客观题部分（65%）、主观题部分（35%）。总题量为153道，题项包括听写、听力理解、词汇语法篇章理解、阿译汉、汉译阿、应用文写作、命题作文。可见，专四测试考查面广，覆盖了听、读、写、译。但由于条件限制，测试不包含口头表达，正因为如此，部分高校在《基础阿拉伯语》课程教学中往往忽略口语练习，而是对分数比重最高的客观题考点进行重点教学和反复练习，导致学生的阿语听说能力偏弱，语言知识点掌握不全面。

一味追求阿语专四的通过率使得《基础阿拉伯语》课程的教学成为应试教学，对学生阿拉伯语基础的建立起到了一定的消极作用。阿语专四的目的是检验学生的语言能力及高校的教学质量，而在课程教学中“一切向测试看齐”的功利性做法违背了测试的初衷。因此，《基础阿拉伯语》课程教学与阿语专四的关系有待进一步平衡，课程教学方法应在现基础上进行改善，以实现学生听、说、读、写、译等方面语言能力的全方位发展。

（二）文化导入意识缺乏

根据《高等学校阿拉伯语教学大纲》规定，基础阶段的教学目的包括“使学生对阿拉伯国家的文化及国情有初步的了解”[①]。然而，部分高校在《基础阿拉伯语》课程教学过程中仅讲解纯语言知识，把课程教学重心放在了语音、词汇、语法、句型的知识灌输，而忽略了语言文字背后的文化内涵教学，造成学生对阿拉伯文化知识了解不足。

忽略语言背景文化教学的原因，一是由于授课教师没有引起重视，《基础阿拉伯语》课程信息量大，知识点多，部分任课教师为追赶进度，应付阿语专四，而压缩课堂文化导入的比重，把重点放在了语言形式的教学；二是由于授课教师水平有限，《基础阿拉伯语》课程任课教师多为年轻教师，教学经验有限，有的对阿拉伯文化并无深入了解和研究，难以将语言教学与文化教学有机融合；三是由于语言的难度，阿拉伯语相对其他语言而言难度较大，学生在基础阶段往往将精力集中在识记单词、句型、语法等纯语言层面，无暇顾及学习阿拉伯文化知识。这些原因导致了课堂教学中文化导入的不足。

（三）学习厌倦情绪的产生

情感和外语学习密不可分，积极的情感可以促进外语学习的效果，而消极的情感则会阻碍外语学习。《基础阿拉伯语》课程贯穿整个低年级基础阶段，部分学生在该课程的学习过程中逐渐表现出厌倦的学习情绪。厌倦情绪往往表现为：学生旷课或迟到，课堂注意力不集中，不愿与教师课堂互动，不按时完成老师布置的作业等。

从教学层面来看，学生对该课程产生厌倦情绪的原因主要有两个。第一，国内阿拉伯语教材较为缺乏，教材内容陈旧。目前国内各高校通用的教材主要为外语教学与研究出版社出版的《新编阿拉伯语》，该教材于 2002 年出版，沿用至今。这套教材广泛借鉴了国

---

① 基础阿拉伯语教学大纲研订组、高年级阿拉伯语教学大纲研订组：《高等学校阿拉伯语教学大纲》，13 页，北京，北京大学出版社，2000。

内外优秀的阿语教材和英语教材，内容丰富，结构合理，能够开阔学生视野，开拓学习思路。但该教材出版至今已16年，随着社会的快速发展，教材内容已明显与当下社会话题脱离，缺乏时代气息，教材内容的枯燥难以激发学生的学习热情。第二，课程授课方式较为单一。由于《基础阿拉伯语》课程信息量大，教学任务重，课堂教学仍以传统的教师单项讲解和灌输方法为主。授课方式缺乏创新，课堂缺乏有效互动，授课仍以传统板书为主，教学手段落后，势必无法调动学生的学习积极性。

三、课程教学策略

（一）精读与视听说一体化教学

如上所述，在《基础阿拉伯语》课程教学过程中出现“应试教学”的现象，导致学生阿语基础掌握不全面，轻视听说能力。虽然高校普遍单独开设《基础阿拉伯语听力》《基础阿拉伯语会话》课程，但这几门课程之间的授课间隔时间较长，学生在《基础阿拉伯语》课堂上学习的词汇、句型、语法无法及时得到口头和听力方面的巩固强化操练。此外，各门课程选取不同的教材和材料，导致教授的语言知识点及难度不一致，加重学生学习负担的同时，也阻碍了学生综合语言能力的进步。为此，应适当整合各门课程，在教学过程中将精读、听、说的知识点、理论、实践紧密有机结合，使精读与视听说教学一体化。

《基础阿拉伯语》课程作为基础阶段最重要的语言综合课程，不仅强调精读，还应担负起听说能力的培养责任，而不是将听说能力的培养任务完全抛给听力课与口语课任课教师。每一堂《基础阿拉伯语》课应分别为精读讲解、口语表达、听力训练分配合适比例的教学时间。在精讲语言知识点的基础上，配合相同或相关知识点的听力、口语材料进行辅助训练，既强调了重点，又训练了学生的听说读写综合能力。此外，《基础阿拉伯语》课程应当与口语、听力两门课程进行有效衔接，各位任课教师之间课前进行充分沟通，使课程与课程之间教学知识点相通，互为补充，教学内容实现一体化，从而最大程度发挥课堂效果。

（二）教学中的文化导入

在《基础阿拉伯语》课程中进行文化导入有其必要性。语言和文化有着不可分割的联系。语言是文化的载体，文化是语言的内容。在阿拉伯语中，大量的词汇、句型、表达都具有鲜明的阿拉伯文化特征。此外，随着“一带一路”倡议的不断推进，中阿在经贸、外交、文化等多领域的来往日益密切。在与对方的交往过程中，阿拉伯语人才应当拥有相当的阿拉伯文化知识储备和跨文化交际能力。因此，《基础阿拉伯语》作为基础阶段的核心课程，单纯的语言教学已无法满足社会需求，势必承担着培养学生跨文化意识的责任。

在《基础阿拉伯语》课程的教学过程中，应当充分考虑到阿拉伯民族的民族特点、思维方式、价值观念、风俗习惯等，通过多个环节进行课堂文化导入。在词汇教学环节中，对于有特定文化内涵的词汇进行延伸讲解。如讲解“صلاة”（礼拜）一词时，可以对“礼拜”的概念及伊斯兰教中的“五功”进行阐述，让学生对词汇背后的阿拉伯伊斯兰文化有适当了解；在语法教学环节中，对与汉语差异较大的阿拉伯语语构文化进行解释说明。例如，阿拉伯语中有不少物做主语、人做宾语的动词，与汉语中人做主语、物做宾语的结构截然相反。通过对两种语言的比较，揭示阿拉伯语中的文化思维模式特点，从而加深学生对这类动词的运用方法的记忆；在对话教学环节中，对于阿拉伯人日常口语中使用频率高的习惯表达，讲解其背后的文化内涵。例如阿拉伯语口语中常常出现“真主”一词，“إن شاء الله”（凭真主的意愿）、“الحمد لله”（感谢真主）等，深深受到了伊斯兰文化的影响；在课文教学环节中，对于课文中涉及的阿拉伯社会文化知识，进行延伸讲解。例如，教材《新编阿拉伯语（第二册）》第 13 课课文《阿拉伯世界》，在讲解这篇课文时，不应只解释语言层面的知识点，还应适当阐述阿拉伯国家的地理位置、社会概况等相关文化内容。

《基础阿拉伯语》作为基础阶段最重要的核心课程，只有在课程教学中将语言教学与阿拉伯文化教学有机结合，才能真正达到培养学生跨文化交际能力的目的。

（三）传统教学手段创新

目前国内高校开设的《基础阿拉伯语》课程仍坚持以传统教学手段为主，任课教师主要通过灌输式教学方法授课，较少使用多媒体设备。不可否认的是，传统的教学方法可以有效保证课堂的知识信息输入量，提升课堂讲授知识的效率。然而，过于依赖传统的教学方法将无法调动学生的积极性和主动性，忽视学生自主学习能力的培养，导致课堂教学效果不佳。因此，必须对传统教学手段进行改革。

一方面，可利用网络及多媒体技术提升课程教学效果。由于《新编阿拉伯语》教材采用黑白页面印刷，并未配有彩色图片、视频等资源，容易使学生在课堂学习过程中感到枯燥，因此可运用多媒体设备展示丰富的图片、视频、音频以作为课堂教学材料的补充，提高学生的学习兴趣。此外，可采用当下流行的网络平台，如在课程教学中使用慕课“在线开放课程”学习平台，引入翻转课堂教学模式，使之与传统教学有效结合，提升学生的自主学习能力。

另一方面，需对传统课程教材进行创新。教材影响了教学质量的好坏。目前国内通用的教材为外研社出版的《新编阿拉伯语》，自2002年出版沿用至今。教材中的不少话题内容已过时，不易被现在的学生接受，因此《基础阿拉伯语》课程的教材急需改革创新。在教材改革方面，首先应以社会及学生需求为导向，选取难度适中且与时俱进的教材内容，同时加大听说训练的比重，改善目前国内学生难以开口用阿语交流的现状，这可以通过借鉴国内外各类优秀的外语教材来实现，也可以自主研发具有自身特色的教材，目前国内已有一些地方高校先行尝试。以笔者所在的高校浙江工商大学为例，浙江工商大学地处的浙江省是我国与阿拉伯国家经济交往最为密切、最为活跃的省份之一，且学校一直秉承“商科”办学传统，鉴于此，教材中可适当加入经贸阿拉伯语内容，以突显学校特色，适应当地社会需求。

四、结语

国内高校的阿拉伯语教学已走过 70 多个年头，取得了长足的发展与进步。然而，社会的快速变化以及开设阿拉伯语专业的高校数量猛增，高校的阿拉伯语教学尚未跟上社会形势的变化，一些不足逐渐突显。《基础阿拉伯语》课程是学生打好阿拉伯语基础的关键性课程，任课教师应及时进行思考与反思，不断探索新的教学方法，以促进我国高校阿拉伯语教学的发展。

【参考文献】

[1] 基础阿拉伯语教学大纲研订组，高年级阿拉伯语教学大纲研订组．高等学校阿拉伯语教学大纲 [M]. 北京：北京大学出版社，2000.

[2] 教育部高等学校外语教学指导委员会阿拉伯语分会．高校阿拉伯语专业四级考试大纲 [M]. 北京，2007.

[3] 叶良英．中国高校阿拉伯语专业四级测试与基础阶段教学 [J]. 北京第二外国语学院学报，2009（4）.

交际法在阿拉伯语口语教学中的应用
——以川外成都学院为例

崔　泽[①]

【摘要】阿拉伯语口语教学的新思路探索，以交际法为本，以独立学院为例，探析当今阿拉伯语口语教学情况，用交际法的思路解决问题。

【关键词】交际法；阿拉伯语口语教学；教学改进

2018年，教育部发布《普通高等学校本科专业类教学质量国家标准》，在《外国语言文学类教学质量国家标准》中强调我国高校在外国语人才的培养上要注重复合型专业人才的培养，适应社会的需求与发展。对学生提出了能够用外语有效地传递信息的要求。结合出台的标准，反思独立院校中阿拉伯语口语教学中存在的相应问题：知识僵化；与真实的阿拉伯世界口语常用交际不太相符；全国尚未出台针对阿拉伯语口语相应的国家大纲以及比较系统、具有时代性的教材、中国整体的大环境导致阿拉伯语言环境较弱；学生的课下体验比较差。阿拉伯语口语的教学就是需要在以学生为主的基础上，激发学生的自主创新能力，提高学生的主观能动性，形成以学生为主体的课堂；引导学生培养创新性的思维方式以及能够完成有效的口语交际。而交际法则强调以培养交际功能为宗旨，不仅要求语言运用的正确性，还要求得体性。根据学习者的实际需要，选取真实自然的语言材料，而不是经过加工后的“教科书语言”。因此，本文

---

① 四川外国语大学成都学院东方语系助教。

以四川外国语大学成都学院为例，探析交际法对阿拉伯语口语教学的应用，希望能够为其他学校的阿拉伯语口语教学带来一定的帮助。

一、交际法的目的以及侧重点

交际法产生于 20 世纪 70 年代初期的欧洲经济共同体国家，中心在英国，核心宗旨是培养交际能力。交际法强调以学生为课堂的中心，强调教学要为学生的交际需要服务，老师在口语课堂上只是以辅助的形式来帮助学生。交际法首先要以语言功能为纲，对学习者在学习过程中出现的语言错误有一定的容忍度，不影响交际的错误能不纠就不纠，尽量鼓励学习者发挥言语交际活动的主动性和积极性。要先激发学生的自主能动性，主动思考的能力；其次让学生在设定的口语主题中充分思考，运用自己所学知识对口语对话进行创作，最终老师以辅助的形式来帮助学生达到用阿拉伯语来进行有效对话交流的目的。交际法在一定的基础上规避了之前的“填充式”以及“套路式”的教学方法，将课堂还给学生，让学生真正能够感受“我能说”“我会说”“我正确”。

二、我校学生阿拉伯语口语中存在的问题

（一）口语教学受制于课本的约束比较严重

大多数学生使用课本上固定的搭配回答（比如，كيف حالك؟ ?- أنا. بخيرو أنت؟-أنا بخير ;صباح الخير -صباح النور）。学生受精读课本影响比较严重，加上平时的背诵固定记忆，当学生在做课堂对话或者日常回答时，就会产生有且仅有这么一个的回答。当学生身处阿拉伯世界的大环境时，单薄的口语技巧以及固定模式的回答给人一种比较死板、没有创造力的感觉。

（二）内容单一，形式单一

课上主要采取让学生做对话的形式，先介绍生词以及重要词组，

再让学生套上模板去模仿，这就使得学生自主创新能力低，思维受限。此外，目前课堂中仍主要是以老师为主，老师给出固定的框架，以及所有的结构、顺序，学生往框架内填充东西即可，不会主动去思考是否可以增添新的内容，以及新掌握知识的应用与主动去创作。

（三）口语材料与现实话题相距较大，不太能反映当前的最新话题

由于中国现在在版的阿拉伯语口语教材较少，且内容比较单一，加之编写时间较久，使得话题显得陈旧（比如，申办奥运会等话题），这令学生在吸收最新的信息方面有所欠缺。

（四）对更为大众化、口语化的阿拉伯语常用语比较陌生

阿拉伯语专业的学生口语知识大多是从课本上学习的固定对话以及搭配，因此对于真正口语化、大众化的阿拉伯语实用口语知之甚少，属于闭门造车。与阿拉伯语世界的新词汇、新表达方式脱轨，且固定纠结于某一种的表达方式。

（五）学生缺乏练习阿拉伯语口语的机会以及社会环境

由于阿拉伯语发展的时间没有英语的时间长，加之阿拉伯人在中国的数量相对较少，且大多聚集在固定的区域或者固定的城市，因此学生缺乏能够锻炼增强口语能力的语言环境，中方同阿方的文化互访交流也与其他语种相比较少，学生的口语实用能力得不到有效的提高。

三、使用交际法优化阿拉伯语口语教学的策略

回顾《外国语言文学类教学质量国家标准》以及学校阿拉伯语专业同学们口语教学中所存在的问题以及情况，我校倾向于在阿拉伯语的口语教学中结合交际法，尽全力培养用外语有效地传递信息的优质人才。对此，我做了以下探究。

（一）交际法主张采用多种教学手段

教师在课堂中依托的不应仅仅是一本教科书，而应该是多种多样的，比如借助最能够体现当代社会潮流的形式——多媒体。传统的阿拉伯语口语教学形式比较单一，学生课后由于缺乏一定的语言环境，对口语课上所学知识不能像其他课程一样得到巩固。在课下，学生还是无法做到“我敢说”“我能说”“我会说”。因此，借助多媒体平台则可以帮助学生解决这一问题。可以借鉴其他相对来讲比较成熟的语种，为不同年级的同学们配备语言水平相当的语伴，学生在有了新的语言伙伴之后就会激发好奇心以及主动学习的积极性，成为口语学习中的主动者，从而提高口语交际能力。此外，还可鼓励学生和阿拉伯同学交流，这不仅能使学生学习当前阿拉伯大众化的口语交际表达方式，还能够了解当前阿拉伯世界最流行的文化，这些都是年轻人们最喜欢谈论的问题。在与语伴交流的过程中，学生不会带入课堂中的紧张感以及害羞，在与同龄人的交流中碰出思想的火花，提高自信，进而有效激发同学们对口语交流的热情。

（二）交际法强调以学生为中心，强调教学要为学生的交际需要服务，以语言功能为纲，根据学以致用的原则

教师必须转变教学思路，转变之前的让学生以固定的词组以及句式套进不同话题的对话的方式，让学生自己先说，以激发学生的自主创新能力，让学生主动参与到如今口语课谈论的主题中来。通过比较贴近学生的课前导入，让学生通过小组或者活动以主角的身份参与。在对话之前，教师的角色是辅助，为本堂课补充必要的知识点。在此基础上，学生能够自主发挥，真实地提升自己的口语水平。在学生的口语表达中，交际法强调对学习者在学习过程中出现的语言错误有一定的容忍度，不影响交际的错误能不纠就不纠，尽量鼓励学习者发挥言语交际活动的主动性和积极性。教师要鼓励学生多开口，大多数同学是因为不敢说，以及觉得自己的答案不正确才会不敢开口，造成现今很多口语课堂呈现一种“哑巴口语”课堂的现象。在交际法中，学生是主体，只要学生能够表达出完整的句意，

不影响与对方的交流，就应该多鼓励学生。只有学生主动参与进来，自身的积极性才能得到提高，学生才会愿意去学习口语。

（三）交际法强调在教学中创造接近真实交际的情景并多采用小组活动的形式

教师应通过大量言语交际活动培养学生运用语言交际的能力，并把课堂交际活动与课外生活中的交际结合起来。教师应始终坚持以学生为主体，需找学生比较感兴趣、喜欢的话题，找与时代紧密结合的主题，让同学们能够有话可说。此外，还可以借助多媒体，让同学们针对现在的热点问题阐述自己的观点，不论是政治、文化，还是经济等，不拘泥于某一方面。教师要扮演辅助的角色，为学生培养一个轻松、没有课堂约束、不受打分规则约束的交流环境。教师可以引导学生从不同的视角看待同一个问题，激发学生对事件讨论的兴趣，在与当代社会话题紧密结合的同时，也可以加入我国的传统文化，响应习总书记的号召，讲好我们自己的故事，说好我们自己的文化。熟悉的传统文化话题不仅能够引发学生的兴趣，还能通过口语的表达以及锻炼，为日后传播中华的优秀文化打下坚实的基础。

四、我校阿拉伯语专业融合交际法，阿拉伯语口语教学取得的改进

针对交际法，我校阿拉伯语专业从2017—2018学年第一学期开始，由教研室组织专业教师，重新编排了阿拉伯语口语教学的大纲，注重构建以学生为主、为学生搭建展示舞台的口语课程。阿拉伯语口语教学注重让学生拥有纯正的发音、语音；培养学生的实操技能，让每位同学在课上都能够主动参与；培养学生运用外语传达出准确的信息。我校阿拉伯语专业的口语课程以小班形式进行面对面授课，每周两个学时。阿拉伯语期末考试主要考查三部分内容：交际能力、组织能力、应变能力。上述设置均能充分反映出以交际法为中心的

教学目的，让学生能够表达自己的看法，抒发自己的观点。

我校阿拉伯语教研室在融合了交际法后，重新编写了阿拉伯教学的口语大纲，全文如下。（注：阿拉伯语口语Ⅰ为大一上学期语音纠音部分，未列入口语大纲中。）

阿拉伯语口语Ⅱ		
周	主题	资料
第一周	在图书馆	《阿拉伯语实用口语》27 页
第二周	房子	《新编阿拉伯语（第一册）》第 17 课
第三周	家人	《新编阿拉伯语（第一册）》第 18 课
第四周	约会	《新编阿拉伯语（第一册）》第 19 课
第五周	问路	《阿拉伯语实用口语》269 页
第六周	天气和气候	《阿拉伯语实用口语》121 页
第七周	郊游	《新编阿拉伯语（第一册）》第 20 课
第八周	食物	《新编阿拉伯语（第一册）》第 21 课
第九周	学习阿语（1）	《新编阿拉伯语（第一册）》第 22 课
第十周	在理发店	《语言中心（2）》163 页
第十一周	旅游	《新编阿拉伯语（第二册）》第 1 课
第十二周	做客	《新编阿拉伯语（第二册）》第 2 课
第十三周	看病（1）	《新编阿拉伯语（第二册）》第 3 课
第十四周	看病（2）	《新编阿拉伯语（第二册）》第 3 课
第十五周	参观校园	《新编阿拉伯语（第二册）》第 4 课
阿拉伯语口语Ⅲ		
第一周	在商场	《新编阿拉伯语（第二册）》第 5 课
第二周	体育运动	《新编阿拉伯语（第二册）》第 6 课
第三周	爱好	《新编阿拉伯语（第二册）》第 7 课
第四周	阿语学习（2）	《新编阿拉伯语（第二册）》第 8 课

续表

第五周	在菜市场	《语言中心（2）》124 页
第六周	朋友	自编
第七周	在银行	《语言中心（2）》27 页
第八周	中国	《新编阿拉伯语（第二册）》第 12 课
第九周	阿拉伯国家	《新编阿拉伯语（第二册）》第 13 课
第十周	在邮局	《语言中心（2）》47 页
第十一周	在旅行社	《语言中心（2）》181 页
第十二周	在机场	《阿拉伯语实用口语》283 页
第十三周	电影	《阿拉伯语实用口语》466 页
第十四周	国外留学	《新编阿拉伯语（第三册）》第 2 课
第十五周	时间安排	《新编阿拉伯语（第三册）》第 4 课
阿拉伯语口语Ⅳ		
第一周	问路 （السؤال عن الطريق）	自编 （可参考：《新编阿拉伯语（第三册）》《阿拉伯语实用口语》《新编阿拉伯语实用会话》）
第二周	校园 （الزيارة في الجامعة）	
第三周	做客 （زيارة فلان في بيته أو إكرام فلان في بيتك）	
第四周	美食（1） （الأطعمة للدول العربية）	
第五周	美食（2） （الأطعمة للدول العربية）	
第六周	社会风俗（1） （العادات والتقاليد في الدول العربية）	
第七周	社会风俗（2） （العادات والتقاليد في الدول العربية）	

续表

第八周	名人（1） （الشخصيات المشهورة في التاريخ العربي）	
第九周	名人（2） （الشخصيات المشهورة في المجتمع العربي المعاصر）	
第十周	名胜古迹（1） （الآثار المشهورة والأماكن السياحية في الدول العربية）	
第十一周	名胜古迹（2） （الآثار المشهورة والأماكن السياحية في الدول العربية）	
第十二周	寓言故事（1） （الأساطير والحكايات العربية）	
第十三周	寓言故事（2） （الأساطير والحكايات العربية）	
第十四周	自定主题	
第十五周	自定主题	

利用交际法，学生的口语表达能力将得到提高，课堂表现也比之前更积极，主动学习的能力也能得到增强。我校阿拉伯语专业的学生在 2017—2018 学年的两个学期，大二同学在阿拉伯语口语测试中，70～80 分数段的学生人数呈明显上涨。此外，学生也能够用更多课本外的口语表达，所用话题以及词组更能反映当今社会的热点。

五、结语

阿拉伯语口语的教学需要把课堂还给学生，让学生成为课堂的主角，让学生自己有主动性地参与到课堂的教学中，让学生主动去说，主动去学习课外的纯正阿拉伯语口语表达。口语的学习不是学生应对考试的工具，而是要真正能够在生活中运用。相较之前的催促式的口语教学方法，交际法能够培养学生更强的口语交际能力，真正达到国家的要求，能够用外语和其他人达成有效的交流。交际法还很重视在教学的过程中，能够让学生听得懂、用得上，并且能够激发学生的主观能动性。因此，将交际法应用于阿拉伯语口语的教学中，从本校情况来看是比较合适的。

【参考文献】

[1] 张依娜 . 交际教学法问题之思考 [J]. 外语与外语教学,2006(4).
[2] 金沙丽 . “一带一路”战略中阿拉伯语的重要作用及应用 [J]. 民族文化，2016(3).
[3] 马文娟 . 项目教学法与阿拉伯语口语教学改革 [J]. 传播与版权，2016(12).
[4] 胡冬梅 . 交际法在大学英语口语教学中的可行性——以中国地质大学教学改革为例 [J]. 长春理工大学学报，2011(2).
[5] 康进慧 . 多媒体在阿拉伯语基础教学中的应用 [J]. 科技信息，2011(34).

阿拉伯语初级视听说课程教学的难点与对策

刘冰洁[①]

【摘要】任何一门外国语言的习得都离不开听、说、读、写、译等几大能力的训练与养成，对于阿拉伯语专业本科二年级的学生来说，听、说技能是他们现阶段学习的难点之一，当前他们听力技巧和理解能力有限，复述能力有待提高，专业背景知识匮乏。在本科二年级阿拉伯语初级视听说课程教学过程中，笔者认为，该课程的教学难点在于，帮助学生理解和把握阿拉伯语和汉语之间的差异性，选择难度适宜的听力材料，帮助部分学生应对听力过程中心理压力过大的情况。针对以上难点，笔者认为教师应该在课上和课后的教学实践中有的放矢地完成教学目标，提高学生的听力技巧，引导学生利用丰富的资源完善自身的知识储备。同时，还要重视学生的心理建设，用以鼓励为主的理念开展教学工作，促进学生语言水平和心理水平共同发展。

【关键词】阿拉伯语视听说；二年级阿语听力；听力技巧；现状；目标；难点；对策

一、阿拉伯语本科二年级学生视听说水平的现状

教育部《高等学校阿拉伯语专业基础阶段阿拉伯语教学大纲》规定，高等学校阿拉伯语专业基础阶段的教学任务和目的是："向学

① 北京外国语大学阿拉伯学院2015级博士研究生。

生传授阿拉伯语基础知识；对学生进行阿拉伯语语言熟巧和技能的全面训练；使学生对阿拉伯国家的文化及国情有初步的了解；培养学生掌握用阿拉伯语进行交际的初步能力；要求学生掌握正确的学习方法，养成良好的学习习惯，为提高阶段的学习打下坚实的基础。”

阿拉伯语专业本科二年级属于基础阶段和提高阶段的衔接期，学生在此阶段的听说水平普遍体现出以下特征。

（一）听力技巧和理解能力有限

大二上学期开设的初级视听说课程，是本科阶段第一次系统接受视听说训练的科目。在平时的教学过程中，笔者经统计发现，以正常语速播放的 100 词左右无生词的听力材料，80% 以上的学生需要听 2～3 遍才能抓取到材料的关键信息，另外 20% 的学生要在老师分析完重点语段后才能完成对材料的理解。这说明学生普遍对阿语听力的基本技巧不熟练，比如如何有效理解语段、如何做听力记录等听力技巧；再加上目前学生尚处于阿语学习的初级阶段，词汇、语法都还在动态地学习积累过程中，这也是制约他们对听力材料的整体理解能力的因素之一。

（二）概述能力有待提高

在初级视听说课程的前半学期，为平稳实现对听力课程节奏的适应，教学重点落在对现有听力材料的“理解”上，因此笔者要求学生用中文对泛听材料进行大意概述，其中 80% 的学生能够正确转述出材料的主要信息。课程的后半学期，大意概述的要求就转变为用阿语完成了，其中只有大概 40% 的学生能够用现阶段所学词汇和句型进行同义替换，可较为出色地完成概述任务。然而，仍有 60% 的学生的阿语语言组织能力和系统表达能力亟待提高，完整地完成一段语法正确的表述还存在一定难度。

（三）专业背景知识匮乏

大二的阿语视听说课程每周两个课时，笔者每周设置一个主题，选取与主题相关的五段材料开展视听说教学工作。这五段材料会涉及篇章、对话、时事新闻、人物访谈、节目片头等不同题材，针对不同题材开展精听、泛听、跟读、复述等不同听说练习形式。在课程教学过程中，笔者总结发现，在上述题材的听力练习过程中，大二学生对新闻材料的整体理解能力较弱，除去语速因素，制约其听力理解的重要原因是，他们对于阿拉伯世界和伊斯兰文化相关背景知识的匮乏。例如，在一次课堂时事新闻听力练习里，其中一条新闻为“الرئاسة الفلسطينية رحبت برفض الأمم المتحدة مشروع قرار أمريكي لإدانة حركة المقاومة الإسلامية（حماس）”，笔者在帮助学生分析清楚句子成分之后，90%以上的学生依然无法理解这则新闻的大意，原因是绝大部分学生不了解“حركة المقاومة الإسلامية（حماس）”的背景知识。

二、阿拉伯语初级视听说课程教学目标

基于教学大纲，结合以上现状，笔者认为应将阿拉伯语初级视听说课程的教学目标明确为以下三点。

（一）知识目标

通过视听说综合练习，巩固、应用现阶段所学的语言知识，完善夯实学生平时精读课、语法课的语言基础，帮助学生灵活掌握语言知识、运用语言技巧。

（二）能力目标

在日常教学过程中，帮助学生总结归纳听力基本技巧，提供切实可行的听力训练方法供学生选择，通过设置翻译、阿语概述、跟读模仿、阿语讨论等练习环节，综合提高大二学生的听力理解和语言实际应用水平。

（三）素质目标

坚持听力训练与口语训练相结合，培养学生语言的综合应用能力，为学生提供难度适合的听力素材，尽量丰富语料内容，选择学生感兴趣的题材，帮助学生养成坚持练习听力的好习惯。

三、阿拉伯语初级视听说课程教学难点

（一）阿拉伯语的语言特殊性

阿拉伯语自身存在一定特殊性，特别是在语音方面，相较其他语言主要有这样的特点：靠符号发音、有长短音之别、有叠音、有冠词，阿语的一些字母发音音色类似，但发音的生理部位不一样。语音是很多低年级同学普遍需要注意的问题，同学们来自全国各地，受到各自乡音的影响，有些同学“ل”和“ن”不分，有些“ث”和“س”不分，要做到准确辨音和修正现有错误，需要付出巨大的努力。在大二视听说教学过程中，笔者发现有10%左右的学生还存在辨音困难的问题，无法准确听出单个字母发音会影响词汇的正确性，进而影响对整个语段的理解。

同时，在语义方面，语言的意义分为词汇意义、语法意义和修辞意义。[①] 在听力理解中，对于语段语法意义的把控是决定听力材料正确理解的关键要素，阿拉伯语的语法学分为词法和句法两方面的内容。[②] 阿拉伯语言学家认为，阿语中的词有 6699400 个，最常用的词有 5400 多个，但词的类别是有限的，分为名词、动词和虚词[③]；阿拉伯语句法则是可以根据不同角度分为不同的类别，比如动词句和名词句，陈述句或祈使句等。对于初学者而言，对语法成分的分析、句子主干的把握恰好是听力练习的难点所在，需要学生不断练习，同时在学习过程中不断积累和夯实词法、句法基础。

（二）选择难度适中听力材料的困难性

笔者在教学实务中发现，目前适合大二学生水平的阿语视听说课程的听力语料来源主要是“前景阿拉伯语”和“灵格风”这两套教材，包括双人对话、专题篇章、正式演讲等体裁。其缺点是与学生们精读课的语料类似，缺乏现实性、趣味性和多元性。同时，半岛、

---

① 王德春：《语言学概论》，91 页，上海，上海外语教育出版社，1997。

② 周烈：《阿拉伯语语言学》，119 页，北京，外语教学与研究出版社，1995。

③ 周烈：《阿拉伯语语言学》，122～123 页，北京，外语教学与研究出版社，1995。

BBC、France24 等各大阿语网站和频道中不乏不同领域的语言素材，但可供大二学生使用的材料屈指可数，只有半岛的阿语学习频道和 CRI 新闻播报才是相对适合的。

（三）部分学生视听课心理压力大

大二的学生在视听说课程初期会提出一些疑惑：听力材料中总有听不懂的词怎么办，在听不懂的词上花费了四五秒之后，发现接下来的内容又错过了，导致心里发慌紧张，最后要求复述大意的时候大脑一片空白；听抄要怎样才能提高，材料放四遍是不是第一遍就开始动笔听写等。这些疑惑的产生和错误的听力练习方式都是由于学生没有厘清待听的听力材料的要求而造成的：有些听力理解要求逐句倾听，例如听抄练习旨在测试学生的理解和书写能力、拼写熟练程度以及标点符号的正确运用；有些材料则只要求理解材料的主要信息，这类材料旨在测试学生通过听来获取信息的能力，学生只要抓住主要论点或情节，能够根据所听材料进行推理和分析即可。

四、阿拉伯语初级视听说课程教学对策

（一）课上实践：熟练听力技巧、锻炼口语表达

1. 练习听力记录技巧

为练习、提升听力记录的技巧，在听抄方面，笔者认为学生应该尽量用阿拉伯语直接记录，在听力材料重复播放的过程中不断填充完善记录内容；在泛听方面，笔者鼓励学生用数字与符号相结合的方式记录，比如针对篇章的听力练习，应要求学生分主题、按点记录所听内容，并在必要的时候使用分隔符，方便区分语义的不同层次。

2. 把握句子结构、扩大词汇量

在篇章听力尤其是时事新闻的听力练习时，应广泛运用把握句子主要结构这一听力技能，明确了句子的主语、谓语和宾语之后，理解大意就不是难事了。另外，针对目前教材词汇很多都是政治、

经济、文化等方面术语“大词”的现状，教师可以考虑在每节课的最后十分钟，分不同主题给学生补充贴近实际运用的“小词”，即不同主题的生活词汇，用以在平时所学的基础上扩展、丰富新的语言内容。

3. 培养语言预测能力

汉语和阿拉伯语虽然有着显著差异，中国人和阿拉伯人的思维方式也不尽相同，但是在具体谈论某特定话题的时候涉及的词汇总是相似的，比如谈论当代青年危机问题的时候，就不太可能出现与“石油”或“能源”相关的词汇。因此，在视听说教学过程中，教师可以提前告诉学生接下来听的材料将会是什么主题，并提前点出一些可以根据上下文推测出含义的生词。听完材料后，让学生根据自己的理解去尝试猜测生词的意思，例如，学生们都知道“عبد”是“奴仆、仆人”的意思，却在一段材料中不明白“عبادة”的意思，这时候教师可以引导学生根据“د”“ب”“ع”这三个基本字母的“仆人”之意进行词义预测，也许学生会猜出五花八门的答案，最终教师可以提示学生该词与“ديانة”同义，因为当一个人信仰某宗教时其实就是臣服于那个宗教，即成了那个宗教的“仆人”。这一引导思路能够帮助学生在以后遇到类似情况时，会考虑运用基本字母进行合理的语义预测，从而直接帮助了学生听力理解技巧的提升。

（二）课后实践：保持练习、扩展背景知识

1. 听抄练习

听抄是综合提升语言水平的最直接手段，大二视听说教学需要高度重视听抄练习的重要性，可以在课前利用十五分钟模拟听抄测试，课后布置一篇听抄练习作业，一周至少保证两次听抄练习，能有效锻炼学生的听力信息获取能力，有助于学生精准地了解阿语的语法结构，锻炼学生由听转换为写的语言转换能力。听抄练习中暴露出来的书写错误或语法错误，正是学生在语言学习过程中的薄弱环节。

2. 跟读练习

跟读练习是学生进行阿语复述的基础，有助于学生提高听抄的记忆水平，同时也能够帮助学生完善语音语调和语言节奏。大二的学生直接接触阿拉伯人的机会并不多，基本上就是一周一次的外教课的练习机会，因此最直接的语料资源就是各种音视频文件。笔者认为，沙特的《前景阿拉伯语》（العربية بين يديك）和美国的教材“الكتاب في تعلم العربية”发音清晰地道、话题丰富有趣，是不可多得的适合大二学生进行大量跟读模仿的语料资源。

3. 阿语复述练习

在听力练习的初级阶段，能够用中文准确地进行大意复述就很不错了，但是在大二中后期的视听说练习过程中，教师应当引导学生将记录下来的东西用阿拉伯语复述出来，这项工作必须持续不断地进行，包括课后学生自行进行泛听练习时，听完一段材料后也可“自言自语式”地将所听大意用阿语表述一遍。

4. 标准语电视剧泛听

课后，为了加强学生对于听力训练的积极性，教师还可以为学生提供一些阿拉伯语标准语的电视剧或纪录片进行泛听训练。比如，半岛电视台的“أنا وإخوتي”这一剧集类似阿文版《我爱我家》，该剧集内容贴近生活，语言标准，语法正确，是非常适合大二学生观看的标准语电视剧。此外，半岛电视台的纪录片频道（“الجزيرة الوثائقية”）中也有适合大二同学作为泛听材料的语料资源。

（三）心理层面：鼓励为主

1. 因材施教，肯定学生的努力

不同的学生群体的阿拉伯语视听说课程的难点各有不同，教师应为不同的学生提出对应的听力练习方案。比如：学有余力的同学可在完成每周固定听抄作业之余，对泛听材料进行中文或阿语的概述上交给老师；更关注夯实基础的中游同学可选择比平时听抄练习再难一点儿的材料进行听写、复述练习，比如充分利用每周课堂上

使用的精听篇章听力材料；学习有困难的同学应该充分重视听抄练习，听抄材料可以是学过的课文，在对答案的过程中总结错误原因、查漏补缺。另外，教师可以分层次向学生介绍听力技巧，之后学生的每一次效仿和实践都应该得到教师的肯定和鼓励，这样的鼓励式教学理念既能帮助学生解决自己的困难，也有助于减轻他们在听力练习时的心理压力。

2. 鼓励学生课余丰富背景知识

当学生遇到因为背景知识受限导致的听力理解困难时，教师可以首先明确指出学生存在的知识背景不足的问题。不过更重要的是，在遇到此类困难时适时地鼓励学生根据所听的内容自查背景知识及其与其他要素之间的关联，同时引导学生对阿拉伯世界相关事件乃至国际重大议题保持高度的敏锐性和关注度，在重视语言水平精进的同时也应注重培养自己思辨能力的同步发展。

“阿拉伯社会与文化”课堂审美学习体验的探索

康雨莎[1]

【摘要】本文是笔者对个人初次教授“阿拉伯社会与文化”课程的教学思路及方式的总结。笔者结合“审美学习体验”理论，设计该课程教学方案，旨在充实学生文化知识的同时，带给学生课堂审美体验。

【关键词】阿拉伯社会与文化；课堂教学；审美体验

一、“阿拉伯社会与文化”课程教学目的

语言教育家拉多曾如此评论文化同语言的关系：“语言是文化的一部分，因此不懂得文化的模式和准则，就不可能真正学到语言。”因而，对于外语学习者而言，在掌握语音、语法规则等语言本身的能力时，也应将语言背后的文化知识作为其学习不可或缺的一个重要部分。随着近年来对于“跨文化”交际能力人才的需求，培养具备这一基本能力的人才亦成为当前高校培养目标中的一大重点内容。

“阿拉伯社会与文化”这一课程的设立目标就是通过开拓学生的文化视野，充实他们的文化知识，增强学生对于中阿文化差异的理解能力，提高学生的文化敏感性，提升学生的跨文化交际能力。

以笔者为例，笔者所在高校将“阿拉伯社会与文化”设立为本科一年级的阿拉伯语专业必修课，课时为28学时，每周2学时，由

---

① 浙江外国语学院东方语言文化学院助教。

3位教师共同教授完成。教材选取上海外语教育出版社出版的《阿拉伯社会与文化》一书，内容涵盖地理概况、历史背景、政治制度、文化传统、体育娱乐等话题。A教师负责“阿拉伯社会风俗”单元，主要向刚步入高校、接触阿拉伯语专业的新生们介绍阿拉伯社会的风俗习惯，使学生们能够在学习过程中理解文化的多元性；B教师负责“阿拉伯世界的宗教及历史”单元，主要向学生们介绍伊斯兰教概况及阿拉伯古代历史，使学生了解阿拉伯伊斯兰文化中的宗教性；C教师（笔者）负责“战争”部分，主要通过介绍近现代阿拉伯世界所经历的战争，使学生们了解阿拉伯世界矛盾的复杂性。笔者授课课时共计10课时，分5周完成。

但是作为刚走上讲台的青年教师，教学经验不足，知识面也有待扩大，教授好这样一门课程也极具挑战，但自己稚嫩的身份也带来思考问题的新角度。尚未完全摆脱“学生”外衣的笔者，了解当前作为高校必修课程的“社会文化”课往往会在学生们看来是某种意义上的附加课，学生出勤率不高，授课内容也易成为单调乏味的话语。因而，如何使自己所教授的“战争”课程变得生动又能将内容讲述完整，丰富又不失趣味成为笔者最先思考的问题。

二、审美学习体验理论内容

审美学习体验强调“完整的学生”的课堂参与行为。这里说的“完整的学生”是指学生具备对学习饱含热情的期盼、深入的参与和坚持到底的学习意愿。这要求教师在教学过程中不仅要关注学生的认知参与，更强调学生完整的参与过程。因为个体真实参与学习过程时，就在经历审美体验。审美学习体验共具有五大特征：联系、积极参与、感官体验、知觉力和冒风险。

“联系”的实现需要创造包括情绪、感官、智力和交流的反应。没有建立联系就没有审美体验。只有当自我与世界的联系被打破时，自我与世界互动的多种方式就变成彼此间的单一联系。这种联系的加强会推动个体与环境的“交互”，让学生开始感受审美体验。

“积极参与”是获得审美体验的必要条件。杜威提出：“为了将自己浸入学习内容，我们首先要投入其中。当我们对一个情景太消极时，它就会压倒我们。”外语学习者如果仅仅是被动接受信息，不与内容进行深层次“对话”，就难以获得审美学习体验。

“感官体验”强调充分调动学习者的感官。因为审美体验的本质是一个感官体。“这些器官的任何损毁都来源于并导致狭隘而枯燥的生活体验。”对于教学而言，教师在教学过程中，要注重呈现感性材料，通过多种途径促进各种感官都参与到学习之中。

“知觉力”的实现需要个人真正地观察，理解客体的各种性质。学习者必须在信息与个体经验之间建立联系，在个体经验的基础上加工新信息，建构并反思新信息的个人意义，创设自己的体验，学习者建立起学习内容的个人意义，从而产生知觉力。

“冒风险”是指学习者敢于冒风险，探索未知领域。审美学习体验的风险就是面对新事物时开放自我，通过理解他人体验而获得个人体验。因为学生在探索未知领域时，从未知到已知再到未知的过程，就是在经历审美体验。

三、具体实践手段

为帮助学生在学习“阿拉伯社会与文化”课程时获得满足，保持情境记忆并建构个人意义，找到阿拉伯语学习的新乐趣，笔者尝试将前文所言五类审美特征综合使用，融入个人教学设计和课程规划之中。

（一）授课话题设置具体化

思考战争有很多不同的方式：战争的起因、战争的进程、战争的影响、战争背后的利益争夺、战争与人性的关系等，均可作为战争单元授课的内容。笔者在设计战争单元教学内容时，希望在帮助学生们了解、梳理阿拉伯世界近现代以来战争史实的同时，也能够在授课过程中对学生感兴趣的方面有所侧重，挖掘学生与学习主题间的人为联系，激发学生积极参与课程的内在动力，使学生主动浸入学习内容之中，创设自己的上课体验。

遵循授课教材逻辑顺序，笔者所授内容围绕阿拉伯与以色列、阿拉伯与阿拉伯、阿拉伯与美国等西方大国间矛盾展开，集中讲述“五次中东战争”、两伊战争、海湾战争、也门南北战争、美国空袭利比亚和美国入侵伊拉克战争，并补充讲述2010年以来席卷阿拉伯世界的“阿拉伯之春”。战争主题可以单线讲述，也可以多面呈现，但无论如何展开“战争”这一主题，学生们同这些战争都有着短至八年、长达半个世纪的维度。这在客观上也要求授课者于授课过程中，在信息与学生个体经验间建立联系。

因而，在授课之前，笔者通过问卷形式对授课班级同学感兴趣的“战争”方面进行意见汇总，发现学生们对战争的以下几部分最感兴趣：战争背后的力量博弈、战争与难民问题、战争与儿童问题、战争与文学、战争中军事力量对比。这也使笔者在授课内容中有所侧重，在课程设计中适当导入相关问题，将教学内容与学生兴趣相结合，建立起学习者学习的个人意义。

（二）授课材料选择感性化

感官享受是审美体验最直观的表现方式。根据认知规律，感性刺激应先于理性刺激。有着严谨逻辑顺序的教科书并不能给予学生感官体验，若授课方式仅为复述教材内容，就可能过分注重理性刺激，忽视学生们的感性刺激，其学习效果和学习兴趣也会难以保证。文化课程的设置的一大目标即增强学生对于语言学习的兴趣，理应成为学生单调语言学习的助力器。因而，笔者在授课材料的准备过程中也注意到材料的感性化，注重呈现感性材料，通过多种途径促进各种感官都参与学习中。如课程初期，在向学生介绍阿拉伯世界具体地理位置时，在为每一位学生发放阿拉伯世界地图以增强学生视觉记忆的同时，组织学生分组绘制22个阿拉伯国家地图，刺激学生其他感官的参与，使学生对这一幅“地图”产生了独特的个人记忆。

（三）授课过程形式多样化

审美文化体验要求学生全程参与教学过程，而非作为旁观者，被动接受教师灌输式的知识填充。创造一种能够使学生同课堂内容交互的环境，有助于学生身临其境，保持足够的参与感。但授课形式的多样化，并非仅指利用对象国视频、音频等教学资源。而是在多样授课资源的前提下，适当创新授课方式，提高学生的参与度，以提升学生对于知识的内化能力，产生知觉力。与此同时，学习者在外语学习中的感官体验越丰富，对学习信息的情景记忆也会越充分，就越能实现长时记忆。

为刺激学生对于相关内容的感官体验，使书本中原本单调乏味的字眼成为学习者生活中独特定义的个人事件。笔者尽力在课堂中丰富学生参与课堂的方式，不断带给学生新的体验。如在讲解“两伊战争”时，笔者创设体验式教学情境，邀请三位学生分别饰演伊拉克方、伊朗方和旁白，合作讲述战争的缘起、进程、结果和影响。对于这三位同学而言，无论是在前期的准备，还是最终表演的呈现，他们均积极参与其中，“两伊战争”成了他们三个人的独特体验，更能真切感受并理解这场战争。对于其他同学而言，以观看同学表演的形式直观战争，他们获得了新的感官体验，也产生了一次独特的审美学习体验。

四、成果与不足

结合学生课后的反馈及学期末论文的完成情况，这一授课方式的主要成果体现在以下几个方面。

一是加深学生对于战争频仍的阿拉伯世界的认识和了解，完成课程设立的最初目标。

二是启发学生开放思维，培养学生学术思考的能力。

三是帮助学生寻找专业学习的动力，增加语言学习的趣味性，推动学生在所学内容中建构个人意义，实现审美学习体验，获得了内在的满足。

于笔者而言，学生在课堂的表现、思考问题的角度也为笔者带来了新的启示，实现了学生同教师之间的双向成长。

不足之处主要体现在以下两个方面。

一是开放式教学加大了教师控制上课节奏的难度。课堂时间非常有限，开展课堂活动容易造成一定的时间浪费，教学内容难以在预定时间内完成。

二是学生查找信息的能力有待提高。在学生首次演示关于“第一次中东战争”的 PPT 时，讲解内容多为百度百科、知乎等网页资料，准确度不足。这反而会导致上课效率低下。如何提高这一环节的效率与质量仍需要思考。

五、经验与启示

（一）合理安排教师教学与学生体验活动时间

大量的体验活动，有助于引导学生参与课堂。同时也能锻炼学生临场应变能力、思维转换能力、语境选择能力和交际身份判断能力。不过，其比重应适当，以避免出现课堂中教师角色的缺失。在授课过程中还应注重结合现场同学反馈，针对疑难点进行讲解，帮助学生理解异国文化知识。

（二）不断学习、反思、交流，提高自身综合素养

教师需要不断学习新知识，给自己“充电”，为自己的知识储备及时升级。这里的学习包括教学内容、教学方法以及专业素质，建立更健全的知识体系。同时，还应提高自身的语言表达能力。笔者深切体会到，在传授知识的过程中，使用生动的语言可以激发学生的学习兴趣，使用精准的语言可以培养学生的理性思维，使用饱含情感的语言可以引起学生心灵的共鸣。教学活动的开展，需要从审美体验的角度建构，使教学活动不再枯燥，为学生创造真正的审美体验。

【参考文献】

[1] 程立柱 . 外语课堂的审美学习体验 [J]. 智库理论，2018.

[2] 方飞 .《英国社会与文化》课教学探讨 [J]. 外语界，1993（3）.

[3] 郭筠 . 基于自主教学的“阿拉伯社会与文化”翻转课堂教学模式研究 [J]. 课程教学，2017（26）.

[4] 刘求应 . 新形势下高校公共选修课教学改革探索——以日本社会与文化课程为例 [J]. 教育教学论坛，2017（2）.

[5] 张莹莹 . 英语教学中跨文化交际能力培养策略 [J]. 科教文汇（上旬刊），2018（12）.

[6] 朱成棋 . 多元互动的大学英语教学模式探讨 [J]. 教育教学论坛，2018（50）.

第二部分

教研互动的深化与推进

试论中国阿拉伯语教学和阿拉伯国家汉语教学[①]

金忠杰　李红梅[②]

【摘要】唐永徽二年（651），阿拉伯王朝遣使来华，阿拉伯穆斯林为传承文化讲授阿拉伯语，开中国阿拉伯语教学之先河。唐天宝十载（751），杜环旅居西亚北非12年，成为中国古代首位游历阿拉伯国家之人，由此揭开阿拉伯国家汉语教学的历史一页。管窥中国阿拉伯语教学和阿拉伯国家汉语教学，均经历了由民间零散式到大学学科式的发展过程，一方面深刻见证了中国与阿拉伯国家的文化教育交流，另一方面为中阿双方在诸多领域的交流合作提供了智力资源和人才支撑。

【关键词】中阿教育；语言教学；对外汉语；对外阿语

一、引言

中阿交流源远流长，中阿共同构建的陆上丝绸之路与海上香料之路成为沟通世界的主要桥梁。中阿合作历久弥新，中阿自古以来在诸多领域的合作为推动世界文明进程发挥了重大作用。进入21世纪，尤其是2004年中阿举办“中阿合作论坛”、2010年启动“中阿

① 本文为2013年度宁夏高校科学研究项目“两区建设背景下的宁夏阿拉伯语教育研究”（NGY2013038；主持人金忠杰）和2012年度宁夏大学社会科学研究基金“宁夏阿拉伯语教育研究”（主持人金忠杰）阶段性成果，曾刊载于《回族研究》2014年第3期。

② 金钟杰，博士，教授，宁夏大学阿拉伯学院常务副院长。李红梅，南京师范大学外国语学院副教授。

经贸论坛”，以及 2013 年开启“中阿博览会”等战略举措，使中阿全面战略合作伙伴关系不断深化，中阿交流内涵更加丰富，中阿合作领域日益广泛。在中阿两千年以来从未间断的双边关系史上，中阿教育交流始终是重要主题。中阿教育交流与合作领域，中阿对外汉语与对外阿语的教学，则是深化与推动中阿交流合作的主要抓手，这一方面深刻见证了中国与阿拉伯国家教育交流的具体情况，另一方面为双方在诸多领域的合作奠定了智力基础，培养和贡献着中阿所需的语言类人才资源。笔者拟从语言教学角度，在宏观上梳理中国阿拉伯语教学和阿拉伯国家汉语教学，并做简单比较，以抛砖引玉。

二、中国的阿拉伯语教学

阿拉伯语是中国最早开展的外语教学语种之一，始于唐宋，流行民间，历经千年有余，分五个时期。

（一）唐宋时期

唐宋时期，第一批阿拉伯穆斯林秉承伊斯兰教先知穆罕默德（570—632）“学问虽远在中国亦当求之”的遗训，跋山涉水来华履行外交使命（阿拉伯哈里发于 651 年遣使来华）与从事商业贸易的举措，揭开了中阿交流的历史篇章。随着中阿贸易繁荣和阿拉伯哈里发遣使来华，伊斯兰教及其文化传入中国。鉴于阿拉伯语是阿拉伯伊斯兰文化的载体语言，来华从事经贸与外交工作的阿拉伯人，在居住区“蕃坊”内教授阿语、讲经说道和传承文化的自觉意识和教育举措，成为中国阿拉伯语人才培养的渊源。这是中国阿拉伯语教学的第一个阶段，其性质和特点属于中国穆斯林先民——阿拉伯人的阿拉伯式语言教学。

（二）元朝时期

元时期，阿拉伯语教学继续在民间“蕃坊”内实施。该时期，大批阿拉伯人、波斯人随蒙古西征迁居中国，元朝政府实施了对外开放政策。为应对频繁的国际来往，强化财政管理，元朝政府重视语言翻译及财税管理等专门人才的培养，并于1289年在北京成立了中国历史上第一所官方外国语学校——回回国子学（付克，1986：7），讲授阿拉伯语、波斯语和国际财会。回回国子学的性质属于元朝中央政府自上（皇上）而下（朝廷大员）直接重视而设立的国家级高级官学，招收上层子弟，目的是为当时的有关部门培养高层次的“译史”。这是中国阿拉伯语教学的第二个阶段，其特点是双语教学的阿拉伯语教学由民间“蕃坊”步入官方学校，各具特点，各有职能。

（三）明清时期

侨居中国的阿拉伯穆斯林通过数百年的发展进程，到元明时期逐渐融入中国社会，由侨民穆斯林身份转变为本土的中国回族穆斯林，形成了一个依托中国文化和伊斯兰文化的新型民族——回回民族，构建了二元一体的回族文化结构（杨怀中，2006）。明清是回族文化转型与发展时期。明代陕西回族经学大师胡登州（1522—1579）创立的集中国传统私塾教育与阿拉伯伊斯兰经学教育为一体的“经堂教育”，应回族延续和传承回族文化的需要，随历史进程得以发展。回族经堂教育学界研习和传授阿拉伯语的伊斯兰经典等文化教育举措，成为中国阿拉伯语教学的第三个阶段，其性质是阿拉伯语教学已在中国本土化，特点是由阿拉伯式教学转向中国式中阿双语教学，为近现代以来中国高等院校开设阿拉伯语专业和培养阿拉伯语人才奠定了基础。

（四）近现代时期

回族经堂教育，经过明清数百年的延续，到清末民初，受新思潮和新文化运动的影响，发生了重大变迁。基于此，一些回族有识之士开始思索和寻求新的传承民族文化的教育途径。1907年，北京的王宽（1848—1919）首创回民新式教育，开创性地将清真寺院式的阿拉伯语教学体制，演化为新式学堂体制，开办了回教师范学堂。此后，马松亭（1895—1992）等人于1925年创办了成达师范学校，虎嵩山（1880—1955）等人于1938年创办了宁夏吴忠中阿师范学校，等等。这些新式学校在清真寺传统教育的基础上，采用较为现代化的教育教学体系，合理安排课程设置，讲授包括阿拉伯语语言学学科知识在内的相关课程。这是中国阿拉伯语教学的第四个阶段，特点是寺校教育和合一体，改进了阿拉伯语的教育模式和教学机制，使中国的阿拉伯语教学有了新的发展——学校式教育。

1946 年，北京大学季羡林（1911—2009）和马坚（1906—1978）两位教授，在文学院东方语言文学系创立的阿拉伯语专业，首开近现代我国高等学府阿拉伯语教学先例。

（五）新中国时期

1949 年，中华人民共和国成立后，为满足国际政治和外交关系的变化和国家需要，以及中国与 22 个阿拉伯国家外交关系的逐步建立，除北京大学外，对外经济贸易大学、北京外国语大学、上海外国语大学、解放军外国语大学、北京第二外国语学院、北京语言文化大学，相继建立了阿拉伯语专业。1978 年改革开放以来，尤其是 21 世纪后，我国高等教育的快速发展，以及中国与阿拉伯国家全面战略合作伙伴关系的确立及其在许多领域的深化交流与务实合作，促使阿拉伯语专业在全国范围内受到重视，专业点和办学规模空前发展。截至目前，全国已有 40 余所高等院校、高职和中职院校，以及 10 所伊斯兰教经学院等开设了阿拉伯语专业，先后为国家培养了一大批合格的人文、外交、经贸、翻译、研究和师资等领域的高层次专门人才。这是中国阿拉伯语教学的第五个阶段，其性质是阿拉伯语教学一方面从民间走向高校而成为国民教育的组成部分，另一方面处于民间教学和高校教学并存状态。其特点是中国阿拉伯语教学历经千年发展，尤其通过 20 世纪 80 年代以来本、硕、博学位点和博士后流动站的建设，形成了较为完善的中国阿拉伯语教学体系、模式和机制（丁俊，2006；金忠杰，2012：295～297）。

三、阿拉伯国家的汉语教学

根据现有中阿史料，尚无中世纪阿拉伯国家的汉语教学记载，即使是阿拔斯王朝时期百年翻译运动的载体场所“智慧宫”（中世纪阿拉伯阿拔斯王朝于830年在巴格达建立的全国性综合学术机构，由翻译局、科学院和图书馆等机构组成，持续200多年，被誉为中世纪阿拉伯伊斯兰“科学的源泉、智慧的宝库和学者的圣殿”），目前也未见有关汉语教学的记载。总体来讲，阿拉伯国家的汉语教学分三种情况。

（一）阿拉伯侨民学习汉语

尽管中世纪阿拉伯国家尚无官方教育机构有汉语教学的记载，但从阿拉伯人学习汉语角度来讲，唐宋元时期侨居中国的阿拉伯人学习汉语则为事实。彼时，中国对外开放的政策和在国际社会上的地位，促使同样开放的阿拉伯王朝遣使来华开展双边国际关系，仅在唐宋时期有史记载的外交使者来访就多达70余次，其中唐朝39次（沈福伟，1985），宋朝40余次（张铁伟，1984）。同时，数以万计的阿拉伯人来华经商，形成了东南沿海地区如广州、扬州、杭州、泉州中的“蕃坊”居住格局。就侨居中国从事商贸活动并与华人交往和生活角度来讲，穿梭于中阿商道之间的“蕃坊”的阿拉伯人学习中国语言是必然之举。尤为重要的是，自唐至今，伊斯兰教先知穆罕默德的遗训“学问虽远在中国亦当求之”，始终是阿拉伯人到中国学习包括汉语言文学在内各科知识的指导思想。

（二）阿拉伯国家民间零散式汉语教学

文化交流惯性使然，任何人到异国学习或工作，在学习当地语言的同时，不免要与友人、同学、同事等交流各自语言，甚至互相学习各自的母语。尽管这仅仅是一种学术推理，但对于研究阿拉伯国家汉语教学的发源具有一定的借鉴意义。笔者现从民间零散式汉语教学的推理角度，以早期和近期两个个案为例，阐述阿拉伯国家汉语教学的起源与发展。

1. 唐朝杜环旅居阿拉伯国家应为阿拉伯国家汉语教学之始

杜环（生卒年不详）是中国唐代旅行家，唐天宝 10 年（751 年）随高仙芝在怛逻斯城（今哈萨克斯坦江布尔）与大食（阿拉伯王朝）军作战被俘，其后游历西亚北非，成为中国古代第一个到阿拉伯国家游历并有著作的中国人（郭应德，2004：18）。杜环于宝应初年（762）乘商船回国，著述了《经行记》。该书不仅是中国最早记载伊斯兰教义和中国工匠在大食传播生产技术的古籍，而且记录了亚非若干国家的历史、地理、物产和风俗人情，尤其是关于伊斯兰教信仰基本情况的记述，“不只在《经行记》以前没有过，在《经行记》以后的唐宋记载中，也没有过”（白寿彝，1982），因此“在中阿关系史上和中国伊斯兰史上，具有十分重要的意义，是一件值得大书特书的事情”。（郭应德，2004：66）杜环旅居或游历的阿拉伯国家包括今天的伊拉克、埃及、摩洛哥、索马里、埃塞俄比亚、巴勒斯坦、叙利亚。由于《经行记》散佚，仅在其叔杜佑（735—812，唐中叶宰相、政治家、史学家）《通典》中引用数段共 1511 字，因此尚未得知遗失文字是否记载杜环教授阿拉伯人学习汉语的事例，但根据发生学推理，旅居阿拉伯国家达 12 年之久的杜环即使给某个阿拉伯友人讲授汉语语汇则为理应之事。此外，《经行记》中关于中国工匠在阿拉伯国家传播诸如丝绸织造和金银制造等生产技术的记载，更说明工匠们为了生活、工作与传授技艺，向阿拉伯人学习阿拉伯语并给阿拉伯人教授汉语则为必然之举，也就成为阿拉伯国家汉语教学最早的案例。从这个角度，由于杜环旅居的阿拉伯国家较之公元前 138 年与公元前 119 年两次遣使张骞（约前 164—前 114）出使西域的阿拉伯国家更多，旅居时间更长，尤其留下《经行记》的实例——书中关于阿拉伯国家风土人情和伊斯兰教义的准确记载证明，杜环是通过长期学习（学阿语、教汉语）和实地观察（穆斯林家、居民社区、清真寺院）所得，说明杜环旅居阿拉伯国家的时间，应是阿拉伯国家汉语教学的最早时期，其意义和价值堪比唐时期第一批阿拉伯穆斯林来华建造清真寺后讲授阿拉伯语而开中国阿拉伯语教学的意义和价值，也由此成为世界语言交流史上最早的外语教学范例之一。

无论从杜环的《经行记》实例，还是从杜环教授阿拉伯友人学习汉语角度的推理角度来看，自唐以来，中国人出使阿拉伯国家的外交使者，以及来往于丝绸之路与香料之路的大批中阿客商，甚至是到沙特阿拉伯国家麦加圣地朝觐的中国穆斯林，在阿拉伯国家生活与工作时，给阿拉伯人教授汉语语汇乃至介绍中国文化的举措——即使尚没有见到阿拉伯史书记载中世纪阿拉伯国家有学者通晓汉语的案例，始终说明中阿之间在中阿语言教学层面有着一定的互动，为中阿文明交流与世界文化互动起到了一定的作用，具有一定的时代意义。

2. 中国学生赴阿拉伯国家留学是阿拉伯国家汉语教学的发展

如果说唐以来到阿拉伯国家从事外交与商贸的中国人，给个别阿拉伯人教授汉语仅仅是停留在生活或工作层面，那么，从专业语言教学角度，中国学生/学者赴阿拉伯国家留学/游学期间，有意无意地给阿拉伯友人或学生讲授汉语，则从此前的非语言专业教学上升到语言专业教学。这意味着中国学者赴阿拉伯国家留学/游学，一定程度上可被视为阿拉伯国家汉语教学的进一步发展。史料表明，1836年，中国清代经学大师、伊斯兰学者马复初（1794—1894）赴埃及爱资哈尔大学求学约有两年时间（庞士谦，1988：16），首开历史上中国人赴阿拉伯国家留学之先河。从发生学角度来讲，马复初求学埃及期间，不免要与阿拉伯同学/学者就中阿文化、中阿教育、中阿语言、中阿哲学、中阿宗教等进行交流。精通中阿语言与深谙中阿文化的马复初——留下《古兰经》《环宇述要》《天方历源》《朝觐途记》等汉文、阿拉伯文、波斯文著作和译著约三十种，不乏向好奇甚至是有意向的同学，从语言专业角度教授汉语发音、汉语词汇等中国语言文化知识。鉴于此，马复初求学埃及应是阿拉伯国家近代——拿破仑于1798年远征埃及被视为阿拉伯国家近代史的开始——汉语教学之始，即使没有课程、教材及规模等现代教育的概念和做法。

马复初留学阿拉伯国家是个体行为。而在阿拉伯近代史上，中国开始有计划地向阿拉伯国家派遣留学生，始于云南明德中学。1931 年，明德中学选送纳忠、林仲明、张有成、马坚等前往阿拉伯伊斯兰世界文化学术中心埃及爱资哈尔大学深造。至 1949 年新中国成立前，中国学生留学埃及共 6 批 33 人（马博忠、纳家瑞、李建工，2011：8）。这些留学生中不乏有人给阿拉伯学生教授中国汉语语言和文化知识，诸如庞士谦曾任爱资哈尔大学中国文化讲座［1932 年，埃及国王福阿德一世下令在爱资哈尔大学成立一个专门接待中国学者的学院（穆罕默德·阿里·扎亚特，2013：133）］讲师，预示和开启着当代阿拉伯国家汉语教学的规模性发展。

（三）大学学科式汉语教学是阿拉伯国家汉语教学的规模性发展

正如中国阿拉伯语教学经历了先民间后逐渐纳入国民教育体系成为外语类专业学科的过程，阿拉伯国家的汉语教学也经历了由民间零散式教学向大学学科式的教学转型过程。

埃及是阿拉伯世界乃至整个非洲开展汉语教学历史最久、发展最快、规模最大的国家（穆罕默德·阿里·扎亚特，2013：133）。建立于公元 972 年的埃及爱资哈尔大学，是阿拉伯伊斯兰世界时间最早、地位最高、系科最全的著名大学。根据 1938 年 3 月赴埃及爱资哈尔大学留学的庞士谦《埃及九年》所列该校课程设置，爱资哈尔大学于 1930 年在课程标准中开始设置外国语学科，分西方语和东方语。西方语主要是英语和法语，东方语主要是日本语、汉语、印度语、波斯语、土耳其语、阿比西尼亚语。该校规定哲学院学生后两年自由选读一种东方语或西方语。1936 年，爱资哈尔大学修订课程标准时，改为该校三院及研究院各年级（共六年）均须加授外国语。西方语是哲学院学生的必修课，东方语是传教系各班的必修课，如第一班学习日本语、第二班学习汉语、第三班学习波斯语，等等。（庞士谦，1988：13）

如果要界定阿拉伯国家高校汉语教学时间，1930 年就会被视为一个重要的时间节点。根据庞士谦《埃及九年》，阿拉伯国家成立最早的爱资哈尔大学于 1930 年开设外国语学科，将中国语列入东方语系并作为传教系学生的必修课，可以视作历史上阿拉伯国家高校汉语教学的开始，其意义和价值虽然不能与中国元朝政府为内政和外交之需建立的专门教授阿拉伯语、波斯语和国际财会的官方学校回回国子学等同，但可与1946年北京大学东方语系开设阿拉伯语专业相媲美。

1949年，中华人民共和国成立。1956年，阿拉伯国家的埃及首先与新中国建立外交关系。自此，中阿在政治、经济、文化、教育等诸多层面展开交流与合作。1958年，为推动中埃双边关系发展，埃及艾因·夏姆斯大学语言学院成立了中文系，一方面使中文在埃及首次被列入基础教育体制内（穆罕默德·阿里·扎亚特，2013：133），另一方面开阿拉伯国家高校有史以来设立中文系讲授汉语之先河，具有划时代意义。截至目前，该校中文系不仅有本国汉语师资队伍［本国专职中文教师队伍有36人，其中教授6位，副教授11位，讲师13位，助教6位，博士32人——埃及目前共有35名汉语博士，另3名分别在苏伊士运河大学、开罗大学、爱资哈尔大学（穆罕默德·阿里·扎亚特，2013：134）］，而且形成了本国培养汉语语言文学学士、硕士和博士的学历教育格局，目前在校本硕博学生超过1000人（穆罕默德·阿里·扎亚特，2013：133）。尤为重要的是，该校于1999年成立的汉学研究所，更推动着包括埃及在内的阿拉伯国家的汉语教学与研究（邓时忠，2004）。在埃及高校中，除艾因·夏姆斯大学中文系外，设立中文系的还有开罗大学文学院、明尼亚大学语言学院、亚历山大大学文学院、曼苏尔大学文学院、爱资哈尔大学语言与翻译学院、法鲁斯大学语言与翻译学院、苏伊士运河大学、科技大学语言与翻译学院、宰加济格大学亚洲研究学院、埃及国际语言翻译高等学院。此外，埃中友好协会汉语教学中心与开罗中国文化中心的成立，以及完成的20余期培训班，也为发展中埃两国在语言、文学、教育和科学领域的交流与合作发挥着重要作用（王有勇，2006）。2012年11月12日，中国驻埃及大使馆与埃及尼罗河电视台共同举办的尼罗河电视台汉语教学节目的开播，更将埃及汉语教学从传统推向现代媒体教学。在埃及，除高等院校中文系外，值得一提的是埃及纳尔曼·伊斯梅尔中学也于 2009 年开设了中文课（穆罕默德·阿里·扎亚特，2013：135）。

进入 21 世纪以来，尤其是 2000 年启动的“中非合作论坛”、2004 年启动的“中阿合作论坛”等战略举措，使中阿全面战略合作伙伴关系不断深化，中阿交流合作内涵更加丰富，也为中国的阿拉伯语教学和阿拉伯国家的汉语教学提供了新的机遇和平台。

2004 年，中国和阿拉伯国家联盟签署中阿合作论坛的同年 11 月，中国第一所海外孔子学院在韩国汉城（今首尔）举行挂牌仪式。自此，中国国家汉办启动的海外孔子学院项目也先后落户部分阿拉伯国家高校。截至目前，22 个阿拉伯国家中已有 7 个国家成立了 9 所孔子学院或孔子课堂，分别是埃及开罗大学孔子学院与苏伊士运河大学孔子学院、苏丹喀土穆大学孔子学院、阿联酋迪拜大学孔子学院与扎伊德大学孔子学院、黎巴嫩圣约瑟夫大学孔子学院、约旦安曼 TAG 孔子学院、摩洛哥穆罕默德五世大学孔子学院、突尼斯斯法克斯广播孔子课堂。

除上述国家高校的孔子学院或课堂外，阿拉伯国家高校成立中文系或开设汉语教学班的还有沙特国王大学语言与翻译学院、突尼斯布尔吉巴语言学院、叙利亚大马士革汉语教学中心、毛里塔尼亚努瓦克肖特大学等。毋庸置疑，自 1930 年埃及爱资哈尔大学将汉语列入东方语系科，以及 1958 年埃及艾因·夏姆斯大学成立中文系以来，阿拉伯国家部分高校的中文系、孔子学院、孔子课堂、汉语教学中心，一方面结束了阿拉伯国家历史上无官方教育机构教授汉语的历史，另一方面为阿拉伯国家培养了数以千计通晓中国语言、了解中国文化、熟悉中国国情、深谙中阿关系的德才兼备的汉语人才，为搭建中阿沟通桥梁，推动中阿关系发展，深化中阿交流，加强中阿合作发挥了重要的积极作用。

四、中国阿拉伯语教学与阿拉伯国家汉语教学比较

无论是从中阿文化交流的宏观角度，还是从中阿教育合作与语

言教学的微观角度，比较中国阿拉伯语教学和阿拉伯国家汉语教学，笔者总结出以下几点。

（一）中国阿拉伯语教学早于阿拉伯国家汉语教学

根据上文，就民间来讲，如果将651年阿拉伯哈里发遣使来华意味着伊斯兰教正式传入中国的时间，阿拉伯穆斯林在中国建立第一批清真寺而开中国阿拉伯语教学之先河，则可界定中国阿拉伯语教学始于651年。同理，我们可以将唐杜环于751年开始旅居阿拉伯国家作为阿拉伯国家汉语教学开始之年。就中阿双方官方教育机构教授汉语而言，中国元朝政府于1289年设立回回国子学教授阿拉伯语，埃及爱资哈尔大学1930年将汉语教学列入外国语系科。据此推论，中国的阿拉伯语教学时间早于阿拉伯国家的汉语教学。

（二）中国阿拉伯语教学规模大于阿拉伯国家汉语教学规模

由于中国阿拉伯语教学起步早，尤其是阿拉伯语作为伊斯兰教载体语言的原因，促使中国的阿拉伯侨民和中国穆斯林在生活社区中心——清真寺讲习伊斯兰教义和教授阿拉伯语的举措，使得阿拉伯语教学规模随着穆斯林人口的增长和居住区域的扩散，自唐以来就不断扩大，学生人数也在不断增长。以当下为例，中国40余所高等院校和高中职院校成立的阿拉伯学院、阿拉伯语系、阿拉伯语教研室或开设的阿拉伯语专业，10所伊斯兰教经学院、几十所官办民办中职层次的阿拉伯语学校及各种层次的阿拉伯语函授授课班、业余大学班、短期培训班、成人教育班、教师培训班等，以及4万余座清真寺的经堂教学班，学习人数当在10万左右。在阿拉伯国家，历史上的汉语教学仅仅是民间零散——家庭式、朋友式的兴趣教学，而始自20世纪30年代的官方汉语教学，截至目前规模仍然有限，开设汉语教学的教学机构屈指可数，远远不及中国的阿语教学机构。仅以阿拉伯国家汉语教学规模最大的埃及为例，其规模亦有限，原因在于：“一是埃及国内对中文的了解和对中文的支持不够，大多数老百姓认为中文在世界的地位不如英语或法语或其他通用语言；二是埃中文化交流合作大部分只停留在协议上，没有真正实施；三是埃及中文教学面临师资不足的问题；四是教学大纲不完善；五是中文系的学生还面临着语言环境问题。”（穆罕默德·阿里·扎亚特，2013：137）

（三）中国阿拉伯语教学层次较之阿拉伯国家汉语教学层次更为完善

自北京大学 1946 年开设阿拉伯语本科以来，中国开设阿拉伯语本科专业教学的高校达 30 余所。自北京外国语学院（今北京外国语大学）分别于 1980 年获批中国第一个阿拉伯语语言文学硕士学位点（1982 年招生）、1986 获批第一个阿拉伯语语言文学博士学位点、1992 年获批首家阿拉伯语语言文学博士后培养单位后，中国阿拉伯语教学有本硕博层次和本硕层次培养学生的高校近十所，形成了完善的中国阿拉伯语专业学历教育和人才培养体系。在阿拉伯国家，除埃及艾因·夏姆斯大学中文系有较为完善的本硕博学历层次外，其他高校的中文系、孔子学院和孔子课堂，大多停留在本科教育和中短期汉语培训层次上，很大程度上制约着阿拉伯国家高层次汉语人才的自我培养。

（四）中国阿拉伯语教学研究成果多于阿拉伯国家汉语教学成果

中国阿拉伯语教学，无论是民间还是高等院校和伊斯兰教经学院，除了阿拉伯语语言教学本身外，很早就开始了相关的学术研究活动，“编写了大量教材、工具书和学术著作，还研订出版了高等学校阿拉伯语教学大纲，这在世界上也是绝无仅有的”。（丁俊，2006：8）尤为重要的是，上海外国语大学中东研究所于 1978 年创刊的《阿拉伯世界》（现名《阿拉伯世界研究》，入选中文社会科学引文索引 CSSCI 来源期刊，中文核心期刊）、上海外国语大学东方语学院与北京外国语大学阿拉伯语系分别定期出版的《阿拉伯学研究》和《当代阿拉伯研究》，刊载了大量有关阿拉伯语教学的学术论文（丁俊，2006：201—211）。在阿拉伯国家高校，有关汉语教学的教材主要来自中国国家汉办，自我研发的教材虽然取得了一定的成果，但较之中国阿拉伯语教材成果，亦有限。以埃及为例，“在中文教学和研究上取得了许多成果，大多是优秀论文。编著出版了的教材、专著、论文和译作重要的有：1. 教材，《简明汉语语法》3 册；2. 词典，《阿汉、汉阿短语辞典》；3. 译著，《孙子兵法》《诗经》《汉语 100 句》"。（穆罕默德·阿里·扎亚特，2013：135）这种情况，在中国方面，主要是中国很早就形成了阿拉伯语教学师资队伍和研究人员的自力更生梯队；在阿拉伯方面，主要是长时期以来缺乏汉语教学师资队伍和研究人员的梯队建设。

（五）中国阿拉伯语教学意识较之阿拉伯国家的汉语教学意识更为自觉

中国的阿拉伯语教学意识，从民间文化传承角度而言，是早期阿拉伯侨民和本土化后的中国穆斯林传承阿拉伯伊斯兰文化的文化自觉行为和必然结果；从官方对外交流合作而言，上至元朝政府自上而下建立的回回国子学，中至高校阿拉伯语院系教研室，下至独立办学的中国伊斯兰教经学院、宁夏同心阿拉伯语学校等官方学校，以及专业的教学指导机构教育部高等院校外语专业教学指导委员会阿拉伯语分委会、教育部职业院校外语专业教学指导委员会、中国阿拉伯语教学研究会、中国阿拉伯文学研究会的成立和建设，都是中国重视文化传承和外语教育战略的重要体现，"为国家的外交、新闻、教育、经贸、科研等许多领域培养了大批优秀的阿拉伯语人才。"（丁俊，2006：14）甚至中国国务院批复的《宁夏内陆开放型经济试验区规划》（国函〔2012〕130 号）第六章"提高对外开放支撑保障能力"第七节"吸引培养国际化人才"中亦明确指出："适应向西开放的要求，加强阿语人才的培养，抓好宁夏大学阿拉伯学院、宁夏民族职业技术学院和同心阿语学校等建设，支持民办阿语教育机构发展，将试验区建设成为阿语人才重要培训基地。"在阿拉伯国家，官方的汉语教学意识则是晚近的事情，除了阿拉伯国家和中国交流合作决定了阿拉伯国家的汉语教学日渐突出和受到重视外，也得益于中国孔子学院项目的发展。

五、结语

历经千余年的中国阿拉伯语教学和阿拉伯国家汉语教学，为中阿双方的交流合作发展书写了灿烂的一页。尤其是近现代，自埃及爱资哈尔大学于 1930 年将汉语列入外国语学科，北京大学东语系于 1946 年开设阿拉伯语专业以来，尽管中国高校有近 40 所高校或职业院校开设了阿拉伯语院系和教研室，阿拉伯国家 10 余所高校成立了中文系、孔子学院或孔子课堂，但总体上对于中阿双方所需高层次汉语与阿语人才的培养尚存在相应差距，尤其是阿拉伯国家汉语教学规模数量和质量，较之中国阿拉伯语教学规模数量和质量存在一定差距。

鉴于中阿在新时期“中阿全面战略合作伙伴关系”背景下的高层次双语人才资源不足，尤其是中阿语言在语系上的差异性、语言上的难度性、文化上的背景性等主客观因素，促使中阿双方有关教育界尤应在现有基础上，根据中阿所需和中阿所能，本着面向新世纪中阿高层次语言人才培养总体发展的要求，“积极推动中国的阿拉伯语教学和阿拉伯国家的汉语教学，并在师资、教材和教学设备等方面相互提供支持”（阿拉伯国家联盟驻北京代表处、阿拉伯国家联盟秘书处亚洲与大洋洲司 2005），并在此基础上加大人才培养力度，提高人才培养质量，丰富人才培养内涵，加强专业外语建设，提升学科建设层次，通过加强中阿语言教学力度与深度、增加中阿双方高层次语言类人才的国家与地方奖学金名额、阿方增设中文系或孔子学院、加大中阿双方合作办学力度、加强中阿双方学历互认机制、研究中阿语言教学新型模式如“2+2”学制模式和“语言 + 专业”模式等举措，使中阿语言教学走向深入，为中阿战略全面合作伙伴关系的全方位发展发挥更加积极的作用，输送更多复合型、专业型、具有国际视野、适应 21 世纪发展的国际人才。

【参考文献】

[1] 付克．中国外语教育史 [M]. 上海：上海外语教育出版社，1986.

[2] 杨怀中．回回民族二元一体的文化结构 [J]. 回族研究，2006（1）.

[3] 丁俊．中国阿拉伯语教学史纲 [M]. 北京：中国社会科学出版社，2006.

[4] 金忠杰．中国阿拉伯语教学的五个时期 [A]// 中国学生留学埃及80 周年纪念文集（1931—2011）[C]. 昆明：云南大学出版社，2012.

[5] 沈福伟．中西文化交流史 [M]. 上海：上海人民出版社，1985.

[6] 张铁伟．中国和阿拉伯国家历史上的友好关系 [J]. 西亚非洲，1984（2）.

[7] 郭应德．中国阿拉伯关系史 [M]. 北京：北京大学出版社，2015.

[8] 白寿彝．从怛逻斯战役说到伊斯兰教之最早的华文记录 [A]// 白寿彝：中国伊斯兰史存稿 [C]. 银川：宁夏人民出版社，1982.

[9] 庞士谦．埃及九年 [M]. 北京：中国伊斯兰教协会，1988.

[10] 马博忠、纳家瑞、李建工．历程——民国留埃回族学生派遣史研究 [M]. 银川：宁夏人民出版社，2011.

[11] [埃及] 穆罕默德·阿里·扎亚特．埃及的中文教学 [A]// 第 13 届韩中文化论坛论文集 [C]. 2013.

[12] 邓时忠．埃及艾因·夏姆斯大学汉语教学现状及发展思路 [J]. 阿拉伯世界，2004（2）.

[13] 王有勇．中阿教育合作的现状与未来——从中埃教育合作谈起 [J]. 阿拉伯世界研究，2006（1）.

[14] 中华人民共和国国务院．宁夏内陆开放型经济试验区规划 [G]. 2012.

[15] 阿拉伯国家联盟驻北京代表处、阿拉伯国家联盟秘书处亚洲与大洋洲司．阿中合作论坛——阿中合作关系发展的新阶段 [M]. 2005.

顺句驱动原则下阿汉传译断句与衔接技巧研究①

魏启荣②

【摘要】顺句驱动原则是传译的首要原则，应用该原则可以使译员在传译中节省时间并减轻记忆负担。传译中，适当断句可以为译员争取到宝贵的时间，而其他方法如增补法与词性转换法的应用能使译文更易理解，避免产生歧义。本文从顺句驱动原则如何在阿汉传译中应用的角度出发，结合例句分析顺句驱动原则在断句策略中的应用，目的是说明如何使用顺句驱动策略提高传译的准确度及流畅度。

【关键词】顺句驱动原则；阿汉传译；断句

一、顺句驱动的主要观点及断句策略

“顺句驱动”又称顺译，指“译员按照自己听到的原文顺序，不停地把句子切成个别的意群或概念单位，再把这些单位自然地连接起来，翻译出整体的原意”（张维为，2001）。

从传播学的角度说，口译作为一种社会交际活动，最重要的是体现语言转化的及时性、直接性，以及信息传递的完整性、准确性；从对比语言学的角度来看，阿汉两种语言的相似性及差异性，使传

---

① 本论文为北京市社会科学基金项目“情景感知技术在小语种语言学习中的实证研究”（16YYB009）的阶段性成果。

② 女，苏丹双尼罗大学文学院博士，北京第二外国语学院阿拉伯学院副教授，主要研究方向为阿拉伯语言与文化。

译这一策略表现出明显的优势；从心理学角度出发，人的短时记忆容量很少，保持时间也很短，难以容纳大量的语言信息以待后期处理，与此同时，还要把紧随其后的第二部分信息储存到短期记忆中。

鉴于阿汉两种语言在词序和语序上的巨大差异，译员只有按照所听原文的顺序，并配以断句、重复、词性转换等技巧，才能翻译出源语的整体信息。值得指出的是，顺句驱动并不意味着字对字、词对词、源语与译语的一一对应关系，译员也不是机械地跟随源语的语序停留在语言翻译上，而是按照意群出现的时间顺序进行意义上的翻译。

所谓“断句”指的是，在传译时将阿语句子按适当的意群或概念单位进行切割处理并译成汉语。断句技巧是传译的最重要的技巧，从某种意义上说，其他许多技巧都是由此派生出来的，这一点是由传译本身的性质决定的。在进行传译时，信息源源不断地涌来，译员一般只能顺句驱动，把所听到的信息及时处理掉，才能处理接踵而来的新信息。传译首先要减轻记忆负担，断句合适，就能大大提高传译的质量和速度，但要注意，断句的“断”不是为断而断，而是为“接”而断，断句技巧的实质是要断得好、接得好。如何迅速合理地把句子断开，然后再自然地、天衣无缝地把断开的句子重新衔接起来，可以说是传译成功的关键所在。不同的翻译形式直接决定了翻译的难度。连续翻译时，讲话人说了一段话之后停下来，让译员翻完后再接着说；笔译时，译员有时间至少看完一个章节后，再仔细斟酌分析，从容不迫地开始翻译；而同传，则意味着译员的翻译与讲话人几乎同步进行，译员必须在讲话人开始讲话之时，几乎同时开始翻译，在讲话人讲话结束后，也结束传译。

由于汉阿两种语言在词序和语序上常有相当大的差异，为了处理接踵而来的信息，译员要避免顾此失彼，争取主动，因此译员需要按照自己听到原文的顺序，不停地把句子切成个别的意群或概念单位，再把这些单位比较自然地连接起来，翻译出整体的原意，这种方法可被称为断句基础上的顺句驱动。顺句驱动构成了传译的一个最大特征。

例如：

1. قال الرئيس الأمريكي دونالد ترمب إن الولايات المتحدة قدمت بـ«حماقة» أكثر من 33 مليار دولار إلى باكستان كالمساعدات لمكافحة الإرهاب خلال الـ15 سنة الماضية، حان الوقت لإنهاء هذه المعاملة.

笔译可以翻译为：美国总统特朗普称，过去 15 年美国“愚蠢地”给了巴基斯坦 330 多亿美元的反恐援助，现在这种待遇应该结束了。但在口译中，译员一般不可能等到句子结束再开始翻译，因为这样做，容易造成漏译，译员可以根据自己听到这句话的顺序，把句子切成个别的意群，然后再通过各种技巧，使它们比较自然地融合起来。这句话，口译时可以按“顺句驱动”的思路，进行断句处理。

قال الرئيس الأمريكي دونالد ترمب/ إن الولايات المتحدة قدمت بـ«حماقة» أكثر من 33 مليار دولار إلى باكستان/ كالمساعدات لمكافحة الإرهاب /خلال الـ15 سنة الماضية، /حان الوقت لإنهاء هذه المعاملة.

美国总统特朗普称，/ 美国“愚蠢地”提供了 330 多亿美元给巴基斯坦。/ 这笔钱是用来反恐的，/ 过去 15 年一直在这样做，/ 这种待遇应该结束了。

2. 作为半岛的近邻，中方欢迎并支持朝韩双方近来就缓和相互关系采取的积极举动。我们希望国际社会对此予以支持，共同努力找到缓和紧张、增进互信、恢复对话的有效路径。

إن الجانب الصيني باعتباره جارا قريبا لشبه الجزيرة الكورية يرحب ويدعم الخطوات الإيجابية التي اتخذها جانبا كوريا الديمقراطية وجمهورية كوريا لتحسين العلاقات بينهما.

3. 我们希望国际社会对此予以支持，共同努力找到缓和紧张、增进互信、恢复对话的有效路径。

نأمل من المجتمع الدولي تقديم الدعم لذلك، وبذل جهود مشتركة لإيجاد طريق فعال لتهدئة التوتر وتعزيز الثقة المتبادلة واستئناف الحوار.

二、断句策略在阿汉传译中的应用

阿汉传译“断句”技巧是在基本传译能力夯实基础上总结的现场应变方法，适用于那些经过现场传译“洗礼”的实践者；同时，在实际的传译过程中，本文中列举的许多例句也可以用其他技巧来处理，这些方法的运用比较灵活、机动、因人而异，学习者需要了解传译技巧的灵活性和多样性，养成多种技巧综合使用的本领。

在阿汉传译过程中，首先要把握两种语言的相似性和差异性，当我们着眼于两种语言的相似性时，如果汉语和阿拉伯语概念和表达方式基本对应，出现语序基本一致的情况时，传译意义上的断句问题对应这类句子几乎不存在，这类句子的处理较容易，直译就可以了。

以下为几个例句。

4. نأمل من المجتمع الدولي تقديم الدعم لذلك، وبذل جهود مشتركة لإيجاد طريق فعال لتهدئة التوتر وتعزيز الثقة المتبادلة واستئناف الحوار.

我们希望国际社会对此予以支持，共同努力找到缓和紧张、增进互信、恢复对话的有效路径。

5. الصين وفرنسا كلاهما عضو دائم في مجلس الأمن الدولي، فتكتسب العلاقات الصينية الفرنسية أهمية عالمية تتجاوز النطاق الثنائي.

中法两国都是联合国安理会常任理事国，中法关系具有超出双边范畴的全球影响。

6. يبحث عن سبل تعزيز التعاون وصيانة التعددية وتدعيم التعددية القطبية العالمية وبناء اقتصاد عالمي منفتح.

探讨如何加强合作，共同维护多边主义，推动世界多极化，建设开放型世界经济。

7. تحسين الحوكمة العالمية والتعاون في مواجهة التحديات العالمية وبناء العلاقات الدولية من نوع جديد ومجتمع المصير المشترك للبشرية

改善全球治理，合作应对全球挑战，携手构建新型国际关系和人类命运共同体。

但是，传译中有大量的句子，它们在语义、词法等方面差异较大，所以在传译过程中，必须进行断句处理。实际上，笔译中也讲究“切断”或“分切”，特别是处理长句，往往需要把句子切成汉语的分句，这样做的一个重要原因是，汉语倾向于用较短的句子。从总体上看，汉语讲究层次清晰，语气连贯，脉络分明，有节奏感、音乐感，短句则易于达到这种效果。这一特点也适用于现场传译，译员应该努力在口译中体现汉语的这种长处，毕竟口译也是一种语言和声音的艺术。换言之，对于传译来说，短句不仅仅是为了对付接踵而来的话语，还为了发挥汉语本身简洁明快、节奏感强的长处。

然而，传译的断句与笔译的断句，既有共同之处又有不同之处。共同之处是两者都注意发挥汉语短句和节奏的特点。两者的主要差别在于：笔译更多按意群分切句子，重新组合；传译有时按意群断句，但在相当多的情况下，由于受主观和客观条件的制约，译员只能按听到话语的顺序进行断句和衔接。所以，相比之下，笔译断句比较自然，传译断句往往不够自然，需要进行一些修补才能比较自然地衔接，才能准确传达原文的思想和情感。

核心例句如下。

8. جئت إلى الصين / في وقت هام.

（口译）我到中国来访问，正逢一个重要的时刻。

（笔）我是在一个重要的时刻来到中国的。

（解释）这是一句简化了的传译例句，用以说明传译顺句驱动原则的使用。译员先处理先听到的内容，后处理后听到的内容，把句子断在前半句，然后根据自己的语感，加上了“正逢”两个字，把断开的句子重新衔接起来。

9. يبنون الجسر / في شهرين.

（口译）他们建这座桥，只花了两个月。

（笔译）他们花了两个月就建成了这座桥。

（解释）和前句一样，译员先处理先听到的部分，然后加词衔接。考虑到这样断句引起了句子中心的转移，译员在处理中，用“只”

字开始的短语来代替笔译中“就……”所表达的意思，以弥补重心转移所带来的损失，使口译的译文与笔译译文实现大致同样程度的达意。

同时，值得一提的是，在阿语里，句子的附加成分、并列成分较多，修饰语、从句层层相套，因此，长句是阿拉伯语的一大特色，经常可以听到一个段落就只有一个长句的情况。翻译阿语的长句，首先应该在脑海中迅速厘清句子的结构，紧紧抓住句子的主干，再根据汉语的表达习惯和语法规范，决定是否将原句拆分，合理安排句子的层次结构，保证不影响句子的原意，切忌机械地照搬原句结构和语序。

举例如下。

10. إنه من دواعي سعادتنا واعتزازنا أن نتشرف اليوم بحضور هذا الحدث الثقافي الهام / الذي يتوج جهود التعاون والعلاقات الوثيقة والصداقة بين الدول العربية والصين، / والذي يتزامن مع احتفال مصر بمرور خمسين عاما على إنشاء العلاقات الثقافية الدبلوماسية بينهما في عام 1956/، ويأتي مباشرة بعد الاجتماع الوزاري الثاني الناجح لمنتدى التعاون العربي الصيني الذي عقد في بكين./

（口译）非常荣幸能够出席此次文化盛会，/ 这次盛会是中阿合作以及友好紧密关系努力的结晶，/ 又恰逢埃中建立外交关系以来的50年庆典，这种关系是1956年建立的，/ 此前，在北京举办的中阿合作论坛第二次部长级会议刚刚胜利召开。

（解释）这个口译译文，其中一句通过增加“这次盛会”把句子顺了下去；另一句通过把原文的定语短语“العلاقات الثقافية الدبلوماسية”化成一个句子，再把句子顺了下去。严格地讲，这两句译文与笔译相比，有一定程度的重心转移，前一句突出了“这次”，后一句过分强调“这种关系”。重心转移经常是口译中的一个难以弥补的缺陷，然而，传译是以沟通达意为主的翻译实践，有限的重心转移不会影响听众对原话的理解，而且，重心转移可以通过一些其他手段来弥补。

再举几个例子。

11. ظل يعمل بنشاط / من الساعة الخامسة صباحا.

他一直忙着干活儿，从早上五点干到现在。

12. بلدي سيقدم تقريرا وطنيا / بين الآن والأسبوع القادم.

我国将递交自己的国别报告，时间是下周前。

13. إن الصين وكازاخستان جاران صديقان / تربطهما الشراكة الاستراتيجية الشاملة.

中国和哈萨克斯坦互为友好邻邦和全面战略合作伙伴。

14. تكثفت الزيارات المتبادلة واللقاءات بين القيادتين / الأمر الذي يدل على المستوى العالي التي بلغته العلاقات الثنائية.

两国高层互访、会晤频繁，这充分体现了两国关系的高水平。

15. للحكومات دور حاسم تؤديه / في تعزيز التنمية البشرية الاجتماعية / وفي تزويد الفقراء بالمهارات اللازمة للعمل.

政府要发挥十分重要的作用，以促进社会的人力开发，并使穷人获得必要的劳动技能。

16. لقد اتخذت الحكومة الصينية سلسلة من الإجراءات الإيجابية / مثل زيادة حيازتها من سندات اليورو / وتدعيم التعاون الاقتصادي والتجاري والاستثماري مع أوروبا.

中国政府已经采取了增持欧元债券、推动中欧经贸投资合作等一系列积极举措。

17. إن مصالح الصين والولايات المتحدة تلتقي في آسيا والمحيط الهادئ / أكثر من المناطق الأخرى. / ولا سيما في السنوات الأخيرة، / تزداد مصالحهما المشتركة والتفاعل بينهم.

中美在亚太地区有着最集中的利益汇合，特别是近年来，中美在亚太的共同利益不断扩大。

18. يتعين على الشركات الصينية التي تدخل في أسواق أوروبا / الامتثال لقوانين السوق، / وكذلك الأمر يحتاج إلى عملية للتعلم واكتساب الخبرات.

中国企业进入欧洲，需要按照市场经济规律办事，也要有一个学习和不断积累经验的过程。

19. إن الصعوبات التي تواجه اليونان والدول الأخرى / تشير إلى أن عملية انتعاش الاقتصاد العالمي / لا تزال تكتنفها عوامل عدم الاستقرار والغموض.

希腊等一些国家的困难表明，世界经济复苏还存在不稳定、不确定因素。

20. إن الحكومة الصينية تنفذ قرارات مجلس الأمن / بصورة جدية ومسؤولة وصارمة، / ولا تسمح أي جهة بمخالفة قرارات مجلس الأمن.

中国政府一贯以认真、负责任的态度严格执行安理会决议，不允许违反安理会决议的行为。

三、结语

从传译实践的角度来说，要使每个词、每个句子都翻译得十全十美，是不现实的。不过，一个优秀的译员应该能够，如果有这种必要的话，把一个地方遗漏或欠妥的地方在另一个地方、用另一种形式弥补过来，从而力争实现整个篇章在整体上的达意。传译和笔译相比也是这样，虽然不可能像笔译那么从容不迫、严谨完整，但传译可以发挥自己的优势，灵活运用各种技巧，最终能在总体上与笔译传达大致相等的思想和情感，甚至有可能在某些方面更胜一筹。

【参考文献】

[1] 常世儒．西汉口译实用理论与技巧[M]. 北京：外语教学与研究出版社，2008.

[2] 陈平文．基于国内外口语流利性理论的英语教学研究[J]. 外语界，2008（3）.

[3] 陈振东，张珊珊．释意理论关照下的口译与口译教学[J]. 上海科技翻译，2003（1）.

[4] 达尼卡塞莱斯科维奇．口译理论实践与教学[M]. 北京：旅游教育出版社，1990.

[5] 方玲玲．语块教学对减轻语言僵化的认知研究[J]. 外语界，2010（4）.

[6] 郭云飞．语块理论视角下的大学英语词汇教学[J]. 辽宁工业大学学报：社会科学版，2011（3）.

[7] 李霞 . 语块策略有效提高口译质量 [J]. 语文学刊，2012（11）.
[8] 廖北平 . 语块理论与英语教学 [J]. 大学英语：学术版，2005.
[9] 梁红梅 . 语料库视角下的短语教学研究述评 [J]. 天津外国语大学学报，2012（3）.
[10] 勒代雷 . 释意学派口笔译理论 [M]. 北京：中国对外翻译出版公司，2001.
[11] 刘和平 . 口译理论与教学 [M]. 北京：中国对外翻译出版公司，2005.
[12] 刘和平 . 口笔译理论研究 [M]. 北京：中国对外翻译出版公司，2004.
[13] 刘和平 . 中国口译教育十年：反思与展望 [J]. 中国翻译,2016(3).
[14] 刘开古 . 阿拉伯语汉语翻译教程 [M]. 上海：上海外语教育出版社，1991.
[15] 刘宓庆 . 口笔译理论研究 [M]. 北京：中国对外翻译出版公司，2004.
[16] 马景春 . 实用阿汉互译教程 [M]. 上海：上海外语教育出版社，2010.
[17] 彭卓吾 . 翻译理论与实践 [M]. 北京：外语教学与研究出版社，1998.
[18] 史丽清、程辉 . 阿拉伯语口译 [M]. 北京：旅游教育出版社，1997.
[19] 斯蒂芬・康格拉特・巴特勒 . 国外翻译界 [M]. 北京：中国对外翻译出版公司，1986.
[20] 思果 . 译道探微 [M]. 北京：中国对外翻译出版公司，2002.
[21] 宋缨 . 语块在长时记忆中的状态与口译质量 [J]. 天津外国语大学学报，2012（3）.
[22] 宋缨，蒋琴芳，马秋武 . 语块视角下的口译教学研究 [J]. 外语电化教学，2014（3）.
[23] 王建华 . 语块教学策略对提高学生会议口译准确性的实验研究 [J]. 中国翻译，2012（2）.

[24] 许钧 . 当代英国翻译理论 [M]. 武汉：湖北教育出版社，2001.

[25] 严维华 . 语块对基本词汇习得的作用 [J]. 解放军外国语学院学报，2003（6）.

[26] 杨玉晨 . 英语词汇的“板块”性及其对英语教学的启示 [J]. 外语界，1999（3）.

[27] 袁卓喜 . 试论语块在翻译过程中的作用和启示 [J]. 外语界，2013（5）.

[28] 张维为 . 英汉同声传译 [M]. 北京：中国对外翻译出版公司，2006.

[29] Becher, J. The Phrase Lexical[M]. Cambridge Mass: Bolt&Newman, 1975.

[30] Lewis, M. The Lexical Approach: The State of ELT and a Way Forward[M]. London: Language Teaching.

[31] Nattinger, J. R. & DeCarrico, J. S. Lexical Phrases and Language Teaching[M]. Oxford: Oxford University Press, 1992. Publication, 1993.

[32] Wray, A. Formulatic Language and the Lexicon[M]. Cambrige: Cambrige University Press, 2002.

阿拉伯（语）化与阿语世界的“边缘性”[①]

廉超群[②]

【摘要】阿拉伯（语）化，不仅是一个旨在提升阿拉伯语社会地位、改善阿拉伯语现代适用性以应对强势外语在阿语世界传播的语言规划与政策行为，在深层次上，阿拉伯（语）化还反映并回应了阿语世界在现当代世界体系中的“边缘性”。这一“边缘性”在客观现实中以不同的形式持续存在并深刻影响了阿语世界不同语言间的权力关系。在这一权力关系未发生根本性变化的情况下，阿拉伯（语）化政策的执行效果不佳。尽管如此，阿拉伯知识界和政界对于阿拉伯（语）化的讨论依然在进行中。从这一现象出发，本文梳理并分析了阿拉伯（语）化政策的历史和阿拉伯语语言学会在讨论该政策时所突显的两个持久性趋势，最后提出阿拉伯（语）化是在主观层面对阿语世界“边缘性”的象征性抗争和象征性补偿。

【关键词】阿拉伯（语）化；语言规划与政策；边缘性；象征性；阿拉伯语；语言学会

一、阿拉伯（语）化政策的语言—社会双重属性

“阿拉伯（语）化”（taʿrīb）被视作阿拉伯语（简称阿语）语言

① 下文将会提到，阿拉伯语词“taʿrīb”包含语言层面的“阿拉伯语化”和社会—政治层面的“阿拉伯化”两层含义，所以此处译作“阿拉伯（语）化”。本文使用“阿语世界”而非常见的“阿拉伯世界”，旨在突出阿拉伯语在定义某一地域或社群的“阿拉伯性”中所扮演的核心角色。本文曾刊载于《北大中东研究》2015 年第 1 期。

② 北京大学外国语学院阿拉伯语系助理教授，主要研究方向为阿拉伯语社会语言学、阿拉伯国家语言政策。

规划与政策的核心乃至全部内容。[①] 自 19 世纪中后期以来，阿拉伯知识界和政界对于阿拉伯（语）化的讨论就从未停止过。这些讨论关注如何在阿语社群各交际领域中推广使用阿拉伯语标准语以抗衡英语、法语等强势外来语的传播。在现实中，这些讨论没能转化成切实有效的语言政策以完全实现上述目的。尽管如此，政策讨论与政策执行间的落差并不影响前者的持续开展。

这一看似自相矛盾的现象需要由阿拉伯（语）化的语言—社会双重属性来解释。这一政策行为（包括讨论和执行）在狭义（关于语言）层面上体现为三个方面：（1）提升阿拉伯语标准语在阿语社群中的地位；（2）改善该语言在现代交际中的功能性；（3）翻译与归化外来词语和科技术语。[②] 这一政策行为在广义（超越语言）层面上体现在三个方面：（1）恢复阿拉伯社会的“阿拉伯性”（ʿurūba）；（2）寻求阿拉伯民族的“复兴”（nahʿa）与“团结”（waḥda）；（3）使阿拉伯社会在经济与科技领域摆脱“落后”（takhalluf）、“附庸”（tabaʿiyya）发达国家的状况。[③] 阿拉伯语中该词语“taʿrīb”包含上述狭义和广义两层含义。在大部分关于阿拉伯（语）化的讨论中，两者通常相互交织、密不可分。这一含义交织是阿拉伯（语）化政策双重属性的反映，貌似针对语言本身的政策行为在深层次上反映且回应了某个超越语言本身的社会现实。只要这一社会现实持续存在，无论阿拉伯（语）化政策的执行有效与否，人们继续推动该政策的热度都不会减弱。

本文认为，上述社会现实长期存在主要是因为阿语世界在现当代世界体系中的“边缘性”。“世界体系”是美国社会学家伊曼纽

---

① 比如，西方学界权威的《阿拉伯语与阿拉伯语语言学百科全书》中对阿拉伯语语言规划与政策的介绍只涵盖了阿拉伯（语）化政策。参见 Kassim Shaaban，“Language Policies and Language Planning，” in Kees Versteegh，ed.，*Encyclopedia of Arabic Language and Linguistics*，Leiden；Boston，Brill，2007，Volume Ⅱ，pp.694-707。

② AslamūWalad SayyidīAḥmod，“al-Taʿrīb ... min khilāl tajribat Maktab Tansīq al-Taʿrīb，” *Majallat Majmaʿal-Lugha al-ʿArabiyya* 84，1999，p.198.

③ Muʿammad al-Munjīal-Sʿayyādīet al.，*al-Taʿrīb wa-dawruh fī tadʿīm al-wujūd al-ʿarabī wa-l- wahʿda al-ʿarabiyya*，Beirut，Markaz Dirasat al-Waḥda al-ʿArabiyya，1982，pp.13-14.

尔·沃勒斯坦（Immanuel Wallerstein）提出的概念，指“世界上所有的人、他们的所有的文化、经济和政治机制以及这些人和机制间的相互作用与联系”。① 沃勒斯坦认为，现代世界被一个单一的世界体系所统治。学界对于“这一世界体系究竟是什么”存在分歧，但这与本文要探讨的问题关联不大。本文感兴趣的是沃勒斯坦提出的在现代世界体系形成过程中建立起来的“中心—边缘”权力结构。这一结构包含“中心”向“边缘”的制度与价值观念的输出和主导，以及“中心”对“边缘”资源的剥削与控制。学界对现代世界体系的讨论通常将西欧与北美作为“中心”，而将包括阿语世界在内的所谓“第三世界”视为“边缘”。这种划分既有其客观依据也有其主观依据。就阿语世界而言，伴随并促使其现代变迁的是由“中心”主导的殖民主义、帝国主义和资本主义的全球化过程。尽管对这一历史过程的讲述无法回避不同史观和意识形态的摩擦与对撞，但基本的历史趋势是确凿的，即“中心”在阿语世界的资源开发、军事征服、殖民、传教以及价值、观念、技术、政治制度和经济模式的单向输出，撼动、削弱并改变了阿语世界本土的经济、政治、社会和知识体系，使阿语世界不断受到“中心”内部权力博弈和战略制衡的影响。阿语世界长期被“中心”操控并由此形成对“中心”的附庸。在主观层面上，这种“中心—边缘”的权力关系反映在现当代阿语世界内持续涌动的对“西方”的不信任、敌视、批判乃至全面否定思潮，对阿语世界“落后”与“附庸”的不满情绪以及对阿拉伯人重回世界文明中心的企盼之上。本文提出的阿语世界的“边缘性”是对上述客观趋势和主观心态的综合概括。

本文探讨的是这一“边缘性”同阿拉伯（语）化政策之间的关联。下面将首先梳理这一政策的形成与发展如何折射出 19 世纪以来阿语世界在现代世界体系中的“边缘化”历程，随后将就阿拉伯语语言学会对阿拉伯（语）化政策的讨论进行案例研究，以揭示这类语

① Christopher K. Chase-Dunn, “Dependency and World-Systems Theories,” in George Ritzer, ed., *The Blackwell Encyclopedia of Sociology*, Malden, M.A.; Oxford: Blackwell Publishing, 2007, Volume Ⅲ, p.1060.

言政策的讨论如何在主观层面上同阿语世界的“边缘性”进行象征性互动。

二、阿拉伯（语）化政策的形成与发展

在19世纪到来之前的近300年内，阿语世界被奥斯曼帝国统治。该统治模式讲究分权地方，较为松散。奥斯曼统治者、阿语世界的地方权贵、伊斯兰宗教学者（ulamā）和阿语世界的普通民众之间形成了稳固的权力平衡格局，并不存在“边缘化”的问题。这一权力平衡也反映在阿语世界的语言状况上。阿拉伯语和奥斯曼土耳其语共存，执行不同的功能。前者主要用于日常交际（方言）、伊斯兰宗教仪式和教育（标准语），后者用于行政与军事。[①]

在19世纪和20世纪初，阿语世界经历了双重“边缘化”，旧有的权力平衡被打破了。第一重来自欧洲帝国主义和殖民主义，以间接影响或直接控制的方式将中东和北非地区逐步吸纳到由其建立并主导的全球经济、社会、政治和智识网络中。第二重来自部分奥斯曼统治精英，为了应对外部势力与地方权贵里应外合分化并颠覆帝国统治的形势，他们试图靠推行单一的奥斯曼或土耳其认同来同化帝国内部不同的民族成分以维护帝国政治统一。

这双重“边缘化”也改变了阿拉伯语的地位。一方面，以法语和英语为首的现代欧洲语言在专业领域和世俗欧式学校中被广为使用。随着殖民主义的深入，法语和英语逐步占据阿语世界的行政、贸易和教育等领域。在上述领域中，阿拉伯语标准语被认为不适应现代生活而被“边缘化”。另一方面，奥斯曼统治精英推行使用奥斯曼土耳其语来辅佐帝国内部的政治同化。20世纪初推行的“土耳其化”政策更是将奥斯曼土耳其语抬升到该帝国唯一官方语言的地

① C. H. M. Versteegh，*The Arabic Language*，Edinburgh，Edinburgh University Press，1997，p.175; CliveHoles，*Modern Arabic: Structures, Functions, and Varieties*，Washington，Georgetown University Press，2004，p.42; Lotfi Sayahi, “Introduction: Current Perspectives on Tunisian Sociolinguistics,” *International Journal of the Sociology of Language* 211，2011，p.3.

位。[①] 在受奥斯曼帝国控制的阿拉伯行省中，阿拉伯语不再享有与奥斯曼土耳其语同等的地位；甚至公立学校在教授阿拉伯语语法时都必须使用奥斯曼土耳其语。[②]

阿拉伯语地位的下降激发了阿语世界内部的阿拉伯（语）化运动。由于前述阿拉伯语和阿语世界的“边缘化”同步相关，阿拉伯（语）化自然也需要同时回应这两种状况。早期的阿拉伯（语）化运动包括两个方面：（1）19 世纪上半叶，埃及统治者穆罕默德·阿里对埃及实行现代化改革，其中包括阿拉伯语取代奥斯曼土耳其语成为官方行政用语，以及建立语言学校教授欧洲语言，并将欧洲语言文献翻译成阿拉伯语；（2）19 世纪下半叶，黎巴嫩地区兴起“复兴”（nahḍa）运动，其间阿拉伯语被广泛应用于文学创作和教会学校的教学。在这两个运动中，阿拉伯语都被用作培养独立于奥斯曼土耳其的阿拉伯认同以及仿效欧洲模式实现阿语社会现代化的工具。

在 20 世纪初，阿拉伯（语）化的呼声进一步高涨。在埃及，英国殖民当局在学校教学中推行英语，引发了埃及知识分子对阿拉伯语命运的担忧。不少民间和半官方的沙龙和学会成立，讨论科学和教育方面的阿拉伯（语）化。在大叙利亚，叙利亚 / 阿拉伯民族主义者开展了针对“土耳其化”政策的语言维权运动，为随后谋求大叙利亚脱离奥斯曼统治的独立运动铺平了道路。

在费索尔（Faysal ibn al-Husayn）政权对叙利亚的统治期间（1918—1920），阿拉伯（语）化首次以官方政策的形式出现。费索尔政权规定在行政和教育领域用阿拉伯语取代奥斯曼土耳其语，并成立一个术语创制和翻译部门来主导这一进程。在 1919 年，这个部门发展成了现今的大马士革语言学会，即便在随后法国对叙利亚的委任统治期间，阿拉伯（语）化的进程也没有放缓。叙利亚大学（现大马士革大学）成立伊始（1923），就规定包括科学和医学在内

① Yasir Suleiman, *The Arabic Language and National Identity: A Study in Ideology*, Edinburgh, Edinburgh University Press, 2003, p.85.

② Māzin al-Mubārak, “Min tārīkh al-taʿrīb, al-qism al-awwal, al-nahḍa al-lughawiyya fīal-shām,ʿaqba jalāʾ al-ʾatrāk,” *Majallat Majmaʿ al-Lugha al-ʿArabiyya bi-Dimashq*, 2007, 82 (1), p.56.

的所有课程都必须用阿拉伯语教授。叙利亚的阿拉伯（语）化模式在阿语世界影响深远。在费索尔被立为伊拉克国王后，他和他的部分叙利亚班底在伊拉克推行了类似的阿拉伯（语）化政策。埃及国王福阿德一世在 1932 年成立了现今的开罗语言学会，这一方面是受叙利亚和伊拉克阿拉伯（语）化政策的影响，另一方面也是埃及王室同费索尔所属的哈希米（al-Hāshimī）家族争夺阿语世界领导权的体现。

在 20 世纪中叶，随着突尼斯、摩洛哥和阿尔及利亚从法国殖民统治中独立，作为官方政策的阿拉伯（语）化运动迎来了一波新的高潮。这些新独立的北非政权，为了巩固其统治的合法性，纷纷将推行阿拉伯（语）化作为去殖民化的一部分。尽管阿拉伯（语）化政策在北非三国中推行力度不同，但三国领导人都宣称阿拉伯（语）化是确保国家独立的原则性政策。北非政权对推行阿拉伯（语）化的强硬立场迎合了阿语世界的普遍民意，也因此成为阿语世界领导权争夺的新刺激源。由已故摩洛哥国王穆罕默德五世牵头，阿拉伯国家联盟于 1961 年在摩洛哥召开了首届阿拉伯（语）化大会，并在拉巴特成立了阿拉伯（语）化协调局，以统领阿拉伯各国的阿拉伯（语）化工作。时至今日，协调局依然在积极运转，阿拉伯（语）化大会也定期召开。

在 20 世纪后半叶，虽然阿拉伯（语）化政策执行效果不佳，但官方和民间对这一政策的讨论持续进行，其原因在于阿语世界在后殖民时期延续了其殖民时期的“边缘性”状态。大部分阿拉伯国家需要依靠西方发达国家的资本和技术来进行国家建设和现代化。同时，基于国家安全和资源控制等原因，西方国家通过战略结盟、经济援助、能源和金融协作、武力干涉及入侵等方式维持了对阿拉伯国家的控制。这一政治与社会层面的“边缘性”也持续影响了阿语世界阿语的使用。在大部分阿拉伯国家的大学课堂上，科技类和部分社科类的课程都用英语或法语讲授。自 20 世纪 70 年代起，伴随着经济自由化的大潮以及新自由主义的全球传播，英语和法语在阿语世界的商业、金融、贸易和旅游等行业占据了统治地位，而阿语世界各主要城市的店铺名称和街头广告牌都布满英法外来语或这些外来语的各式阿语转写。针对这些状况，各阿拉伯语语言学会以及其他相关组织经常性地召开研讨会讨论阿拉伯（语）化问题，而阿拉伯各国政府也不断以政策或法令的形式推行阿拉伯（语）化。最近的例子有，约旦议会新近通过的《阿拉伯语法案》、阿联酋政府主持签署的《阿拉伯语宪章》，以及卡塔尔政府要求大学课堂采用阿拉伯语授课等。[①] 这些语言政策行为有其各自的政治动机，但在深层次上都指向了困扰阿语世界两个多世纪的“边缘性”状况。这种阿拉伯（语）化政策与阿语世界“边缘性”的关联显然超越了纯语言层面。

三、阿拉伯语语言学会对阿拉伯（语）化政策的讨论

进一步认识阿拉伯（语）化政策和阿语世界“边缘性”的关联需要对围绕这一政策的讨论进行案例分析。这样做有两个方面的原因:（1）就阿拉伯（语）化这一领域而言，政策执行乏力且缺乏连续性，而政策讨论十分热烈并持续不断，因而后者更为全面地反映了阿拉伯（语）化政策行为的内容，应被视作这一政策行为的主体；（2）阿语社群的“边缘性”有其主观性的成分，从一定程度上讲，这一“边缘性”是阿拉伯知识界和公众舆论对阿语世界现实状况进行意识形态建构（包括对现实进行描述、解读、加工、重构乃至扭曲）的结果。该讨论是这一主观建构过程的主要媒介。关于阿拉伯（语）化的讨论也结合了“边缘性”的建构过程；通过对阿拉伯（语）化这一概念进行不断地演绎，这类讨论同“边缘性”进行了深入的对话，不仅以语言政策为“中介”回应了“边缘性”，同时也肯定了“边缘性”的存在并丰富了“边缘性”的意识形态及内涵。

鉴于阿拉伯语语言学会组织、记录并刊印了大部分关于阿拉伯（语）化政策的讨论，下文将从这些语言学会的出版物和会议纪要中选取相关文本进行案例分析。

历史地来看，阿拉伯语语言学会对阿拉伯（语）化的讨论表现

---

① Yasir Suleiman，“Arab(ic) Language Anxiety,” *Al-ʿArabiyya*，2014（47），pp.57-81.

出两种趋势：（1）这一讨论建构了阿拉伯语和阿拉伯人之间不可相互剥离的密切关联，证明阿拉伯语既是阿拉伯现代生活中不可或缺的要素，也是阿拉伯人民族身份认同的核心；（2）这一讨论不断呼吁各种语言平等地接触和交流以改变阿拉伯语和强势外语之间的不对等关系。对这两种趋势的梳理将有助于我们认识这一讨论同“边缘性”在意识形态层面上的互动关联。

（一）趋势一：阿拉伯语和阿拉伯人之间的不可剥离性

阿拉伯语和阿拉伯人之间的不可剥离性包含两种语言意识形态：（1）在阿拉伯语法传统中所强调的所谓“阿拉伯语反映了阿拉伯人的智慧”；（2）在一条广为流传的圣训中所提到的“凡是说阿拉伯语的人都是阿拉伯人”。前者反映了一种封闭的态度，即阿拉伯语和阿拉伯人存在先天的内质关联，外人无法加入；而后者则体现了一种开放的态度，外人可以通过掌握阿拉伯语来获得阿拉伯民族身份。这两种意识形态虽然都有其历史渊源，但在新的历史条件下，特别是在同“边缘性”的互动中，得到了新的演绎。以下笔者用三个不同时间段内的阿拉伯语语言学会文本加以说明。

在20世纪二三十年代，大部分阿拉伯国家还处于殖民和委任统治中，无论是泛阿拉伯民族意识还是区域阿拉伯国家意识都在形成过程中。尽管这些意识还比较朦胧且尚未有稳定的政治形态与明确的政治表达支撑，但参与阿拉伯（语）化讨论的知识分子已经有意识地将阿拉伯语和阿拉伯人联系在一起。比如，1934年，开罗语言学会组织了一系列关于是否允许使用音译外来词（muʿarrab）以及通过音译引入外来新词的讨论。[1] 这期间，保守派和革新派就允许与否的标准产生了矛盾。保守派认为只有阿拉伯语能力值得信赖的阿拉伯人所造的音译词，才可以采纳。他们遵循阿拉伯语法和词典学传统的一贯标准，指出这些阿拉伯人只限于伊斯兰教产生后两个世纪内过定居生活的阿拉伯人，以及伊斯兰教产生后四个世纪内

① Majmaʿal-Lugha al-ʿArabiyya al-Malakī, *Dawr al-inʿiqād al-awwal: Maḥāḍir al-jalasāt*, Cairo, al-Maṭbaʿa al-Amīriyya bi-Būlāq, 1936, pp.303-333.

过游牧生活的阿拉伯人。在他们眼中，之后的阿拉伯人由于征服和迁徙已同外族混居通婚，他们的阿拉伯语同他们的血统一样不再纯正。显然，保守派秉持的是前述关于阿拉伯语和阿拉伯人之间关联的封闭态度。革新派则试图挑战保守派对“阿拉伯人”的定义，指出上述时间界限之外的阿拉伯人（包括当代阿拉伯人在内）所使用的音译外来词和音译方法，都可以被作为语料来考察、批评并接纳。显然，革新派所采纳的是前述开放的态度。在两派的对立陷入僵局后，讨论的重心从定义“阿拉伯人”转向了定义“语言品位”（dhawq lughawī）。后者的所指并不清晰，既可以指内生的语言本能，也可以指后天习得的语言习惯。这一模糊性给两派创造了彼此妥协的机会。两派都倾向于承认，只要是符合阿拉伯语“语言品位”的外来词，即可被接纳。但保守派强调这一“语言品位”是从早期的阿拉伯人那里一代一代传承下来的；而革新派则认为，每一代阿拉伯人都有各自的“语言品位”，现今对阿拉伯语的使用应当遵循当代阿拉伯人的语言习惯。尽管存在分歧，但封闭和开放这两种立场之间的界限已经模糊了。一个本应是语言使用规范和标准问题的讨论，却被定义“阿拉伯人”和“语言品位”所占据。阿拉伯语和阿拉伯人的关系问题成了阿拉伯（语）化讨论的核心关注。这个现象反映了在殖民和委任统治时期，阿语世界被“边缘化”的大背景下阿拉伯知识分子对自身民族认同问题的关注。

在 20 世纪五六十年代，大部分阿拉伯国家获得独立以及泛阿拉伯民主主义思潮的兴起，在阿拉伯语语言学会对阿拉伯（语）化的讨论中，阿拉伯语和阿拉伯人之间的关联越来越被政治化，以服务阿拉伯国家构建和泛阿拉伯民族主义驱动的阿拉伯国家间整合。比如，时任开罗语言学会秘书长的曼苏尔·法赫米继续讨论“语言品位”。他指出，个体的“语言品位”虽各不相同，但一个特定的社群内总有一个共同的“语言品位”将社群维系在一起。他认为，阿拉伯语言学会的使命，就是在所在国政府的支持下（他重点提了埃及和伊拉克），推行共同的“语言品位”以团结知识精英和普通百姓。[①] 法赫米所阐释的“语言品位”，政治意味浓厚，显然同当时的国家构建潮流密不可分。再比如，1961 年召开的阿拉伯（语）化大会呼吁“在阿拉伯民族的每个部分和每个阿拉伯国家实现阿拉伯（语）化”。[②] 大会指出，阿拉伯（语）化的目的就是要“培养有自我意识和有知识的新一代阿拉伯人，他们信仰安拉和最广阔意义上的 [泛阿拉伯] 祖国，他们秉持真理与美德的标准，他们专注于共同的使命，自强不息，努力工作，他们用知识和道德武装自己，为了稳固光荣的阿拉伯民族的地位，为了实现自身的自由、安全与尊严”。[③] 这些对阿拉伯（语）化口号式的激情呼喊，将这一政策提升为泛阿拉伯民族整合的必要手段。无论是国家内还是国家间整合，都可看作去殖民过程中阿语世界寻求自我定位、对抗“边缘化”局面的政治表达。这种表达也深刻影响了关于阿拉伯（语）化的讨论，将语言政策纳入更为宏大的社会和政治进程中。

从 20 世纪 60 年代末起，阿拉伯语语言学会讨论中所体现的自信、积极、激情的自我定义和自我构建逐渐为自我防御和寻“根”情绪所替代。这同 1967 年中东战争中阿拉伯军队的全面溃败直接相关。这场溃败在否定阿拉伯国家军事实力的同时，也几乎否定了前 20 年阿拉伯国家构建、经济发展和社会现代化所取得的成绩，给阿拉伯社会带来了巨大的集体精神创伤。在关于阿拉伯（语）化的讨论中，1973 年召开的第二届阿拉伯（语）化大会改变了前一届的论调，转而声称外部的“语言侵略”（al-ghazw al-lughawī）造成了阿拉伯语和阿拉伯人之间相互疏离的困境。[④] 这样的解读给阿拉伯（语）化增添了鲜明的自我防御色彩。

---

① Manṣūr Fahmī, “Kalimat kātib sirr al-majma fīa‘māl al-majma‘ khilāl al-dawra al-māḍi-yya,” *Majallat Majma‘ al-Lugha al-‘Arabiyya*, 1955（8）, pp.413-415.

② AslamūWalad SayyidīAḥmad, “al-Ta‘rīb ... min khilāl tajribat Maktab Tansīq al-Ta‘rīb,” *Majallat Majma‘ al-Lugha al-‘Arabiyya*, 1999（84）, p.207.

③ AslamūWalad SayyidīAḥmad, “al-Ta‘rīb ... min khilāl tajribat Maktab Tansīq al-Ta‘rīb,” *Majallat Majma‘ al-Lugha al-‘Arabiyya*, 1999（84）, p.207.

④ AslamūWalad SayyidīAḥmad, “al-Ta‘rīb ... min khilāl tajribat Maktab Tansīq al-Ta‘rīb,” *Majallat Majma‘ al-Lugha al-‘Arabiyya*, 1999（84）, p.207.

进入 20 世纪 80 年代，这种自我防御开始向自我寻“根”发展。资本主义全球化进程的加快和自由主义价值观在阿语世界的渗透，使得不少阿拉伯知识分子开始忧虑本土文化和语言正丧失其根基，而阿语世界的年轻一代将因此陷入身份认同的困惑和迷茫。这一时期阿拉伯语语言学会的讨论出现了大批比喻，强调阿拉伯语在认同寻“根”过程中的关键作用。比如，阿拉伯语被比作“阿拉伯文明遗产的宝库”①“阿拉伯个体的根基”②“阿拉伯民族和阿拉伯人的精神家园”③“阿拉伯人文化自我的支柱和阿拉伯民族团结的标志”④ 等。在阿拉伯语被赋予这些意识形态意义的同时，阿拉伯（语）化自然发展成了阿拉伯人寻“根”的一个重要过程。

阿拉伯语语言学会在 20 世纪对阿拉伯（语）化的讨论，尽管经历了民族意识觉醒、民族与国家构建以及自我防御与自我寻“根”等不同的社会和政治潮流，但对阿拉伯语同阿拉伯人之间不可剥离性的阐释贯穿始终。这一不可剥离性将阿拉伯语“边缘化”和阿拉伯人的“边缘化”紧紧联系在一起，也赋予了阿拉伯（语）化超越语言政策本身的去“边缘化”的使命。

（二）趋势二：语言间平等接触与交际

同趋势一不同的是，趋势二主要是谴责阿语世界中强势外来语对阿拉伯语的欺压，呼吁语言接触的平等互利。这个趋势在之前所提到的阿拉伯语语言学会对阿拉伯（语）化讨论的前两个时间段内并不明显。可能出现的情况是，在殖民和委任统治时期，具有官方背景的语言学会倾向避免批评殖民统治者的语言政策；在国家构建和泛阿拉伯整合风潮涌动时期，阿拉伯知识分子更倾向通过定义和

---

① ʿAbd al-HādīHāshim, “Mafhūm al-taʿrīb, ” *Majallat Majmaʿ al-Lugha al-ʿArabiyya bi-Dimashq*, 1988, 63(2), p.338.

② ʿAbd al-HādīHāshim, “Mafhūm al-taʿrīb, ” *Majallat Majmaʿ al-Lugha al-ʿArabiyya bi-Dimashq*, 1988, 63(2), p.338.

③ ʿAbd al-Karīm al-Yāfī, “Mushkilat al-tarjama wa-l-taʿrīb al-latītuwājihuhā al-thaqāfa al-ʿarabiyya,” *Majallat Majmaʿ al-Lugha al-ʿArabiyya bi-Dimashq*, 1988, 63(62), p.205.

④ Shaḥāda al-Khūrī, “Taʿrīb taʿlīm al-ʿulūm wa-l-taknūlūjiyā,” *Majallat Majmaʿal-Lugha al-ʿArabiyya bi-Dimashq*, 1991, 66(1), p.70.

强调阿拉伯自我来达到去殖民和去“边缘化”的目的。而在第三个时间段，当自我强调因1967年中东战争失利的集体创伤而让位于对自我防御和自我寻“根”时，趋势二渐趋明显，并发展成了去“边缘化”的一个替代策略。下文将详细说明。

趋势二始于对压制和攻击阿拉伯语这种做法的批判。早在1926年，大马士革语言学会成员阿卜杜拉·马格里比在学会会刊上发文，解释为什么学会选择校订并出版奥斯曼帝国早期一位奥斯曼土耳其裔的伊斯兰教教长所撰写的纠正奥斯曼土耳其人使用阿拉伯语时所犯的语法错误的专著。马格里比指出，这部专著的存在表明阿拉伯语在奥斯曼土耳其人中间非常流行，这同帝国末期统治者有意推行土耳其语并削弱阿拉伯语地位的做法形成了鲜明反差。[①] 马格里比的文章和大马士革学会出版上述专著的做法具有明显的政治意义。它们一方面否定了帝国末期的“土耳其化”政策，另一方面它们也是抗议当时土耳其政府对土耳其语进行的去阿拉伯化和去波斯化改革。在这场自上而下的语言改革中，不仅拉丁字母取代了阿拉伯字母用以书写土耳其语，还有大量阿拉伯语和波斯语因此被清除出土耳其语，甚至连伊斯兰教仪式用语都变成了土耳其语。对于阿拉伯知识分子来说，这样的语言改革正是先前“土耳其化”与“边缘化”阿拉伯语的延续。

除了马格里比对“土耳其化”的批评之外，1967年之前的阿拉伯语语言学会的讨论对欧洲殖民者在阿语世界推行的语言政策几乎没有直接评论。从20世纪70年代起，对语言殖民主义的批评开始出现，但这些批评针对的并不是殖民时期的语言政策，而是后殖民时期英语和法语在阿语世界部分交际领域的持续统治地位。之前提过的第二届阿拉伯（语）化大会上所批判的“语言侵略”就是一个例子。对于这个概念，20世纪晚期阿拉伯语语言学会的成员表述得更为直接。比如，胡里（al-Khūrī）明确指出殖民主义不仅仅包括军

① ʿAbd al-Qādir al-Maghribī，“al-Lugha al-ʿarabiyya fīdawlat al-turk al-ʿuthmāniyya,” Majallat al- Majmaʿ al-ʿIlmī al-ʿArabī，1926，6（5），pp.217-223.

事占领和经济剥削，还包括文化占领和语言侵略。① 阿穆尔（ʿAmrū）声称阿拉伯语正在面对一场“现代殖民主义”风暴，其目的是“打击”（ḍarb）、“消灭”（iḍmiḥlāl）、“击溃”（ṭaʿn）阿拉伯语。②

阿拉伯语语言学会的成员们进一步指出，这类语言侵略、语言占领和语言殖民对阿拉伯语和阿拉伯人都有负面作用。此处他们又一次激活了阿拉伯语同阿拉伯人之间的关联，用来批判阿拉伯语和强势外语之间的不平等关系。比如，比什尔（Bishr）和古莱伊比（al-Qulaybī）都曾提出他们眼中的“语言侵略”给阿拉伯人灌输了使用英语和法语的优越感。③ 他们提到，许多阿拉伯人将说英语和法语同获得更好的职业机会和赢得更高的社会地位关联在一起，并认为这些机会和地位靠仅说阿拉伯语是不能得到的。对比什尔和古莱伊比来说，这种基于英语和法语的优越感反映了自拿破仑入侵埃及（1798—1801）开始至今在多种（新）殖民主义和（新）帝国主义势力经营之下形成并维系的西方对阿语世界的统治。他们认为这种统治使阿拉伯人依附于西方所建立并控制的全球体系，并给一部分阿拉伯人带来了一个错误的认识，即经济发展和社会进步很大程度上取决于语言选择；对这些阿拉伯人来说，学习英语和法语是改变自身相对西方人“落后”状况的捷径。其他阿拉伯语语言学会成员，比如贾瓦里（al-Jawārī）、伊兹丁（ʿIzz al-Dīn）和道毕卜（al-Dabīb）等，也表示了相似的忧虑，并警告阿拉伯人：如果对西方语言和文化具有优越感的认识持续，阿拉伯人将会面临身份认同“变异”

① Shaḥāda al-Khūrī, “Taʿrīb taʿlīm al-ʿulūm wa-l-taknūlūjiyā, ” *Majallat Majmaʿal-Lugha al-ʿArabiyya bi-Dimashq*, 1991, 66(1), p.73.

② Yūnus ʿAmrū, “al-Taʿrīb mafhūmuh wa-tajāribuh bayn mādīal-lugha wa-ḥāḍirihā, wa-l-tajriba al- filasiṭīniyya, ” *Majallat Majmaʿ al-Lugha al-ʿArabiyya*, 1999 (85), p.145.

③ Kamāl Muḥammad Bishr, “al-Taghrīb fīal-lugha wa-l-thaqāfa, ” *Majallat Majmaʿ al-Lugha al- ʿArabiyya*, 1987 (60), pp.186-206; al-Shādhilīal-Qulaybī, “Baʿḍ al-ishkāli-yyāt al-mutaʿallaqa bi- lughatināal-ʿarabiyya, ” *Majallat Majmaʿal-Lugha al-ʿArabiyya*, 1998 (83), pp.113-128.

（maskh）的后果。[①]

单靠批评和批判无法改变阿拉伯语相对英语和法语的弱势地位，于是一些阿拉伯语语言学会的成员提出语言的平等接触与交际，试图彻底解构阿语世界语言的不平等权力格局。他们使用了一系列词语来描述这种平等的新格局，比如“共存”（muʿāyasha）、“交换”（tabādul）、“相互渗透”（tanāfudh）、“相互融合”（talāḥum）、相互作用（tafāʿul）、“相互联系”（tawāṣul）等。值得注意的是，这些词语都衍生于阿拉伯语的“fāʿala”和“tafāʿala”这两个动词词型。这两个词型都表示有多个施动者参与了动作，而后一个词型更是表明施动者之间互相作用、互相影响。使用这两个词型背后隐含的信息是，语言接触与交际须建立在不同语言间的相互和共同作用之上，而非某些语言单向统治、压制另一些语言。这就是这些阿拉伯语语言学会成员眼中理想的语言间关系。

这个理想关系同20世纪晚期西方语言学界兴起的“新”生态语言学的基调相吻合。用生态的视角看待语言并不新鲜，爱德华兹（Edwards）指出，“对于语言社会生活的细致考察总带有生态视角”。[②]诚然，比如19世纪历史语言学将世界上的语言以“家族”形式划分就体现了一种生态观。然而，“新”生态语言学有其不同的诉求，可概括为“基于世界范围内语言的多样性，推广多语主义和外语学习并赋予所有语言的使用者以语言人权”。[③]这一诉求实际上只推崇语言生态中多样共存的一面而忽视了其中“物竞天择、适者生存”[④]的另一面。正如爱德华兹所批评的那样，“新”生态语言学“并不完全

---

① Aḥmad ʿAbd al-Sattār al-Jawārī, “Fīta ʿrīb al-ta ʿīl m,” *Majallat Majma ʿal-Lugha al-ʿArabiyya*, 1985（56）, pp.37-42；Yūsuf ʿIzz al-Dīn, “Thaqāfat al-adīb al-muʿāṣir wa-l-taʿrīb,” *Majallat Majma ʿal-Lugha al-ʿArabiyya*, 1994（74）, pp.57-79；Aḥmad Ibn Muḥammad al-Ḍabīb, “Wāqi ʿal-lugha al- ajnabiyya fīal-tabādul baynanā wa-bayn al-gharb,” *Majallat Majma ʿal-Lugha al-ʿArabiyya*, 2002（95）, pp.227-239.

② John Edwards, *Language and Identity*: *An Introduction*, Cambridge, Cambridge University Press, 2009, p.230.

③ Robert Phillipson and Tove Skutnabb-Kangas, “English Only Worldwide, or Language Ecology,” *TESOL Quarterly*, 1996（30）, p.429.

④ Peter Mühlhäusler, “Language Planning and Language Ecology,” *Current Issues in Language Planning*, 2000（1）, p.308.

是一种在新的认识和挑战下对科学方法的改进，[它] 也同样是一种社会—政治意识形态”。[①] 这种意识形态反映了一种当代生态伦理观：谴责由“无限制的自由市场式资本主义、无休止的工业化、高速的全球化”[②] 和霸权式民族主义造成的对环境和人类社会的破坏。在语言层面，这一破坏可以认为是英语的全球传播和“民族”国家内部所谓“国语”对其他语言的压制——这两种语言的传播剥夺了弱势语言社群的语言权利，甚至导致少数民族语言的消亡。同“新”生态语言学一样，阿拉伯语语言学会的讨论中所倡导的语言接触平等具有同样的意识形态色彩，它所针对的是阿语世界中阿拉伯语和强势外语之间的不对等关系，而非真诚地谋求语言接触等。

这一意识形态色彩在开罗语言学会通讯会员艾哈迈德·西德基·戴杰尼（Aḥmad Ṣidqīal-Dajānī）发表于学会会刊的文章《文明互动视角下看阿拉伯（语）化》中得到了充分体现。戴杰尼提出了人类历史上各种语言之间和平接触和交际的三个范例，以呼吁当代社会遵循。第一个范例是，在古埃及和古美索不达米亚文明的昌盛时期，不同的古代语言被同时使用，彼此间却没有冲突。第二个范例是，在伊斯兰帝国的黄金时期（7—8 世纪），阿拉伯语在一个相对和平的文化交流环境中吸收了大量古希腊语、古希伯来语和古叙利亚语的词汇并成为西亚和北非的通用语。第三个范例是，在欧洲文艺复兴时期，欧洲人依靠古希腊科学、哲学和文学典籍的阿拉伯文译本重新发现了这批古代精神遗产。[③] 戴杰尼这一历史叙述显然是对史实的选择性解读和重新诠释，具有明显的目的性。这三个历史范例都倾向于突出阿拉伯人和阿拉伯语的核心地位。就范例一而言，古埃及和古美索不达米亚已经成为当今阿语世界的一部分，现代阿拉伯人视这两个古文明为他们文化遗产的一部分，更有埃及和伊拉

① John Edwards，*Language and Identity*：*An Introduction*，Cambridge，Cambridge University Press，2009，p.243.

② John Edwards，*Language and Identity*：*An Introduction*，Cambridge，Cambridge University Press，2009，p.243.

③ Aḥmad Ṣidqī al-Dajānī，“Qaḍīyyat al-taʿrīb f ī ḍawʾ sunan al-tafāʿul al-ḥaḍārī，” *Majallat Majmaʿal-Lugha al-ʿArabiyya*，1999（84），pp.224-225.

克民族主义者以此来证明他们政治诉求的历史合法性。在后两个范例中，阿拉伯语在传承古希腊典籍和辅助欧洲文艺复兴中毫无疑问地发挥了核心作用，而后两者通常被视为现代文明的基石。由此可见，戴杰尼所推崇的和平语言交际的范例实际上是强调了阿拉伯语对人类历史发展的重要性，以映衬这一语言在现代世界所面临的不合理的“边缘化”处境。

戴杰尼的例子表明，阿拉伯语语言学会对阿拉伯（语）化的讨论中呼吁不同语言平等接触的趋势，同先前讨论过的强调阿拉伯语和阿拉伯人之间不可剥离性的趋势并没有本质区别。呼吁各语言平等接触并不是要像其表面上所传达的那样建立一个新的平等的语言关系，而是要同强调不可剥离性的趋势一样，在现有语言间不平等权力架构中恢复阿拉伯语在阿语世界的核心地位。从这个意义上来说，呼吁语言间平等接触只是一个幌子，是在遵循不可剥离性的思路提升阿拉伯语地位不甚成功的情况下形成的替代策略。以北非国家的语言政策为例，在近 30 年间，这些政策由独立初期推行阿拉伯语为单一官方语言的做法向推崇语言多元主义转变。这一转变并非真诚的理念革新，而是由于（1）过去单一的阿拉伯（语）化政策激起了柏柏尔人和以法语为交际媒介的精英阶层的不满；（2）单一的阿拉伯（语）化政策也间接鼓励了保守或极端的伊斯兰主义思潮（特别是在阿尔及利亚）。这些阿拉伯（语）化的负面结果阻碍了社会整合并威胁到了统治政权的合法性。[①] 在这一背景下，在对阿拉伯（语）化政策的讨论中强调该政策对多元主义的包容性及其同所谓暴力的、

① G. Grandguillaume, “Arabisation et Langues Maternelles dans le Contexte National au, Maghreb,” *International Journal of the Sociology of Language*, 1991（87）, pp.50-51; Moha Ennaji, “The Arab World（Maghreb and Near East）,” in Handbook of Language and Ethnic Identity, ed. Joshua A. Fishman, Oxford; New York, Oxford University Press, 1999, p.390; Hind A. Mostari, “A Sociolinguistic Perspective on Arabization and Language Use in Algeria,” *Language Problems and Language Planning*, 2004, 28（1）, p.34; Moha Ennaji and Fatima Sadiqi, “Morocco: Language, Nationalism, and Gender,” *Language and National Identity in Africa*, ed. Andrew Simpson, Oxford: Oxford University Press, 2008, pp.50-51; Mohamed Daoud, “The Sociolinguistic Situation in Tunisia: Language Rivalry or Accommodation?” *International Journal of the Sociology of Language*, 2011（211）, p.18.

缺乏包容度的（新）殖民主义语言政策的区别就显得十分必要。批判殖民主义语言政策并呼吁语言间平等交际赋予了阿拉伯（语）化政策以道德优势，并有助于将这一政策从它过去的失败和造成的社会问题中解脱出来。

四、象征性抗争与象征性补偿

通过对阿拉伯（语）化政策的历史、阿拉伯语语言学会对该政策讨论中表现出来的两大持久性趋势，以及这两者同阿语世界“边缘性”的互动的梳理可以得出以下结论。（1）阿拉伯（语）化政策的出现主要是为了应对现代阿语世界中以奥斯曼土耳其语（第一次世界大战之前）、英语和法语为代表的强势外语对阿拉伯语的“边缘化”。（2）阿拉伯语的“边缘性”是阿语世界在现代世界体系中“边缘性”的组成部分。在后一“边缘性”未被扭转的条件下，前一“边缘性”也会持续。（3）“边缘性”是客观现实的反映，也是主观情绪的表达。在客观现实中的“边缘性”未发生重大改变的情况下，主观情绪中的“边缘化”会以不同的形式持续且夸大、扭曲现实。（4）由于“边缘性”在客观现实中延续且在主观情绪中发展，阿拉伯（语）化政策的客观执行成效不大，而对这一政策的主观讨论成了维系这一政策的主要途径和媒介。（5）由于对阿拉伯（语）化的讨论是在主观层面进行的，因此这一讨论的主要互动对象是主观情绪中的“边缘化”。

至此，阿拉伯（语）化同阿语世界“边缘性”的关联已经很清晰，剩下需要解释的就是这两者是如何在主观层面互动的。上文对于阿拉伯语语言学会讨论的两大趋势的重点介绍给我们提供了线索。首先，由于两者的主观互动并没有从根本上改变客观现实中的“边缘性”，这种互动在很大程度上是象征性的。其次，趋势一强调阿拉伯语和阿拉伯人之间不可剥离的相互依存性，两者互相印证以定义、构建和强化阿语世界的“阿拉伯性”以对抗“边缘化”过程中这一属性的逐渐模糊与分化。这是一种象征意义上的自强与抗争。最后，在象征性自强与抗争未能消除阿拉伯语和阿拉伯人的“边缘性”时，趋势二以替代性方案的形式出现。这一趋势通过对不同语言间交际平等的宣扬，试图用多元平等的新秩序来替代弱肉强食的旧秩序，但难以掩盖背后对阿拉伯（语）中心主义的渴望。这是一种对短期内无法改变的社会现实和主观情绪的象征性补偿。通过象征性抗争和象征性补偿，阿拉伯（语）化和“边缘性”在主观层面相互滋养。只要客观层面的“边缘性”未发生根本性变化，这样的滋养就将持续。

重庆方言对阿拉伯语语音的负迁移及教学对策

黄婷婷[①]

【摘要】本文旨在通过研究重庆方言对阿拉伯语语音的负迁移现象，采用对比分析法，明确重庆方言区学生在阿拉伯语语音学习中存在的困难及问题，并提出相应的教学策略，以期抛砖引玉，为阿拉伯语的语音教学以及重庆方言区的阿拉伯语学习者提供参考。

【关键词】重庆方言；阿拉伯语语音；负迁移；教学对策

“迁移”作为一个心理学术语，指的是已获得的知识、技能、学习方法等对学习新知识、新技能和解决新问题产生的影响。迁移作为二语习得研究的一个重要概念，最早是拉杜于 1957 年提出来的，指的是“个体将本族语言文化中的形式、意义以及分布迁移到外国语言文化中。”[②] 奥德林在《语言迁移》一书中将其定义为“目的语和其他任何已经习得的（或者没有完全习得的）语言之间的共性和差异所造成的影响”。[③] 通俗地说，就是已知语言对目的语学习的影响。这种影响体现在两个方面，即正迁移和负迁移，分别指迁移导致正确的结果和错误的结果。迁移可以发生在语言的语音、词汇、句法、语义、语用等各个次系统层面。

语音作为语言符号的载体，是语言学习者掌握各项语言技能、发挥语言交际功能的基础，语音的好坏是判断语言学习者语言水平

---

① 四川外国语大学东方语学院讲师。

② 赵杨:《第二语言习得》，7 页，北京，外语教学与研究出版社，2015。

③ 余理明:《语言迁移与二语习得——回顾、反思和研究》，4 页，上海，上海外语教育出版社，2004。

的一项重要指标，会影响到学习者对语言学习的兴趣和信心。对于零基础学习一门第二语言的学习者来讲，最先接触的就是语音系统，也往往最先在语音上遇到障碍，出现本族语迁移现象。

本文旨在采用对比分析法，通过研究重庆方言对该方言区阿拉伯语语言学习者在语音学习中造成的负迁移现象，分析他们在阿拉伯语语音学习中面临的困难及存在的问题，并结合自身教学实践提出一些教学对策以供参考。

一、重庆方言与阿拉伯语语音特点

（一）重庆方言的语音特点

方言是一种语言的地方变体，现代汉语分为 7 个方言区，分别为北方方言区、吴方言区、湘方言区、粤方言区、闽方言区、客家方言区和赣方言区。[①] 重庆方言属于北方方言西南官话的一个分支，目前学术上所指的重庆话，一般指重庆市主城内重庆本地人所使用的语言。

重庆方言有 19 个辅音声母、1 个零声母，其发音的国际音标见表 1，与普通话相比，重庆方言的声母主要有以下特点。

1. [fu] 和 [hu] 不分，扶和胡都读成 [fu]。

2. [ts、ts‘、s、z] 和 [tʂ、tʂ‘、ʂ‘、ʐ] 不分，都读成 [ts、ts‘、s、z]，即无舌尖后音，普通话念翘舌的字，重庆方言都归为平舌。如糟和招都读成 [tsau]，仓和昌都读成 [ts‘aŋ]，苏和书都读成 [su]，日读 [zɿ]。

3. [n] 和 [l] 不分，怒和路都读 [nu]，有时也不自觉地读 [lu]，二者不做区分。

4. 多一个舌根浊鼻音 [ŋ]，重庆方言将普通话中部分读作零声母的字读成 [ŋ] 声母，如：爱读成 [ŋai]。

5. 多一个唇齿浊擦音 [v]，在重庆方言中 [v] 只出现在 [u] 自成音节或合口呼韵母前，如：五读成 [v]。

① 翟时雨：《汉语方言学》，1 页，重庆，西南师范大学出版社，2003。

表 1　重庆方言声母表 ①

发音方法＼发音部位			双唇	唇齿	舌尖前	舌尖中	舌面	舌根
塞音	清	不送气	p 布步			t 到道		k 贵跪
		送气	p‘ 怕			t‘ 太		k‘ 开
塞擦音	清	不送气			ts 糟招			
		送气			ts‘ 仓昌		tɕ 精经	
鼻音		浊	m 门			n 怒路	tɕ‘ 秋丘	ŋ 岸
擦音		清		f 扶胡	s 苏书		ɕ 修休	x 化
浊			v 五	z 认				
零声母		而延围元						

重庆方言共有 37 个韵母，其发音的国际音标见表 2，与普通话相比，重庆方言的韵母主要有以下特点。

1. [ɿ] 和 [ʅ] 不分，一律读 [ɿ]，资跟支都读 [zɿ]。

2. [ən] 和 [əŋ] 不分，一律并入 [ən]，根和庚都读成 [kən]；[in] 和 [iŋ] 也不分，一律并入 [in]，心和星都读成 [ɕin]。

3. 没有 [uo]，过读成 [ko]。

4. 没有 [ɣ]，将普通话中的 e 分别读成 [o] 或 [ε]，如歌读成 [ko]，德读成 [tε]。

5. 比普通话多一个 iεi 韵母，也有学者记为 iai，如：界读成 [tɕiεi]。

表 2　重庆方言韵母表 ②

韵尾＼韵头	开口呼	齐齿呼	合口呼	撮口呼
开尾韵	a 爬 o 过 ε 舌 ɿ 资支 ər 耳	i 第 ia 架 iε 别	u 故 ua 花 uε 国	y 居（yu 欲） yo 药 yε 靴

① 翟时雨：《汉语方言学》，249 页，重庆，西南师范大学出版社，2003。

② 翟时雨：《汉语方言学》，252 页，重庆，西南师范大学出版社，2003。

续表

韵尾＼韵头	开口呼	齐齿呼	合口呼	撮口呼
元尾韵	ai 盖 ei 倍 au 饱 əu 斗	iɛi 界 iau 条 iəu 九	uai 怪 uei 桂	
鼻尾韵	an 胆 ən 根庚 aŋ 桑 oŋ 轰	iɛn 盐 in 心星 iaŋ 良	uan 短 uən 温 uaŋ 光	yɛn 泉 yn 云 ioŋ 胸

重庆话有 4 个声调（不含轻声），按照语音学习惯以不同数字表示不同声调，1 为最低音，5 为最高音，数字组合表示一个有变化的调形，重庆方言与普通话的对应关系如下。

声调	阴平（一声）	阳平（二声）	上声（三声）	去声（四声）
重庆方言	55	21	42	214
普通话	55	35	214	51

由此可见，重庆方言的发音与普通话阴平基本一致，但阳平、上声和去声调值升降基本相反，总体来说发音四呼俱全，抑扬顿挫。重庆方言的双音节词基本不存在轻声词，第二个音节普遍重读，如：东西、他们。

此外，重庆方言口语中儿化音普遍。儿化作为一种语音变异现象，存在于语流音变之中，指的是词尾的“儿”与它前面的一个音节连读时，二者变为一种合音，韵母成了一个卷舌韵母。具体说来，重庆方言儿化词主要有以下几种。

1. 表示具体事物名词和单位的单音节词，常构成重叠式，再将第二个音节儿化，如：猫猫儿、点点儿、面面儿。

2. 名词中带后缀“子”的，常用“儿”将其替代，并将词根重叠，如：杯子—杯杯儿、本子—本本儿、棍子—棍棍儿。

3. 以“n、ng、u、ao、iao”为韵尾的人名、地名，如：杨家坪儿、小龙坎儿、磁器口儿。

4. 日常生活和社会生活用语，如：看电影儿、吃火锅儿、接媳妇儿等。

（二）阿拉伯语的语音特点

阿拉伯语属于闪含语系闪米特语族，是阿拉伯人的民族语言，主要通行于西亚和北非，是 4 个国际组织和 27 个亚非国家的官方语言，是全世界穆斯林的宗教语言，全世界的使用人数超过 4.22 亿[①]。阿拉伯语由于其分布地域广阔，每个国家都有其方言，本文所研究的阿拉伯语指的是以伊斯兰教经典《古兰经》为准的标准阿拉伯语。

阿拉伯语文字于 6 世纪基本定型，起初只有 28 个辅音字母，没有元音字母，从右至左连写，每个字母根据其在词中的位置有不同的写法。直到伊斯兰教创立半个世纪之后，经过增设元音符号、增设字母点、增设读音符三个阶段才逐渐形成了一套完善的阿拉伯语字母。

阿拉伯语没有独立存在的元音字母，元音是通过发音符号与辅音拼读而成，我们以一条小横线代替阿语的辅音字母，可将阿语的元音表示为：三个短元音分别为开口短音ـَـ[a]、齐齿短音ـِـ[i]、合口短音ـُـ[u]；三个长元音分别为ا ـَـ[a：]、齐齿长音ي ـِـ[i：]、合口长音و ـُـ[u：]；两个复合元音（软音）يْ ـَـ[ei]、وْ ـَـ[au]；以及三个鼻化元音ا ـًـ[an]、ـٍـ[in]、ـٌـ[un]。

阿拉伯语 28 个辅音字母的国际音标、发音部位和发音方法如下表。

① 数据来自“联合国世界阿拉伯语日”主页：http：//www.un.org/ar/events/arabiclanguageday/index.shtml。

表 3 阿拉伯语辅音字母表 ①

		双唇阻	齿唇阻	舌尖前阻	舌端前阻	舌尖阻	舌尖后阻	舌面阻	舌根阻	咽壁阻	喉壁阻
		上唇下唇	上齿下唇	舌尖上齿背	舌尖双齿间	舌尖上牙床	舌尖硬腭	舌面硬腭	舌根软腭	咽壁	喉壁
塞音	不送气	ب [b]				د [d]		ض [d]		ع [ʕ]	ء [ʔ]
	送气					ت [t]	ط [t]		ق [q ‘] ك [k ‘]		
塞擦音	送气							ج [dʒ]			
擦音	清音		ف [f]	س [s]	ث [θ]			ص [s] ش [ʃ]	خ [χ]	ح [ħ]	ه [h]
	浊音	و [w]		ظ [ð]	ذ [ð]	ر [r]	ز [z]	ى [j]	غ [ɣ]		
鼻音	浊音	م [m]				ن [n]					
边音	浊音					ل [l]					

上表中每一个辅音字母都能够与包括静符在内的 12 个发音符号拼读，一共能发出 336 个不同的音。这些发音需要调动唇、齿、舌、咽、喉等各个发音器官，发音方法包含塞音、擦音、塞擦音、鼻音、边音、清音、浊音等，对于初学者来说有一定难度。此外，阿拉伯语音还涉及重音、叠音、冠词的连读、字母的浑变、同化以及海姆宰的必读与略读、停顿等读法，这些语音特点在汉语中并不存在，因此在客观上加大了学习者发音的难度。

① 周文巨:《阿拉伯语语言研究》，22～23 页，上海，上海外语教育出版社，2002。

二、重庆方言对阿拉伯语语音的负迁移

二语习得理论认为，语音迁移主要发生在二语和一语相似但不同的那些音上，两种语言之间一些似是而非的特征会诱导学习者把有明显差别的语音看作是一致的；并且学习者更难习得母语语音系统缺失的目的语语音特征，当母语和目的语语音具有相似特征时容易发生迁移。[①] 重庆方言对阿拉伯语语音的负迁移可以分为两类：一类是由于某些阿拉伯语发音与重庆方言相似，学习者将重庆方言既定的发音习惯错误地迁移到阿拉伯语发音中造成的；另一类是由于某些阿拉伯语语音在重庆方言中缺失，学习者错误地用其他的音替代或者用方言的发音方式发音造成的。

（一）重庆方言中既定发音习惯造成的负迁移

1. 重庆方言中 [n] 和 [l] 不分造成阿语字母“ن”和“ل”不分

在重庆方言中，[n] 和 [l] 属于自由变体，不起区别语义的作用。但“ن”和“ل”在阿语的发音中需要严格区分，以区别语义。发音时，字母“ن”需要舌尖抵上齿龈，气流从鼻腔泄出，声带振动；而字母“ل”需要舌尖抵上齿龈，舌面稍向硬腭抬起，气流自舌的两边磨擦而出，声带振动。重庆方言区的学习者由于方言的发音习惯，在发这两个字母的音时也不加以区分，例如将“لَيْلٌ”[leilun] 和“لَيْنٌ”[leinun] 都读作“نَيْنٌ”[neinun]。

2. 重庆方言的声调会影响阿语重音的发音

重庆方言具有四个调值，说起话来抑扬顿挫，不同的声调具有区别意义的功能；而阿语属于非声调语言，无论声调如何变化，理论上来讲都不会改变语义，但将方言的声调迁移至阿语的发音，会造成阿语语音怪腔怪调。阿语单音节词、双音节词、多音节词有各自的重音规则，且在说话和朗读时，句中句末需要一定的停顿，停顿时词尾的读音要轻化，在某些情况下还会出现重音的转移。而重庆方言双音节词后一个音节重读，多音节词最后一个音节也多重读，这会影响到学生对阿语重音的把握。

---

① 赵杨:《第二语言习得》, 68～69 页，北京，外语教学与研究出版社，2015。

3. 重庆方言的儿话音会影响阿语冠词“ال”的发音

阿拉伯语的冠词“ال”在太阳字母“ت، ث، د، ذ، ر، ز، س، ش، ص، ض، ط، ظ، ل، ن”前面时，其中的“ل”需要读成该字母的静符，并在该字母上加写叠音符ـّ，如اَلشَّمْسُ；但是如果“ال”在太阴字母“أ، ب، ج، ح، خ، ع، غ، ف، ق، ك، م، ه، و، ي”前面，其中的“ل”需要读出来，发音时只需在发完短音节“اَ”之后将舌位放置在字母“ل”的位置上保持不动，发出“ل”的静符，如اَلْكِتَابُ。但受重庆方言儿化音影响，有些学习者会发类似于拼音“ar”[ɐ]一样的音，即在发完“اَ”之后，舌尖上卷带出儿化音。

（二）重庆方言对应音素缺失导致的负迁移

1. 重庆方言缺失辅音 [d]、[ḍ]、[ṭ]，但存在舌尖清塞音 [t]，学习者容易将方言 [t] 的发音方法迁移至阿语的这几个辅音

实际上，这几个音在发音方法上具有较大区别。[t] 是清辅音，不送气，发音时声带不振动；而 د [d] 是浊辅音，发音时声带振动[1]；ض[ḍ] 也是浊辅音，但它是阿语特有的顶音之一，发音方法更为特殊，需要舌尖紧贴上齿龈，舌中部向下凹，舌后部向软腭抬起，气流冲破阻碍而出，声带振动；ط[ṭ] 与 ض[ḍ] 的发音部位及方法相同，只是它是清塞音，发音时声带不振动。因此将这几个音简单等同于 [t] 或者用相同的发音方法，不仅会导致发音的错误，还会导致近似音辨析不清，进而影响单词及句子的听说读写。

2. 重庆方言缺失辅音 [θ]、[ṣ]，学习者在发这两个音时容易受重庆方言中 [s] 的影响

重庆方言中的 [s] 与阿语字母 س[s] 的发音基本相同。但 [s] 是清擦音，发音时，舌尖抵在下齿，舌端靠近上齿龈，气流由舌端和齿龈的狭缝磨擦而出，声带不振动；而 ث[θ] 是齿间音、边擦清音，发音时，舌尖平放在上下齿之间，气流经舌齿间的缝隙磨擦而出，声带不振动。学习者常出现的问题是舌尖未放置在上下齿之间，发

---

[1] 阿语字母的发音方法参见国少华主编:《新编阿拉伯语（第一册）》，北京，外语教学与研究出版社，2002。

出与 [s] 一样的音。ص[ṣ] 发音时也要求舌端靠近上齿龈，但要比发 [s] 更靠后，音色比 [s] 浑厚，它也是阿语特有的顶音之一，与 ض[ḍ] 的舌位基本一样，只是从发音方法来看是清擦音。

3. 重庆方言缺失辅音 [ð]、[ð̣]，学习者发这两个音容易受方言中的舌尖前擦浊音 [z] 影响。

重庆方言中的 [z] 与阿语字母 ز[z] 的发音基本相同。[z] 与 [s] 的发音部位和方法基本一样，只是发音时声带振动；而 ذ[ð] 的发音部位和方法与 ث[θ] 基本一样，只是声带振动；ظ[ð̣] 作为齿间顶音，与其他顶音的区别在于，舌尖要放到上下齿之间（或轻触上齿），舌中部一样要求向下凹，舌后部向软腭抬起，气流从舌齿间的缝隙磨擦而出，声带振动。因此，如果上一组的清音发音错误，或者区分不清，这一组的浊音也多半会出现问题。

4. 重庆方言缺失辅音 [h]，学习者发这两个音容易受方言中的 [χ] 影响

[χ] 是舌根清擦音，一般不发出磨擦音，但发出磨擦音也不影响表意；而阿语字母 ه[h] 是后喉音，发音的时候口腔无任何阻碍，不能发出磨擦音。另外，重庆方言中的 [χ] 与阿语字母 خ[χ] 虽然标同一个国际音标，但 خ[χ] 是前喉清擦音，发音时，舌后部向软腭抬起，形成狭缝，气流从狭缝中磨擦而出，声带不振动，需发出明显的磨擦音。

5. 重庆方言缺失辅音 [ɣ]，学习者发这个音时容易受重庆方言舌根浊鼻音 [ŋ] 的影响

学习者易用 [ŋ] 的位置来发字母 غ[ɣ]，因此发出鼻音而非磨擦音。实际上，字母 غ[ɣ] 发音方法与 خ[χ] 基本相同，但位置稍靠后，且声带振动，舌根与软腭也有明显的磨擦音。

6. 重庆方言缺失辅音 [ħ] 和 [ʕ]，学习者发这个音容易受方言中的 [ər] 影响

ح[ħ] 是清擦音，发音时咽头肌肉紧缩，舌身向后，舌根向上喉壁靠拢，气流经舌根与喉壁间的空隙轻轻磨擦而出，声带不振动；ع[ʕ] 的发音部位和方法与 ح 基本相同，但比 ح 更靠后，声带振动，是浊擦音。发这两个音时舌尖向下压，舌身向后缩。受方言影响，许多学习者发音时舌尖上卷，以 [ər] 的方式发音。

7. 重庆方言中缺失辅音 [ʃ]，但存在辅音 [ɕ]

虽然二者都是舌面清擦音，但发 ش[ʃ] 时，舌面前部需要稍向后缩，抬向硬腭，与硬腭形成狭缝，让气流通过；而发 [ɕ] 时，舌面前部较放松，抬向硬腭前部，但不接触，让气流通过。学习者发音不到位，是语音听起来满带“土味”的重要原因之一。

8. 重庆方言缺失辅音 [ʔ]，即阿语中的后喉音或者叫声门音，在重庆方言中也没有相似的发音

ء[ʔ] 发音时声带紧缩，声门关闭，形成阻碍，然后突然打开，气流从口腔中不受阻碍冲出，学习者常常发音位置不够深，或是声带不够紧缩，在与发音符号拼读时导致辅音脱落，发出如 [a]、[i]、[u]、[a:]、[i:]、[u:]、[ai]、[au]、[an]、[in]、[un] 的音。

9. 重庆方言中缺失辅音 [r]，也不存在类似的舌尖颤音

学生常常以辅音[t]或[t‘]带动舌尖颤动，或直接用[l]代替，因此شُكْرًا[ʃuk‘ran]会被读作[ɕuk‘dran]或者[ɕuk‘lan]。

三、针对重庆方言对阿拉伯语语音负迁移的教学对策

结合二语习得的相关理论，以及几年教学实践中的观察和思考，笔者认为教师在教授学生阿拉伯语，特别是在应对方言对阿拉伯语语音负迁移时应当注意做到以下几点。

第一，教师应当以身作则，不断纠正和完善自己的语音。俗话说“身教胜于言传”，只有教师做好榜样，以实际行动强调语音的重要性，不断给出正确的发音示范，学生才能重视阿语的语音，并能通过耳濡目染，有意识地练好发音。

第二，教师应当改变学生的主观认识，不断鼓励学生，增强学生学好阿语的信心。二语习得理论有“可迁移性”一说，即一语中哪些语言项可以迁移到二语中，不是由它们在一语和二语中的相似或不同决定，而是由学习者决定。① 因此，教师需要积极引导学生端

① 赵杨:《第二语言习得》，63 页，北京，外语教学与研究出版社，2015。

正学习态度，对学生每一次的小进步给予肯定和鼓励，不断坚定学生学好阿语的信心。

第三，教师应当解释清楚发音原理，杜绝学生以方言的发音方式进行阿语的发音。教师可以通过示范、讲述、对比等各种方式，明确方言发音与阿拉伯语语音的相似性和差异性，善用语言学习中的正迁移，避免负迁移，从一开始就提醒学生要学习阿语自身的发音方式，不能过度依赖本族语。

第四，教师应当精讲多练，让学生在实践中获得真知。教师先将最基本、最重要的语言知识传授给学生，然后让学生进行大量的模仿练习，并针对学生提出的问题和集中出现的错误进行解释和更正，进行有针对性的发音训练和语音辨析，将讲解、示范、模仿、练习循环进行。

第五，教师应当在适当的时间点对学生进行一对一纠音，并为学生们建立各自的错误档案，给予有差别性、针对性的指导。由于课堂时间有限，不可能照顾到每位学生，因此一对一的纠音是课后必要的补充。教师可以面对面进行也可以通过网络途径进行，但一定要及时、有针对性，以免学生的发音错误遗留，形成习惯之后难以纠正。

第六，教师应当将语音教学贯穿于整个教学过程，帮助学生避免出现语音磨蚀的现象。纵观全国阿语专业的语音教学，一般授课时间为六到八周，要在短短几周完全掌握阿语语音系统本来就是一件艰难的事，有些学生甚至在语音阶段结束时还没能完全掌握阿语发音。在后期的学习中，随着学生将注意力更多地放在词汇、句法、语义、语用等方面，语音常常会发生退化。这就需要教师不断提醒和纠正学生的发音，进行相关训练，避免学生语音退化。

第七，教师应当多学习语言理论、教学理论和教学技术，将理论与实践相结合，能深入浅出地解答学生疑问，并能以学生喜欢的教学形式授课，比如在讲解发音位置时配合三维发音图形、设置适当的课堂游戏等。

【参考文献】

[1] د. عبد الرحمن بن إبراهيم الفوزان، دروس في النظام الصوتي للغة العربية، 1428 هـ.

[2] عبد الغفار حامد هلال، أصوات اللغة العربية، مكتبة وهبة للطباعة والنشر، 1996م.

[3] 国少华主编 . 新编阿拉伯语（第一册）[M]. 北京：外语教学与研究出版社，2002.

[4] “联合国世界阿拉伯语日”主页：http：//www.un.org/ar/events/arabiclanguageday/index.shtml。

[5] 穆罕默德 . 汉语与阿拉伯语语音对比 [D]. 天津师范大学研究生学位论文，2009.

[6] 汪长学 . 重庆方言儿话音刍议 [J]. 西南师范大学学报（哲学社会科学版），1996（4）.

[7] 余理明 . 语言迁移与二语习得——回顾、反思和研究 [M]. 上海：上海外语教育出版社，2004.

[8] 周烈 . 阿拉伯语语言学 [M]. 北京：外语教学与研究出版社，1995.

[9] 周俐 . 重庆方言区大学英语语言教学方法及课堂设计 [J]. 重庆科技学院学报（社会科学版），2012（23）.

[10] 翟时雨 . 汉语方言学 [M]. 重庆：西南师范大学出版社，2003.

[11] 翟时雨 . 重庆方言志 [M]. 重庆：西南师范大学出版社，1996.

[12] 周文巨 . 阿拉伯语语言研究 [M]. 上海：上海外语教育出版社，2002.

[13] 钟维克 . 重庆方言音系研究 [J]. 重庆社会科学，2005（6）.

[14] 赵杨 . 第二语言习得 [M]. 北京：外语教学与研究出版社，2015.

阿拉伯语基础听力教材编写实践与探索

郑明纯①

【摘要】根据美国外语教学法专家里弗斯（W. M. Rivers）和坦珀利（M. S.Temperly）的统计，“听”在人类交际活动中所占的比例为45％（王灵玲，2000），列听、说、读、写各项语言活动之首。而反思我国当前普通高校阿拉伯语听力教学薄弱以及听力教材匮乏的现状，新时代、新背景下对阿拉伯语基础听力教材编写重新进行思考显得尤为重要和必要。本文从“输入假说”“互动假说”和“输出假说”等基于认知心理学的二语习得理论出发，对阿拉伯语基础听力教材的使用对象、教学目标、材料选取、教学设计做出思考，以推动阿拉伯语基础听力课程教学模式和教学方法的改进，培养和提升大学生的阿拉伯语听力能力。

【关键词】阿拉伯语；教材编写；听力教材

教学论认为，一个完整的教学周期包括下列5个环节：教学任务分析、大纲设计、教材编写、教学组织和教学测试。教材是外语教学过程中的载体，是把教育思想、观念、宗旨等转变为具体教育现实的中介，是实现培养目标的重要工具。研究还发现，98%的课堂指导来自教材而非教师，90%的课后作业也是由教材来指导的。随着时代的发展和国家“一带一路”战略的提出，阿拉伯语成为沟通“一带一路”沿线国家必不可少的工具和“桥梁”。阿拉伯语应用技能的凸显势必对国内发展较弱的阿拉伯语听力教学提出新的要求，对阿拉伯语听力教材编写提出新的挑战。本文根据“输入假说”“互

---

① 四川外国语大学成都学院东方语系讲师。

动假说”和“输出假说”等基于认知心理学的二语习得理论和笔者拟编的《阿拉伯语基础听力》（上、下）实践，探讨阿拉伯语基础听力教材的建设背景，编写原则及理论与编写实践。

一、阿拉伯语基础听力教材编写背景

“一带一路”倡议提出已逾 5 年，在过去的 5 年中，中阿在多个领域进行合作，阿拉伯语为这些合作提供了语言支撑和服务。2018 年 7 月 10 日，中阿合作论坛第八届部长级会议在北京举行，国家主席习近平出席会议开幕式并发表题为《携手推进新时代中阿战略伙伴关系》的重要讲话。这将推动、深化中阿合作交流，必将进一步突显阿拉伯语的重要性。为支持与阿拉伯国家的交流与合作，回应“一带一路”战略的建设，作为大学外语教学中主要因素之一的教材建设应该有所回应，为新一轮战略的建设培养语言服务人才。

全国阿拉伯语专业四级考试（以下简称阿语专四）从 2009 年正式运行至今近 10 年，其测试成绩为阿拉伯语教学的改善和提升起到了极大的推动作用。在课程设置、教材编写、教学改革等方面都起到了正面反拨和引导作用。根据叶良英老师提供的数据[①]，2009 年至 2016 年阿拉伯语专业四级统测成绩得分率最低的项目是听写。现代测试理论认为，“听写综合性强，不仅考查语言知识，而且考查学生综合运用常识、语境等进行预测与检验预测等能力全面考查语言熟练程度”（武尊民，2004：152）。听写是综合性的语用测试，能测验学生的词汇量、句法、听力、理解等多方面的要素和技能。也就是说，听写是检测学生听力能力高低的有效途径和方式。鉴于国内语言学习环境等因素的制约，听力一直是我国阿语教学的薄弱环节。在阿语专四中，听力占总分的 20 分，这就敦促我们势必对听力课程进行改革，听力课程改革的重要内容是听力教材建设。

与其他语种相比，阿拉伯语听力教材相对匮乏，国内许多开设

① 叶良英：《高校阿拉伯语专业四级统测历史回顾与前景展望》，载《外语测试与改革》，2017（1）。

阿拉伯语专业的高校并无统一正规的听力教材，多为自编讲义。由于任课教师的更换、课程设置的改变等因素，本人根据阿拉伯语基础听力教学实践，反思并总结阿拉伯语基础听力教学存在以下问题：各教学阶段教学目标模糊不清；教学材料随意性大，授课内容不具备梯度性、连贯性、系统性、稳定性等特征；教学模式僵化；学生兴趣不高；学期末测试评估缺乏科学性。针对以上问题，阿拉伯语听力教材的编写显得迫在眉睫，以此满足广大学生的学习需求，为一线教师授课提供科学依据。

二、阿拉伯语基础听力教材编写原则和理论基础

（一）阿拉伯语基础听力教材编写原则

教材是学生学习和教师教学的重要内容和手段。教材要以教学目标和教学要求为编写指导思想。教材的编写一般要遵循一定的原则，只有这样才能保证教材编写的质量。在具体的编写过程中，应遵守教材编写的基本原则，束定芳等（1996）确定了教材编写“五大原则”：系统原则、交际原则、认知原则、文化原则、情感原则。这些原则同样适用于听力教材的编写。听力教材的编写不仅具有与其他教材编写的共同之处，而且它也有其独特之处。对于并非以阿语为母语的外语学习者来说，我们在听力方面会遇到很多语言本身因素或非语言因素。语言因素包含：语音—轻重音的干扰、连读的干扰、变音的干扰；语法—句序差异、句子结构差异、表达方式差异、文化差异。非语言因素包含：记忆力、焦虑、注意力、学习态度。为了解决这类问题，教材在设计听力技能训练活动时需要考虑到听力的微观技能、听者的角色、话题和文章的类型等。

（二）阿拉伯语基础听力教材编写理论基础

阿拉伯语基础听力教材编写理论基础是“输入假说”“互动假说”和“输出假说”等基于认知心理学的二语习得理论。

“输入假说”是斯蒂芬·克拉申（Stephen D.Krashen）归纳的

关于语言习得的五大系列假说的核心。克拉申认为，语言习得是自然发生的，前提是必须有可理解的语言输入并且足量、经过多次重复。[①] 输入假说的前提条件为“可理解性”“足量”和“多次重复”，又以“可理解性”为核心。因此，在听力教材编写的材料选取中，要让语料进行可理解的语言输入，内容多为学习者已经学习过、输入过的的知识，而且难度也不可过大，同时需多次重复、足量输入，使学习者听力能力能够自然习得，这些因素成为听力教材关键考量要点。

作为对“输入假说”理论的拓展，迈克尔·朗（Michael Long）的“互动假说”理论在认同获得足量的可理解性输入即可自然习得语言的基础上，更为强调二语习得中起决定性作用的并非“可理解性输入”，而是语言习得过程中的互动，即意义的协商（Negotiation of Meaning）。[②] 根据“互动假说”理论，教材在教学设计时须充分认识“互动”在语言习得过程中的重要作用，主动与学生进行意义协商，并根据学生的个体差异和学习中遇到的共性或个性问题，有针对性地调整教学设计、协助习得策略，使得师生、生生之间有互动和交际，使学生的能力得到综合性的展现。教师要给他们提供恰当、及时的反馈和评价，以促进其听力能力的不断提高。

针对克拉申“输入假说”理论，二语习得研究者美林·斯温（Merrill Swain）于1985年提出了“输出假说”。其基本观点为，只有当二语学习者从语义加工阶段进入句法加工阶段，对语言信息的加工不仅要注意其意义，还要注意语言形式并使之内化。只有进行大量可理解性输出时，方能习得第二语言。[③] 根据“输出假说”理论，在听力教材编写时，要关注和突出学习者的主体地位，设计充分的“输出”内容和时间，同时要不断诱导学习者通过各种形式完成输出

① S. D. KRASHEN，*The input hypothesis：issues and implications*，New York，Longman，1985.

② F. LARSEN，M. H. LONG，*An introduction to second language acquisition research*，London，Longman，1991.

③ M. SWAIN，*Communication competence：some roles of comprehensible input and comprehensible output in its development*，S. M. GASS，C. G. MADDEN，*Input in second language acquisition*，Rowley，MA：Newbury House，1985，p.473.

过程，促使其听和说相结合，习得阿拉伯语听说能力。

三、阿拉伯语基础听力教材编写实践

（一）教学目标和使用对象

根据阿拉伯语专业四级听力考试能力要求：理解、书写和获取信息的能力以及我校[①]每学期 16 个教学周、每周 4 课时的教学时间，《阿拉伯语基础听力》（上、下）拟设计为 2 册，每册 16 课，每课分为短文听写和主题对话两部分。上册适宜大一下学期学生使用，以训练语音、词汇、基本语法能力为主；下册适宜大二上学期学生使用，以训练句子、段落、语篇、策略等能力为主。

做出以上内容安排有两个根据。一是根据 2000 颁布的《高等学校阿拉伯语教学大纲》（以下简称《大纲》）对四级听力有明确的要求："听 300 字左右的短文（不含生词）的录音材料，语速为 100 字左右 / 分钟，听三遍后做填空、选择和笔头回答问题。"[②]二是根据 2009—2017 年阿拉伯语四级测试的平均分来看，得分率最低的项目是听写，而听写是一种综合技能，其听写能力往往能反映一个学生听力理解和准确书写的综合能力，是语言基本功的一个重要方面。鉴于此，从大一下学期的听力教材引入听写训练显得尤为必要。

（二）听力材料选取

基础阶段即指大一第一学期至大二第二学期，是学习者学阿语的入门阶段。基础阶段的听力课程与精读课程有着明显的正相关关系。精读课程总体上有助于提高学习者的阿语听力理解能力和语言表达能力。因此，建议基础阶段听力教学材料与精读教材相衔接，主要从教学材料和教学进度两个方面相衔接。教学材料，如果听力教材材料选取与精读教材材料相互配合，两套教材能具有很强的衔

① 四川外国语大学成都学院。

② 基础阿拉伯语教学大纲研订组编、高年级阿拉伯语教学大纲研订组编：《高等学校阿拉伯语教学大纲》，206 页，北京，北京大学出版社，2000。

接性，就能符合低年级教学的连贯性和系统性要求，也符合“输入假说”理论。对于低年级学生来说，内容安排上能做到由易到难，循序渐进的连贯性和稳定性；语言结构上能考虑到学生的接受能力，就能提升教学效果。进度安排上，对于精读课本出现的日常生活场景主题，听力课相应主题的学习应延缓1至2周学习。另一方面，需要对于日常生活中常见生活场景而精读课本未出现的主题需进行补充。例如，主题“在银行”“在邮局”等日常生活常见话题在精读教材《新编阿拉伯语》(第一、二、三册)都未出现相关话题的内容，需要纳入听力教材编写的考量中。

（三）教学设计

基于“输入假说”“互动假说”和“输出假说”等二语习得理论，我认为较好的、完整的听力学习过程应分为三个阶段：听前输入准备阶段、听力互动理解阶段和听后输出巩固阶段。根据“三阶段”及二语习得的基本原理，完整的听力过程应如下图所示。

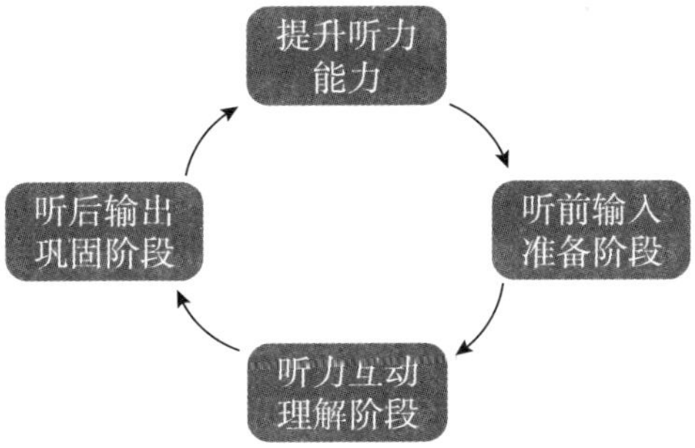

基于如图所示的听力循环模式编辑教材、设计教学环节，方可做到有理有据。

1. 听前输入准备阶段

听前导入阶段是听力理解的准备阶段，此阶段要激活学生已有的词汇、语法、背景知识，并帮助他们输入新的词汇、语法和背景知识。

（1）激活输入学生已有知识。学习者通过听力材料主题激活相关背景知识或生活体验以及相关单词和表达。关键是如何激活它们，这就是教材编写需要通过题目设置来解决的问题，以便帮助学生在课前做好听力理解的充分准备，提高听力理解能力。如主题“在医院”，题目可设置为：请复习《新编阿拉伯语（第二册）》第 3 课（在医院）并翻译相关表达。这样的题目设置可有效具体地引导学生有方向、有目的地进行听前准备，激活他们的相关知识。需要强调的是，单词和表达无须直接列出，而是需要学生通过自主复习或学习等一系列课前活动完成相关练习来获得，这也是与以往听力教材的区别所在。本教材注重由学生通过自己的学习活动来获取和激活单词和表达，为听力理解做好准备。由于在听之前学生已具备了有关去医院看病的知识，这能缓解他们的紧张情绪，因此在听到有关材料时，学生就能理解得更好了。

（2）帮助学生输入新的知识。学生头脑中储备的知识是有限的，教师有必要在学生原有知识的基础上帮助他们建立更多的新知识，以充实和丰富学生的知识储备。在输入的过程中，以学生为主体，积极发挥学生的自主学习能力，避开传统教师课前讲单词、背景的教学模式。教师可以在课前让学生利用网络资源或图书馆资源，阅读课外书籍、字典等预先收集与听力材料主题相关的背景知识，建立新的知识体系。如主题“伊本・西奈”，学生可能对阿拉伯世界的这一著名人物的生平、经历、成就了解甚少，听起来很费解。面对这样陌生的主题，听前准备题目可设置为：请收集伊本・西奈的相关信息，填写伊本・西奈生平信息表格。如此，学生头脑中的知识就能得到丰富和完善，能取得更好的效果。

以上听前准备阶段设计打破了目前已有的阿拉伯语听力教材直接给出听力准备阶段所需单词的传统的单一形式，是本套教材的创新点，也是“输入假说”的实践。

2. 听力理解阶段

听力理解阶段是整个听力过程的最重要阶段，此阶段的教材编写要根据各阶段的不同的具体教学目标设置不同的题目，循序渐进地提高大一下、大二上学期学生在语音、词汇、语法、句子、段落、语篇、策略等方面的能力。例如，难度较大的短文听写，如果完全按照专四测试要求（听写文章全篇约 80 词，共念 4 遍。第一遍用正常速度朗读，录音语速为每分钟 100 词，让学生听懂短文内容大意。第二、第三遍用稍慢的速度朗读，句子或分句间有 5～10 秒的间隙，让学生书写。第四遍再用正常速度朗读，让学生检查）进行授课，那么根据学生此阶段的语言水平和接受能力是不可能做到的。因此，教材编写此部分内容时要细化听力要求和能力。以填空题为例，如某一节课的教学目标是训练学生的辨音能力，那么就对那些易混淆的音、词、轻读、连读的词进行挖空，要求学生填写；如教学目标是较长单词的书写、记录，那么就对短文中较长单词进行挖空，要求学生填写；如教学目标是长难句的理解、记录，那么就针对短文中长难句进行题目设置；如教学目标是培养学生的预测能力，那么就要对短文可预测的句子、段落进行题目设置等。通过如此有效的题目设置就能使教学目标具体化、细致化、明确化，取得更好的教学效果。如此具体化的题目设置也有助于化解短文听写的难度，帮助学生克服畏难心理，有梯度、有阶段性的训练学生听写能力，引导学生对材料的理解和记忆，有效地提高听力技能。

以上关于听力理解阶段的设计设想例子，目的在于细化教学目标，降低听力难度，缓解学生的听力疲态，帮助学生提升听力训练兴趣，使教师教学具有可操作性，指导教师教学。突破了以往听力教材直接给出听力材料文本甚至相应的翻译的传统形式，且与专四听力测试要求和题型相吻合。

3. 听后巩固阶段

在本人听力实践教学中，观察到大多数学生对听力课重视不够，课后花费在听力方面的时间和精力甚少，对课堂所使用过的听力材料在课后置之不理，听力训练实践仅仅局限于课堂，课后听力时间几乎为零的学生数量不少。这样的时间和精力投入，对于听力能力提升和在此过程中的要求是相违背的。听后阶段是巩固知识的综合练习阶段，是学生回忆、概括等能力训练阶段，是为下次听力理解积累、储备知识的阶段，是一个完整听力过程必不可少的重要阶段。

如何引导学生在此阶段巩固听力练习，进行自主听力训练，是听力教材编写需要思考的问题。以上文提到的主题“在医院”为例：由于受课堂时间的限制，课堂所使用的听力材料也是有限的，而与此相关的听力材料是比较丰富的而且难度较小，预估学生可在课后自主完成听力训练。因此，在课后听力巩固阶段可补充相关材料供学生课后在此阶段进行听力练习，并设置相关题目以便学生进行自我检测。又以上文提到的“伊本·西奈”为例，此段材料对学生来说可能较陌生、难度较大，在以往的学习过程中相关知识建立较少，因此针对类似难度较大的听力材料，课后巩固阶段题目设置可围绕课堂上使用过的材料来思考，比如复述材料内容、口或笔译原材料、总结材料所涉及的词汇、句法、文化背景知识等，使学生的知识得于加强和巩固，为以后的听力理解建立储备新的知识。

总结以往的阿拉伯语听力教材编排，并无课后巩固阶段的相关设计，因此本教材拟在遵循完整的听力活动过程规律的基础上，结合“输出假说”理论，尝试在以往听力教材编排体例方面做出了一些思考和补充。

四、结语

阿拉伯语基础听力教材编写是阿拉伯语课程建设的重要内容，是目前和今后一段时间阿拉伯语听力教学需要特别关注的一个问题。本文就阿拉伯语专业基础听力教材编写的背景、原则、理论和实践进行了探索，这也是我在《阿拉伯语基础听力》（上、下）编写中的思考和认知，希望得到各位前辈和同人们的指正。

【参考文献】

[1] 基础阿拉伯语教学大纲研订组，高年级阿拉伯语教学大纲研订组．高等学校阿拉伯语教学大纲 [M]. 北京：北京大学出版社，2000.

[2] 王广大．阿拉伯语听力教学理论与实践 [M]. 银川：宁夏人民出版

社，2012.
[3] 王艳 .英语听力教学与研究 [M]. 北京：外语教学与研究出版社，2013.
[4] 张庆宗. 外语学与教的心理学原理 [M]. 北京：外语教学与研究出版社，2010.

范畴化失误导致的阿拉伯语词汇误解研究
——以中国阿语学习者为例

黄　超[①]

【摘要】语义范畴化失误是中国阿语学习者在阅读阿拉伯语文本时经常出现的现象。在中阿跨文化交际中，来自不同文化背景的双方对同一事物的范畴化过程不同，结果也不同，所以有时无法对同一个词的语义范畴达成共识，从而出现误解。本文将误解归为三类：第一类为扩大语义范畴导致的误解；第二类为所有语义范畴导致的误解；第三类为忽视语义范畴导致的误解，并结合具体案例详细分析了三类误解的表现和原因。针对误解，本文提出了三种应对方法：第一种为词源分析法；第二种为文化分析法；第三种为层次范畴分析法。希望能通过上述方法帮助学习者正确理解阿拉伯语词汇意义。

【关键词】范畴化；失误；阿拉伯语误解；中国阿语学习者；应对方法

一、语义范畴化与范畴化失误

人类通过语言对世界进行分类，当“书”指称两本厚度、大小完全不同的书时，就是分类的过程。语言学家惯用范畴化（categorization）一词来指称分类这一认知活动。[②] 范畴化的产物叫作认知范畴

① 北京外国语大学阿拉伯学院 2017 级博士研究生。
② 蓝纯：《认知语言学与隐喻研究》，13 页，北京，外语教学与研究出版社，2008。

（cognitive categories）。范畴的边界不是固定的，而是随着环境变化而变化，[①] 来自不同社会背景和文化背景的人，范畴化过程不同，结果也不同。所以在跨文化交际中，如果一方不能按照对方的范畴化方式对事物分类，可能得到与对方不同的范畴化结果，进而产生误解。

（一）范畴化

范畴化就是把不同事物归为同一个类型的过程，或者说将不同事物看作同类事物的过程。[②] 简言之，范畴化就是人们借助心理过程对客观对象进行分类的认知过程。

实际上，语言的范畴化包括两个层次的范畴化，一是语言符号所联结的“概念—语义”的范畴化，其形式大致对应于词语的意义……[③] 语义是人进行概念范畴化的结果，语义也可以被定义为一类特定概念之和。

范畴化过程决定范畴结果，了解范畴化过程依据可以预见结果。不同文化背景的人对同一事物的范畴化过程不尽相同，结果可能有差异。因此，如果要完成一次交际，双方需要对他们所谈论词汇的语义范畴达成共识。为达成这种共识，双方需要互相了解对方的思维过程，从而熟悉对方的范畴化过程。

中国人和阿拉伯人的范畴化过程不同，结果也不相同。如，汉语词汇“清真寺”在阿拉伯语中有两个对应词汇，分别是“مسجد”（清真寺）和“جامع”（大清真寺）。通过构词法，可以对比分析中国人和阿拉伯人范畴化过程的不同。汉语“清真寺”是偏正结构短语，中心语是“寺”。在《现代汉语词典》（第五版）中有两个释义能够解释词组中的“寺”字，它们分别是“佛教的庙宇”和“伊斯兰教徒礼拜、讲经的地方”。“清真”在字典中相关的释义是“属性词：伊斯兰教的”。可见，汉语中“清真寺”被分到“伊斯兰教宗教场所”这一范畴中。阿拉伯语中的“مسجد”是单词“سجد”（祭拜）的地点

① 陈忠：《认知语言学研究》，66 页，济南，山东教育出版社，2006。
② 束定芳：《认知语义学》，42 页，上海，上海外语教育出版社，2008。
③ 陈忠：《认知语言学研究》，86 页，济南，山东教育出版社，2006。

名词，意思是“礼拜的地方”，它处于汉语中“宗教场所”的范畴中。但阿拉伯语里的另一个单词“جامع”则是动词“جمع”（聚集）的主动名词，意思是“能将……聚集起来的”，所以，这个词将“清真寺”归到了“集会场所”这一范畴中，这个词通常指称面积和规模较大、能容纳穆斯林做聚礼或召开会议事的清真寺。可见，中国人对“清真寺”的范畴化结果是“宗教场所”，而阿拉伯人的范畴化结果则是“宗教和集会场所”。因此，“清真寺”在汉语里语义范畴小于它在阿语中的语义范畴。

上述结果是由于文化背景差异导致的。在阿拉伯世界，伊斯兰教从先知和圣门弟子时期起，就在阿拉伯半岛广泛被人接受与信仰。到四大哈里发时期，伊斯兰教更成为阿拉伯帝国的国教，阿拉伯帝国成了政教合一的国家。从那时起，阿拉伯世界的清真寺既承担宗教场所功能，又承担政治和教育场所功能。古时阿拉伯聚集在清真寺学习宗教知识，对信任哈里发宣誓效忠；哈里发在清真寺召集民众宣布国家重大决议。相对地，伊斯兰教在中国虽然有一定影响力，但并未成为中国国教，所以清真寺只是中国穆斯林礼拜的场所，只有宗教功能，没有政治和教育功能。

综上所述，范畴化是人类交际中必不可少的思维过程。语言符号同“概念—语义”范畴化相关联，人类必须把概念划分到正确的意义类别中，并使用相关联的语言符号指称，才能使对方明白他想表达的意思。

（二）范畴化失误

意义是“概念—语义”范畴化产物。词汇，即语言符号，是用来指称语义范畴的符号。中国的阿语学习者由于对阿拉伯文化背景了解得不够深入，可能无法和阿拉伯人在范畴化结果上达成共识。当他们理解阿语词汇时，有时将阿拉伯语语言符号和汉语思维下的范畴化结果相联系。这种用汉语思维指导的范畴化过程代替阿拉伯语思维指导的范畴化，且结果与语言符合实际指称的语义范畴不符的过程就是范畴化失误，它导致了阿语学习者思维中的语义范畴和词汇的实际语义范畴出现偏差。这种偏差有时微小，有时巨大。

范畴的边界有一定模糊性。相邻范畴之间并非彼此界限分明，而是部分地互相渗透进对方的领地。[①] 意义的形成有赖于人类个体“概念—语义”范畴化结果，这种范畴化的过程就是将相似的概念归类。在归类的过程中，人类通常可以正确把握范畴的核心成员，而在范畴边界的确定上出现偏误，这种现象在跨文化交际中更容易出现。

语义范畴化失误有三种情况，那就是“扩大语义范畴”“缩小语义范畴”和“忽视语义范畴”。这里的“扩大”“缩小”和“忽视”是把阿语学习者思维中的语义范畴同实际的语义范畴作比较得出的结论。

1. 扩大语义范畴

把不属于该范畴的成员放入其中。如认为“معهد”的意思是“独立学院”，阿语学习者经常把该词用作指称“大学的下属学院”，这就扩大了它的语义范畴。

2. 缩小语义范畴

把一些范畴内成员排除在外。如认为“أستاذ”的意思是在“某一行业中经验丰富的前辈”，汉阿字典中最常用的释义是“教授、老师”。阿语学习者常误以为它仅指称“学校里的老师”，忽略了它语义范畴内其他成员，如，经验丰富的技术人员、手工业者等。

3. 忽视语义范畴

认为符号和所指是一对一关系，如中国阿语学习者认为“الدار البيضاء”只能指称“卡萨布兰卡”。卡萨布兰卡是摩洛哥首都，它具有典型的地中海城市建筑风格，建筑多为蓝白两色，所以由此得名。但是，这个词组也可以指称任何一座白色的庭院。

综上所述，范畴化是人类交际和沟通的前提，因为世界是杂乱无章的，如果不把身边的事物按照一定范畴分类，并把这种分类同特定的语言符号联系起来，那么人们将无法找到恰当的语言表达自己的思维。不同文化背景的人，有时对同一事物的范畴化过程不同，

① 陈忠:《认知语言学研究》，66 页，济南，山东教育出版社，2006。

结果也不同。中国阿语学习者理解阿拉伯语词汇时，可能按照汉语范畴化过程结果理解阿拉伯语词汇的语义范畴。

二、三类语义范畴化失误导致的误解现象分析

范畴把握不当会导致误解。如上文所述，语义就是“概念—语义”范畴化的结果，该过程就是将相似的概念分成一类。中国阿语学习者在理解阿拉伯语词汇时，如果受到汉语思维影响，他们的范畴化结果就可能不正确，从而无法准确理解词汇的实际语义范畴。这样就会产生误解，因为词汇指称一个范畴，阿语学习者理解文本中的某一词汇时，需要结合语境，在它的语义范围中挑出一个最合适的成员作为该词汇在文本中的译义。如果划定范畴的过程出错，挑选恰当的成员也无从谈起，这就产生了误解。 这种误解可分为以下三类。

（一）扩大语义范畴导致的误解

扩大语义范畴导致的误解是指，阿语学习者对词义的理解超出了词或词组本身的指称范围，从而导致误解，这类误解多出现于正偏组合或形容词词组。举例如下。

1. مراجع الدين

例 1 的意思是“宗教权威人士”，专指那些在教法方面位高权重的学者。但一些中国阿语学习者把它误解为“宗教书籍、宗教参考文献”。这是因为他们扩大了“مراجع”的语义范畴，“مراجع”是地点名词“مرجع”的复数，指称“来源地”，这个词的词根常在与宗教相关的语义场使用。再加上偏词“الدين（宗教）”，整个正偏意思是“宗教的来源地”。在阿拉伯世界，由于伊斯兰教派众多，教义中晦涩、需要阐释的问题也很多。当信徒们遇到教义上的困惑时，他们往往不求助于书本，而是咨询清真寺的伊玛目或其他宗教权威人士。因为书本语言晦涩，老百姓理解困难，而且宗教学家们的话语更权威。

所以，这里的“宗教的来源地”一般不指称书本或其他场所，而特指一些宗教权威人士。

2. عام الفيل

例 2 的意思是“象年”，指称一个确切的年份——571 年。在这一年中，埃塞俄比亚用象军攻打麦加和天房克尔白，所以“象年”由此得名。一些人把“象年”误解成“生肖‘象’所代表的那一年”，进而认为“象年”每隔若干年会到来一次。这种理解是错误的，因为“عام”（年）不仅指称地球公转的周期，也指称某一段具体的时间。

阿语学习者由于不了解阿拉伯文化，误把“象”同中国的“生肖”或西方的“星座”类比，扩大了正偏组合中“عام”的语义范畴，进而扩大了正偏组合的语义范畴，将“确切的一年”理解成“每隔若干年就会到来的年份”。

3. تقشير البشرية

这个词组的意思是“去死皮”。有阿语学习者把它误解成“剥人皮”，因为动词“قشّر”指称“剥皮、削皮”。一般情况下，该动词指去除动植物的坚硬的外壳或表皮。如“تقشير اللب”（剥瓜子），“تقشير السمك”（刮鱼鳞）等。由于阿语学习者扩大了动词“رشّق”的语义范畴，因此会出现误解。如果把该词组理解为“剥除人的硬皮”，就能够得到正解——“去死皮”。

在上述例子中，阿语学习者都因为扩大了正偏组合中某一单词的语义范畴，并结合语境选取了该单词语义范畴之外的成员作为译义，出现误解。

（二）缩小语义范畴导致的误解

缩小语义范畴导致的误解是指，阿语学习者没有掌握词义指称的全部范围，从而导致这类误解。在这类误解中，阿语学习者虽然没有把某个单词、词组误解成专有名词，但忽略了它的一部分可能具有的意义，导致范畴内成员缺失，容易造成误解。如：

4. موسم بيّاع الخبل عباته

这个正偏组合的意思是“乍暖还寒时节”。“بياع الخبل عباته”是海湾国家的谚语，意思是“傻瓜才会卖掉自己的斗篷”，旨在讽刺那些因为二月天气渐渐变暖而卖掉了自己斗篷的人。因为冬末春初的海湾地区冷空气会在短暂的温暖后回袭。但一些同学误将该谚语理解为“卖斗篷的是傻瓜”，进而不能理解其逻辑，认为在那个季节卖斗篷是有利可图的，为何是傻瓜？这里阿语学习者误解了“بيّاع”，主观缩小了该词型名词的指称范围，认为它仅能指称专门卖东西的人——商人，其实不然，这个词也可以指称任何卖东西的人，可以是商人也可能不是以做买卖为生的人。从语法角度分析，فعّال词型的张大名词也兼具فاعل词型的主动名词的意义。

阿语学习者由于没有全面认识فعّال词型张大名词的意义，缩小了“بيّاع”的语义范畴，认为它只能指称“商人”，出现了误解。

5. كانت حنان تدافع عن نفسها بجرأة وقوة أثناء مناقشات الرسالة التي تقدمت بها للحصول على درجة الدكتوراه.

例 5 的意思是“在博士论文答辩时，哈纳努奋勇地为自己辩护”。一些中国阿语学习者把该句误解成“在博士论文讨论时，哈纳努奋勇地为自己辩护”。

阿语学习者由于缩小了名词“مناقشات”（讨论）的语义范畴，出现了误解。因为在阿拉伯人的思维中，“答辩”也是“讨论”的一种，答辩组成员发表自己的观点，答辩人相应地以自己的观点回应。但在中国人的思维中，“答辩”没有讨论那么轻松，近乎于“审判”，所以不用这个词来指称“评审论文是否通过的过程”。阿语学习者由于将汉语思维指导下的范畴化过程结果和阿拉伯语语言符号相联系，缩小了阿文“مناقشات”的语义范畴，产生了误解。

6. يوضح هذا التقرير الأنشطة التي قام بها أعضاء هيئة التدريس في مجال تحسين أدائهم وتنمية قدراتهم.

例 6 的意思是“这份报告提到了教学团队成员为改善教学质量、提高教学能力所做的工作”。中国阿语学习者把它误解成“这份报告提到了教学机构成员为改善教学质量，提高教学能力所做的工作”，这种理解是不恰当的。

这种误解是由于他们缩小了“هيئة”（组织、机构、团体）的语义范畴，误以为它指称“成员数多，规模较大的组织机构”。这是不正确的，因为它也可以指称“规模较小、人数较小的团队”。阿语学习者缩小了“هيئة”的语义范畴，所以出现误解。

在上述例子中，阿语学习者都缩小了词组或句子中某一单词的语义范畴，在这种情况下，即便理解语境也无法选取正确的成员作为它在词组或句子中的译义，出现误解。

（三）忽视语义范畴导致的误解

忽视语义范畴导致的误解是指，阿语学习者误以为词语和意义是一一相对的关系，只了解范畴中的典型成员，却忽略了大量其他意义。如：

7. فيديو ذبح الجرحى السوريين على يد حزب الله... الدنيا ولم يقعدها.

例 7 的意思是“真主党屠杀叙利亚伤员的视频……真主党举起世界，却没把它放下（制造混乱，但不收场）”。有的阿语学习者将这句话理解成“真主党屠杀叙利亚伤员的视频……真主党创造世界，却没把它放下”。这种理解是错误的，因为阿语学习者忽略了动词“أقام”（使……起来）的语义范畴。

动词“أقام”的意思是“使……起来”，但是在中国阿语学习者接触到的文本中，它的绝大多数译义都是“举办”，这是该单词语义范畴中最典型的成员，因为“举办”某活动就是让它地位提高，受人关注。因此，阿语学习者一看到这个词，最先想到它语义范畴中的典型成员，而忽略了“使……起来”这个范畴。

8. من قام من مجلسه ثم رجع إليه فهو أحق به.

例8的意思是“谁能从自己的位子上起来后还能坐得回去，就配得上这个位置”。有阿语学习者把它误解成“谁从自己的委员走出后还能回得去，他就有资格在这个委员会”。这种理解是错误，因为阿语学习者忽略了名词“مجلس”（坐的地方）的语义范畴。

这个词是地点名词，意思是“坐的地方”。但是在中国阿语学习者接触到的文本中，它的绝大多数译义都是“委员会”，这是该单词语义范畴中最典型的成员。因为一群人坐下商讨大事，就形成了委员会，并且用委员们开会时坐的地方代指委员会。因此，阿语学习者只记住了典型成员，忽略了它的范畴“坐的地方”，出现了误解。

9. مخدرات غير محظورة

这个词组的意思是“非违禁麻醉剂”，但一些阿语学习者可能把它误解成“非违禁毒品”。这种理解方法不对，因为毒品全都是非法的，不存在“非违禁毒品”。结合语境，“毒品”无法和“غير محظورة”（非违禁）搭配。

阿语学习者由于十分熟悉“مخدرات”的“毒品”这一义项，所以忽视了主动名词“مخدرات”具有宽泛的语义范畴。这个派生词是动词“خدّر”（使……麻醉）的主动名词，指称“有麻醉作用的药剂”，所以用于止痛的医用麻醉剂也处于这个范畴，而且不违法，更符合语境要求。

在上述例子中，阿语学习者都忽略了词组或句子中某一单词语义范畴，在这种情况下，他们会首选自己最熟悉的典型成员作为该单词的译义，而不再根据语境挑选更为准确的成员作为译义。

以上通过举例阐释了三种因范畴把握不当而导致的误解现象。这三种误解较常出现，且出现后较难察觉，所以阿语学习者应该在“范畴化”过程中尽量做到准确，尽量减少误解的产生。

三、阿语学习者应对误解的方法

范畴化失误使中国阿语学习者在理解阿语词汇时出现误解。若想减少这种误解，必须尽量研究与学习阿语思维下的范畴化过程，从而更准确地得到范畴化结果，获得正解。为提高范畴化结果正确率，在理解阿语词汇时，阿语学习者可以采用词源分析法、文化分析法、范畴层次分析法辅助分析。

（一）词源分析法

词源分析法就是利用阿拉伯语的派生规则，找到单词的根母，通过根母的意义全面分析单词意义。派生是阿拉伯语构词的重要形式，通过派生，单词从根母的意义出发，又增加了新的意义，也有可能出现典型成员。回溯到根母可以减少典型成员的干扰，提醒阿语学习者被忽视的语义范畴。如，“لعن الكلب”的意思是“驱赶狗”，阿语学习者会把它误解成“咒骂狗”。这种理解是错误的，因为阿语学习者只知道动词“لعن”语义范畴中的典型成员“诅咒”。这要归因于阿拉伯世界常用的咒骂“لعنك الله”（真主诅咒你），阿语学习者往往不考察“لعن”三母的意义，直接把它“诅咒”的义项生搬过来，出现误解。这个词根的意义是“使……远离”，诅咒就是真主使你远离福祉（أبعدك الله عن الخير），只是该语义范畴中的一个成员。

如果阿语学习者在考察“لعن”语义范畴时，认真研究它的根母意义，而不是通过经验判断，就能够发现它范畴的全貌，并找到与“狗”搭配最恰当的义项。显然，“驱赶狗”比“咒骂狗”逻辑性更强。此外，如果知道这个范畴内的成员都和“使……远离”有关，阿语学习者就可能意识到当主语不是“الله”（真主）时，该动词就不能理解成“诅咒”。

（二）文化分析法

洪堡特曾指出：“语言就其内在联系方面而言，只不过是民族意识的产物。”① 所以，了解阿拉伯文化有助于正确理解阿拉伯语单词的语义范畴。

1. 范畴隔离分析法

该方法就是不把阿拉伯语的词义范畴同中文里对应词的范畴作比较。②在理解阿拉伯语文本时，要尽量摒弃汉语思维，尝试用阿语思维分析单词。如，“برنامج أدبيّ”的意思是“文学节目”。一些阿语学习者把它理解成“文艺节目”，这是错误的，因为“أدبيّ”仅指称“文学”，而“برنامج فنيّ”才能指称“文艺节目”。这个词组本身不难，但由于多数中国阿语学习者对“文学节目”闻所未闻，往往会以自己熟悉的“文艺节目”作为该词组的译义，因为在中国几乎没有这样的节目。文学节目在中国罕见，但在海湾阿拉伯国家盛行，该节目主要以“赛诗”为主题。

阿语学习者由于生搬硬套，把中国的社会文化强加给阿语词汇，导致误解。这个词组在中文里是缺位的，找不到对应词。因此，阿语学习者需要摒弃汉语思维模式才能得到正解。

2. 文化导入分析法

它就是阿语学习者通过自己所知道的阿拉伯伊斯兰文化知识，或查阅相关文献分析语义范畴。阿拉伯伊斯兰相关知识包括两方面。第一方面是宗教历史知识，阿语学习者要利用宗教历史知识找到宽广的语义范畴中的典型成员。如，“معلقة أمرؤ القيس”（乌姆鲁勒·盖斯悬诗）不指称乌姆鲁勒创作的任意一首悬诗，因为他的诗歌只有一首被选入悬诗。“乌姆鲁勒·盖斯悬诗”就是他那首悬诗的标题。再如，“الظلمات الثلاثة”（三个黑暗）不指称三种黑暗的情形，而特指《古兰经》经文中提及的“子宫中的黑暗”“胎盘中的黑暗”和“孕妇腹中的黑暗”。所以，阿语学习者需要通过历史文化知识，找到语义范畴中的典型成员，正确地理解文本意思。

① 洪堡特:《论人类语言结构的差异及其对人类精神发展的影响》，17 页，北京，商务印书馆，2002。

② 黄超:《范畴把握不当导致的阿拉伯语误解研究——以中国学生为例》，硕士论文，21 页，北京，北京外国语大学，2015。

（三）范畴层次分析法

范畴层次分析法就是在上义词和下义词的范畴中分别考查同一个阿拉伯语词汇，如果某一词汇兼具上义词和下义词的意义，就要认真考虑选择合适的义项。阿拉伯语词汇很容易出现兼具上义词和下义词意义的情况，原因主要有三点：一是阳性名词无特殊标记；二是名词既有通用意义，又有术语意义；三是动词词根具有动词以外的新意义。[①] 如 "لا ناقة فيه له ولا جمل" 的意思是 "这里既没有他的公驼也没有他的母驼（此事与他无关）"，有的阿语学习者把它理解成 "这里没有他的骆驼，更没有他的母驼。" 这种理解是错误的，因为阿语学习者误以为 "جمل"（骆驼、公驼）是 "ناقة"（母驼）的上义词，导致译文和原意大相径庭。

考察 "جمل" 的范畴层次可知，它既可作上义词，指称 "骆驼"，又可以作下义词指称 "公驼"。这里 "公驼" 义项更为合适，因为它可以和 "母驼" 相对应。

上述方法只能帮我们尽可能减少误解，还有很多单词或词组的语义范畴难以通过有效手段限定。如 "حشرات"（昆虫）多指称 "臭虫"，"سرير نقّال"（移动床）仅指称 "婴儿床"，"مزاد علني"（公然增加）指称 "拍卖"……诸如上述情况还有很多，在此不再赘述。针对类似词组，学习者需综合运用上述三类方法得到正解。此外，学习者还需广泛阅读阿语原版书籍、文献等资料，尽可能多地了解同一阿语词汇在不同语境中所指称的意义，学习者还应多与阿拉伯人交流，通过提问的方式了解母语者的思维方式和他们针对某一词汇语义范畴的界定标准，以完善对某一词汇语义范畴的认知。

① 黄超:《范畴把握不当导致的阿拉伯语误解研究——以中国学生为例》，硕士论文，23页，北京，北京外国语大学，2015。

沙特女性高等教育研究[1]

齐　济[2]

【摘要】沙特女性教育始于 1956 年，其中高等教育始于 1962 年。随着全球化进程的不断深入，女性在沙特接受高等教育的机会也随之增多。尽管如此，这些机会仍无法满足沙特日益增多的女性入学需求，更无法满足女性对于男女享有平等受教育权利的要求。本文将从沙特女性高等教育历史沿革、存在的问题、发展中面临的阻碍、发展前景五个方面对这一问题进行阐释和剖析。

【关键词】沙特女性；高等教育；全球化

一、沙特女性高等教育历史沿革

沙特阿拉伯王国成立于 1932 年。当时社会经济水平很差，教育水平非常落后。整个国家无一高等教育机构，只有 12 所中小学，共 700 名学生。这种现象于 1938 年英国人在沙特发现石油后迅速转变。伴随着石油经济的强势崛起，沙特对外开放的大门刹那间被撬开，外国公司、外籍劳工蜂拥而至，极大程度加快了沙特国际化进程，也助推了沙特教育。截至 1950 年，沙特已建成 365 所学校，在校生人数超过 42000 人。不过，所有这些学校都只对男性开放。[3] 由于

① 本文系北京第二外国语学院阿拉伯研究中心资助项目阿拉伯国家级智库研究（项目编号 ALBYJ17B002）成果之一。

② 北京第二外国语学院中东学院助理研究员。

③ Majed Alamri，“Higher Education in Saudi Arabia,” *Journal of Higher Education Theory and Practice*，2011，11（4）.

受教育群体的性别差异化严重，沙特两性在思想层面和行为方式上的矛盾越来越多。当时社会普遍存在一种现象，男性更愿意娶受过教育的其他阿拉伯国家女性为妻，沙特“剩女”连年增多。一群受过教育的沙特青年男性迫切呼吁政府建立女性教育机构。他们表示，如果自己的妻子受过教育，可以惠及整个家庭和子女教育，也更有助于婚姻和谐。①

1956年，沙特第一所女子学校——达尔哈南私立女校成立，极少数女性获得了学习机会。4年后，公立女子学校陆续建成，沙特女性正式拥有了受教育权。沙特男性教育机构隶属于国家教育部，而女性教育机构则必须由宗教指导部监管，其目的是监督女性按照伊斯兰教法相关要求接受教育。②伊斯兰教法中规定，女性的首要角色是“母亲”和“主妇”。为了完成这两项使命，女性还应学习必要的“教育”和“医护”方面知识。

1962年，沙特女性高等教育始于首都利雅得一项试水计划，女性除需入校参加考试外，均可以在校外接受高等教育。1967年，沙特阿卜杜拉国王大学在麦加成立了女子教育学院，沙特首次允许女性进入大学校园学习。此后，针对女性的高等教育机构陆续建成。③沙特女性地位低下一直为世界人权所诟病，为改变这一局面，并拉动国内经济增长动能，沙特开始尝试改革女性地位。已故前国王阿卜杜拉·本·阿卜杜勒·阿齐兹在位期间提出四项改革内容：女性权利、言论自由、司法公正、宗教宽容。现任国王萨勒曼·本·阿卜杜勒·阿齐兹上台后对女性权利进行大刀阔斧改革，包括允许女性从军、开车、上体育课、去电影院、举办时装秀、进入足球场看球、参加自行车比赛等。随着女性地位的提高，沙特对女性教育投资力度不断加大，女性高等教育机构数量也逐渐增多。沙特现有注册高等教育机构44所，其中4所医护院校只对女性开放，7所石油、科

① ALMunajjed，Mona，*Women in Saudi Arabia Today*，London，Macmillan，1997

② Annalisa Pavan，*Higher Education in Saudi Arabia：Rooted in Heritage and Values Aspiring to Progress*，International Research in Higher Education，2016，1（1）.

③ A. Hamdan，*Women and education in Saudi Arabia；Challenges and achievements*，International Education Journal，2005，6（1），pp.42-64.

技、医疗、伊斯兰教法院校只对男性开放，其余 33 所院校男女均有入校学习资格。[①] 女性可以在大学学习教育学、社会科学、自然科学、艺术、商贸、法律、工程、农业、医护等，现在还包括体育。但石油石化、伊斯兰教法仍只对男性开放学习机会。

据沙特教育部统计，本国现有注册本科生 1064000 人，其中女性 551000 人，占总人数 518%，毕业率占 52%。正在攻读硕士学位的女性有 16221 人，攻读博士学位的女性有 1744 人。另外，女性出国留学人数也在增加，分散在世界 57 个国家，超过 32000 人，创历史新高。其中美国是沙特女性留学首选，有 18221 人；其次是欧洲各国 6754 人；其次是加拿大 1445 人；最后是阿拉伯各国，共 5369 人。[②]

二、沙特女性高等教育存在的问题

沙特女性高等教育地区差异化明显。沙特南部和北部边远地区经济水平落后，传统观念根深蒂固，高等教育及其分支机构少。全国 44 所高等教育机构中，南部只有两所大学：纳吉兰大学和比舍大学，其中比舍大学只对男性开放。北部地区也只有两所大学：阿尔朱夫大学和北部边境大学。相比利雅得、吉达、达曼等中心城市，沙特南北部地区女性接受高等教育机会非常有限。据统计，南部纳吉兰和北部边境地区女性接受高等教育机会占全国比例最低，只有 1.4%。[③]

沙特高校女性教师数量偏低导致女性高等教育供不应求。伴随沙特政府对高等教育的投入越来越多，高校女性教师数量也相应增加。2003—2004 年沙特高校女性教师数量为 4700 人，到 2011—2012 年已接近 19600 人。沙特高校男性教师数量同期增加更多，从

① 参见 https：//www.4icu.org/sa/，https：//en.wikipedia.org/wiki/Women%27s_education_in_Saudi_Arabia，https：//en.wikipedia.org/wiki/Education_in_Saudi_Arabia.

② 参见 https：//en.wikipedia.org/wiki/Women%27s_education_in_Saudi_Arabia，https：//www.moe.gov.sa/ar/Pages/default.aspx.

③ Ministry of Higher Education，http：//www.mohe.gov.sa/en.

7200 人增长至 48800 人。[①] 然而，由于女生多于男生，因此沙特高校女性教师明显缺乏，供不应求。

相比教育教学水平发达国家，沙特高校教学方法明显落后。沙特高等教育仍习惯于传统的教学方法，学生非积极参与者，而是被动接受者。沙特女性在家庭或社会中扮演的角色同样迁移到学校中。她们在家庭和社会交往中习惯了逆来顺受、被动接纳。在大学课堂上，相比团队协作的实践、创造性思考和头脑风暴式讨论，她们更习惯于通过认真听讲、死读书本和机械记忆的方式接受知识。[②] 而老师也更倾向于只传授书本上的知识和自身的经验。沙特教育部已意识到问题的严峻性，于是开始投入巨资从国外大量引入人才，引进先进的教学设备和教育教学方法，实现教学体系现代化。倡导以学生为中心的课堂，头脑风暴式的研究讨论、团队协作进行研究和实验、创造性思维的积极学习方式等。并在中学阶段引入计算机互联网教学，使学生在青少年阶段就接触现代教育技术。同时，每年开展教师技能培训，丰富并改善学校各项教辅活动。[③]

三、沙特女性高等教育发展受到的阻碍

尽管现代文明给穆斯林国家宗教信仰和社会习俗带来了许多冲击，促使其进行了很多变革，但沙特女性教育，特别是高等教育仍面临重重阻碍。沙特在最近 20 年才开始推动教育平等，致力于实现教育公平。为提高女性在社会中的地位，沙特政府强调了男女平等和女性接受高等教育的必要性。但严格的宗教信仰加上以性别差异为基础的社会习俗，导致人们普遍认为男性比女性更应该接受高等教育。性别隔离、出行受限、早婚早孕、家庭荣誉和佩戴面纱这些

① Yahya Al Alhareth，*Review of Women's Higher Education in Saudi Arabia*，Science & Education Publishing.

② Annalisa Pavan，*Higher Education in Saudi Arabic*：*Rooted in Heritage and Values*，Aspiring to Progress，International Research in Higher Education，2016，1（1）.

③ H. S. Al-Khalifa，*E-learning in Saudi Arabia*，Institutional Studies and Practices，Volume II，Anadolu University，2010，pp. 745-772.

沙特主要的宗教信仰和社会习俗无疑是女性高等教育发展面临的最主要障碍。[①]

严格的性别隔离政策影响女性接受正常的高等教育。在沙特，性别隔离渗透社会各个角落，也严重影响了女性高等教育。伊斯兰教法规定，无亲属关系的男女之间的任何形式的交流都应受到限制。[②] 除日托、幼儿园以外，沙特女性从上小学开始就要同男性分开。2009 年以前，沙特完全没有男女同校的大学。2009 年，沙特阿卜杜拉国王科技大学首次打破这一规定，准许男女同校进行学习，但不能同班上课。[③] 另外，女性也不能直接接受男性教师的面授课。当有一些医学或理工课程必须观看现场演示时，学校会在男性课堂与女性课堂之间建立单路连线，女性能够通过视频看到现场演示，也可以通过语音进行提问，男性课堂里只有教师能够听到女生的提问，如果教师觉得有必要，需先把女生提出的问题转述给男生，之后再进行解答。同时，女生教室必须有一位女性教师对课堂进行监管，防止她们和男性教师或是她们彼此之间交流课程以外的内容。虽然这种方式解决了女性观看演示的问题，但她们普遍认为观看视频在板书和教师操作之间切换非常不方便，会有很多信息模糊、遗漏。男学生也普遍反映课堂上一半时间都在听老师转述女生提问，影响学习进度。[④] 沙特几乎所有场所都要求性别隔离，甚至包括虚拟环境。2008 年，沙特一名父亲因为发现女儿在 Facebook 上与男性聊天而殴打并枪击女儿致其死亡。宗教人士阿里·马利基强烈抨击 Facebook，认为网络是一扇通向性欲的大门，正在腐蚀沙特年轻人，他们花费

---

① Y. Al Alhareth, *E-learning Contribution to the Enhancement of Higher Education Opportunities for Women in Saudi Arabia*（*Pilot Study*）, US-China Education Review, 2013, pp.637-648.

② R. Baki, *Gender-segregated education in Saudi Arabia*: *Its impact on social norms and the Saudi labor market*, Education Policy Analysis Archives, 2004, 12（28）: pp.1-12.

③ Yahya Al Alhareth, *Review of Women's Higher Education in Saudi Arabia*, Science & Education Publishing.

④ R. Baki, *Gender-segregated education in Saudi Arabia*: *Its impact on social norms and the Saudi labor market*, Education Policy Analysis Archives, 2004, 12（28）: pp.1-12.

在手机和互联网上的时间比花费在吃饭上的时间还多。①

出行受限导致沙特女性无法自由接受高等教育。沙特法律规定，每一位成年女性必须有一位男性亲属作为“监护人”，监护其旅行、学习、工作等。因此，沙特女性上大学必须有男性亲属开车接送其往返校园。有些学校为女生提供了住宿，但很少有女性利用这一便利条件，因为她们的家人不允许她们在外留宿，认为这样存在性堕落的危险，会损毁整个家庭的声誉。② 男性可以随时进入国家公共图书馆借阅资料，但女性不允许独自进入图书馆，她们必须提前预约，并由有亲属关系的男性陪同进入。③ 另外，女性如果想获得政府奖学金出国留学，首先要得到家人的同意，还必须有一名男性亲属作为监护人陪同她出国读书。④ 因此，尽管沙特政府出台了一系列激励女性接受高等教育的政策，在形式上力求保证男女受教育的平等性，但女性接受高等教育却受到严重的现实阻碍。

早婚早孕也是阻碍沙特女性接受高等教育的主要因素之一。在沙特，婚姻仍然优先于教育，尤其是在受教育程度较低的农村地区，早婚早孕现象普遍存在。为了承担家庭主妇和抚养子女的责任，女性被迫在大学期间辍学或根本没有机会进入大学学习。

沙特社会中的家庭荣誉与女性贞操直接相关。女性是家庭道德的标志，女性失当行为会破坏整个家族的荣誉。即便在婚后，女性也依然代表着其原生家庭。⑤ 因此，社会对女性的行为进行全面限制，也阻碍了她们接受高等教育的权利。

女性无法参与影响其生活的决策，是阻碍沙特女性接受高等教育的关键因素。随着全球化的不断深入，当今女性的要求已全然不

---

① D. McElroy，*Saudi women killed for chatting on Facebook*，The Telegraph，31st March，2008.

② R. Baki，*Gender-segregated education in Saudi Arabia*：*Its impact on social norms and the Saudi labor market*，Education Policy Analysis Archives，2004，12（28）：pp.1-12.

③ Human Rights Watch，*Report on Human Rights Abuses Stemming from Male Guardianship and Se Segregation in Saudi Arabia*，Human Rights Watch the United State of America，April 19，2008.

④ Ministry of Higher Education，http：//www.mohe.gov.sa/en.

⑤ E. Doumato，*Getting God's Ear*：*Women*，*Islam*，*and Healing in Saudi Arabic and the Gulf*，New York，Columbia University Press，2000.

同于她们母亲、祖母一代，她们要求接受更多教育，她们比原来更明确自己的权利，也比原来更积极地活跃在社会舞台。政府除了不断增加对女性高等教育的资金支持外，需要做的还有很多。比如，让女性参与到影响其生活的决策中，从而确保她们能真正地从中获益。然而，目前决定沙特女性是否能够接受教育、接受什么样的教育、以什么方式接受教育等关乎女性切身利益的决策，都是通过不会影响其自身权利的男性做出的。因此，沙特女性高等教育的种种政策从表面上看光鲜亮丽，实际上却并非符合女性的切身利益。

沙特著名女权活动家 Wajeha al-Huwaidar 在接受电台采访时说："沙特女性生活在如监狱般的生活中，原因主要来自五方面的束缚分别是部落、家庭、宗教机构、政治组织和社会信条。"如果想真正提升女性地位，给予她们和男性平等的受教育权利，就要先从这五方面束缚着手，让女性自己参与到决定她们命运的决策中，彻底做出制度性的改变，其中最重要的就是取消男性监护制度。[①] 然而，并非所有沙特女性都支持取消男性监护制度，比如另一沙特女权活动家 Rowdah al-Yousef 就大力支持"我的监护人知道什么对我最有利"的运动。这项运动旨在支持延续男性对女性的监管制度，反对那些要求被当作成年人对待的女性。[②]

四、沙特女性高等教育发展前景

尽管沙特女性高等教育面临重重阻碍，但值得期待的是，沙特政府已表明了推动女性教育、尤其是女性高等教育改革的决心。在全国各地增设高等教育机构，从基础设施上确保女性有机会接受高等教育就是最有力的证据。另外，沙特已故前国王阿卜杜拉·本·阿卜杜勒·阿齐兹出台推动女性出国留学机制，为女性出国留学提供奖学金，并适当放宽男性监管制度。这使她们在一个男性优先于女

---

① Middle East Media Research Institute，*For Saudi Women*，*Every Day Is a Battle*，An interview with Wajeha Al-Huwaidar，2007.

② L. Leslie，*Saudi Feminism doesn't Mirror Western Ideas*，Muslim Voice，2011.

性的社会中接受平等教育，无疑是一项具有重大意义的突破性运动。值得一提的是，这一运动在沙特社会并未引起任何冲突，这意味着女性接受高等教育，乃至是出国留学在沙特社会已经基本可以形成共识。沙特现任国王萨勒曼·本·阿卜杜勒·阿齐兹执政后，更对本国女性地位打出了改革组合拳，包括允许女性从军、上体育课、去电影院、举办时装秀、进入足球场看球、参加自行车比赛、准许女性开车等。虽然外界很多舆论认为这些改革的初衷是提升国家经济动力，并非提高女性地位，但不可否认的是，女性确实是其中的最直接受益人。

随着国家对教育技术支持力度的加大，电子学习可能是解决沙特女性高等教育面临阻碍的重要一步。首先，电子学习可以为沙特女性打开认知世界的大门，使她们和男性具有平等接受信息的权利。其次，电子学习有效解决了沙特女性出行受限障碍，女性学习获得了更大的灵活性。她们可以通过网络学习全国各地甚至世界各地的课程和讲座。最后，电子学习将确保那些被迫早婚早孕的女性有机会在家继续接受教育。

总之，随着沙特女性高等教育相关制度的改革，女性接受高等教育机会也随之增多。但这些机会仍然无法满足女性高等教育需求，也无法满足男女教育平等的要求。大城市女性有更多机会获得教育，但偏远地区女性几乎没有这样的机会。即便是有很多高等教育机构存在的大城市，女性接受教育的机会也受到宗教信仰和社会习俗等诸多因素的限制。然而，沙特政府已经走上了女性高等教育改革的道路，相信在新国王的带领下，沙特女性高等教育将不断得到改善，这也势必惠及沙特社会的方方面面。

二语教学课堂不同纠错反馈策略效果的研究方法探究

向珍飚[①]

【摘要】对第二外语教学课堂纠错反馈策略的研究不应局限于研究学习者和教师对纠错策略的信念，还应回归到二语教学的初衷，研究教师实施不同的纠错反馈策略后学习者对相关二语知识的掌握程度，即这些不同的纠错策略效果如何。为此，笔者收集了十篇国内近几年发表的有关课堂纠错反馈的实证研究期刊论文，对其进行综述，试图探究出相对合理的方法，用以研究该课题：研究应该在相应的理论指导下通过实证研究进行，实验时要把握好自变量和因变量，设置好实验组和对照组。对实验所得数据应该科学合理地分析，最终提出对二语教学课堂纠错反馈策略有建设性的建议。

【关键词】二语习得；教学；课堂；纠错反馈

在二语习得的过程中，由于各方面的原因，学生总是会或多或少地犯错。从教学的角度看，学生所犯的语言错误，正是对教师教学的一种反馈。而教师面对学生这样的反馈必定会有所反馈，特别是在二语教学的课堂上，教师会有所偏重地采取不同的纠错反馈策略（CHEN Jun，2016）。教师根据自身的学习和教学经验等信念采取相应的纠错反馈策略，学生也有自己偏爱的纠错方式（祖晓梅和马嘉俪，2015），但我们进行二语教学的目的就是让学生掌握这门语言，因此可以说，好的纠错反馈策略不仅仅是要让学生乐于接受，最重要的还是要能促进二语习得的效果。所以，对二语教学课堂纠

① 北京外国语大学阿拉伯学院2016级硕士研究生。

错反馈策略的研究最终应该落脚到对该策略效果的研究上，即教师采取该策略后学生是不是能“知错能改”，这样才能提高二语教学的质量，并服务于提高学生的二语水平的目的。

一、研究背景

针对二语课堂纠错反馈策略，笔者收集了国内近年来发表的主要的几篇实证研究期刊论文，发现这些论文大多探究的是课堂上学生或教师对纠错反馈的信念，如，朱彦（2016）探究了大学英语学习者对口头纠错反馈的信念，CHEN Jun（2016）探究了教师在二语课堂上对不同纠错策略的选择，而陈晓娇（2016）、赵敬（2015）、祖晓梅和马嘉俪（2015）、袁谦（2016）等则比较了学生与教师在纠错反馈上的信念差异，建议教师要在一定程度上尊重学生的信念，同时还要加强教师和学生双方之间的沟通，寻求彼此最乐于接受的纠错反馈策略，实现有效反馈。综合这些论文的结论，我们可以知道，无论是学生还是教师，在二语教学的课堂上都有自己偏爱的纠错反馈策略，这些策略有同有异。但是这些论文只探讨了不同策略在学生和教师中的接受程度，并未涉及这些策略的具体效果如何。而陈婷婷（2016）、魏冉（2015）、龙志云（2015）通过控制变量等手段研究了不同的反馈策略的效果，但是在变量的选择上和研究的方法上都有可以完善的地方。笔者试图通过对手头收集的文献整理分析，综述其要，尽量做到择善而从，不善则改，以期探索出相对合理的方法，用以研究二语教学课堂不同纠错反馈策略的效果。

二、相关理论

支持二语教学课堂不同纠错策略效果研究的理论主要是语言课堂纠错反馈相关理论和二语习得中斯温（Swain）的输出假设理论。

（一）纠错反馈相关理论

这部分理论解决的是二语课堂的纠错反馈是否有必要的问题，只有解决了这个问题，我们的研究才有意义。

祖晓梅和马嘉俪（2015）认为：“行为主义的学习理论和听说教学法强烈主张教师对学生的语言错误进行立即和直接的纠正，避免形成不良的语言习惯，造成中介语的石化现象……互动—认知学派的理论家施密特（Schmidt，1990）、斯温（1995）和朗（Long，1996）则认为，互动中的意义协商特别是负面反馈会促使学生注意到自己的中介语与目标语之间的差距，而且纠错反馈促进了输出的调整，因此有利于第二语言的习得。”这指出了课堂上的纠错反馈是二语教学和习得过程中必要的手段。陈婷婷（2016）也提到朗的互动假设：“在会话者的交谈中，双方都会遇到理解和表达上的困难。在这样的交际压力下，使用意义协商或调整说话方式能够促进双向交流，增强可理解性输入。在调整过程中，会话者使用澄清或者修正后的输入及自我修正来提供语言的可理解输入，而此种输入是修正过的互动的结果。”而在二语教学的课堂中，“学生犯错—教师纠错—学生改正错误”也是一种意义协商的互动模式，能有效地帮助学生发展语言能力。

综上所述，从理论层面来看，课堂纠错反馈是外语教学的重要组成部分，如果没有正确地对待错误，就可能会对学习者产生误导（陈晓娇，2016）。

（二）输出假设理论

输出假设理论是斯温针对克拉申（Krashen）提出的输入假设理论提出的（龙志云，2015），是我们研究的二语课堂纠错反馈策略有效性的理论依据。

斯温（1995）的输出假设指出，输出在二语习得的过程中有三大功能，即注意 / 触发功能、假设检验功能和元语言反思功能。她认为外语学习过程就是不断对目的语做出各种假设的过程，而说、写目的语是检验假设的最好方式。根据交谈对象的反馈，学习者会进行不同程度的调整。第二外语的学习者在收到教师的纠错反馈后，会调整有关的语言形式再尝试输出，具体过程如下图所示。

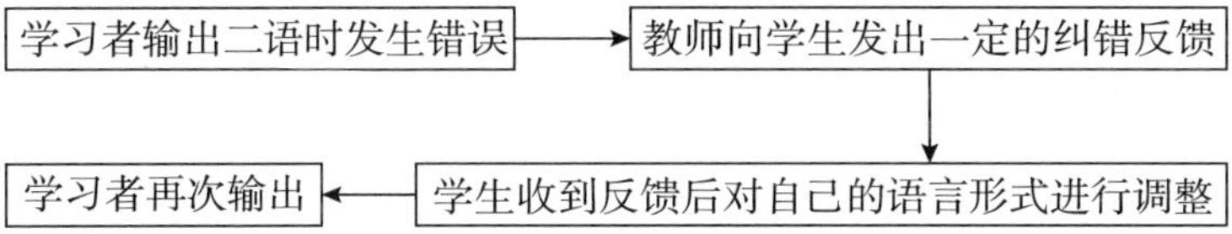

在上述过程中，学习者只有输出符合目的语的正确语言形式，才能真正地掌握相关的语言知识和技能。龙志云（2015）在输出理论的指导下，探究了几个不同的纠错策略对英语弱势学生学习的影响，根据输出假设理论的指导，把研究的落脚点放在了学生接受纠错反馈后的二语水平提升上，把学生接收到教师反馈后的二语学习成绩作为自变量，判定纠错反馈策略的有效性。这个落脚点也是我们进行二语课堂纠错反馈策略效果研究的出发点。

总之，我们对二语课堂纠错反馈策略的研究不应止步于学习者或教师对纠错反馈策略的偏好，而应更进一步，研究学习者收到教师的纠错反馈后能否输出正确的语言形式，从而对不同的纠错反馈策略做出评判，提升二语教学和学习者的二语水平。

三、研究方法

在上述理论的指导下，需要再设计合理的研究性实验来探究二语教学课堂不同纠错反馈策略的效果，并对实验结果进行合理的解读与分析，进而应用至实际的教学领域。

（一）实验研究的问题（实验的变量）

二语教学课堂不同纠错反馈策略的效果研究，探讨的是二语教学课堂上，教师发现学生出现语言错误后所采用的不同纠错反馈策略，与学生对相关二语知识的掌握程度之间的关系，以后者来衡量前者（即不同的纠错反馈策略）的有效性。

教师所采取的不同的纠错反馈策略是本研究中的第一类自变量。

纠错反馈策略应该包括“谁来纠错、纠正什么错误、什么时机纠错、如何来纠错”四个部分（祖晓梅和马嘉俪，2015），即纠错的主体、客体、时机、方式。这四个部分各自又包含以下几种情况。

纠错的主体	教师　同伴　自我
纠错的客体	语音　词汇　语法　语用
纠错的时机	及时反馈，即在学习者完成任务的过程中进行纠错。 延时反馈，即在学习者完成任务之后再进行纠错。（朱彦，2016）
纠错的方式	1. 直接纠正，即教师给出正确形式。 2. 重述，即教师保留学生的基本意思，对原句进行重新表述，以更正其中的错误。 3. 要求澄清，即教师用手势、眼神或其他方式要求学生重说，希望学生自我纠正。 4. 解析性反馈，即教师为学生提示或解析错误类别、性质，否定学生的部分或全部语言。 5. 启发，即用强调或疑问形式提示学生错误的存在，引导学生自我改正。 6. 重复，即教师重复学生的语言，但不加以纠正，只是在出错处强调。 （Lyster&Ranta，1997。引述自陈晓娇，2016）

接收到教师的纠错反馈后，学习者能否将自己的语言形式调整为正确的输出，学习者自身也是关键。因此，学习者自身的因素应该是本研究的第二类自变量。谢小红（2015）探究了学生性别对纠错行为的影响，指出男女生在纠错的态度上有一定差异。但是该探究的被试覆盖面小，代表性不足。另外，笔者认为，比起性别，性格对学习的影响可能更为明显。而性格与性别的关系难以断言，特别是在新的时代，年轻人的性格越来越多样化，甚至性别认同也逐渐多样化。因此，将性别列为影响纠错反馈效果的变量是不合理的。另一方面，龙志云（2015）探究了英语弱势学生课堂纠错的效用，指出面向英语弱势学生的纠错反馈策略应不同于面向英语强势学生的纠错反馈策略，并用实验证明，结合实际情况制定针对英语弱势学生的纠错反馈策略后，这类学生的英语各方面技能均有不同程度

的提高。因此，学习者自身的二语水平应该是影响教师纠错反馈效果的变量之一。

教师是教学活动的组织者，在纠错反馈过程中秉持的信念会直接影响纠错反馈策略的选择，进而影响学生调整后输出的正确性。但是我们探究的目的是掌握不同纠错反馈策略的效果，教师的教学过程理应结合实际采用最有效的纠错反馈策略，而不应随着自己的感觉走，所以本研究不把教师对纠错反馈策略的信念当作影响策略本身有效性的变量。

如前所述，我们研究的目的是探讨二语教学课堂上不同的纠错反馈策略的效果，而这一效果则是通过学习者调整后的输出情况来体现的。因此，学习者接受教师的纠错反馈后相应二语知识的输出情况就是本研究的自变量。

综上所述，本实验研究问题所包含的因变量为纠错反馈策略（包括纠错主体、客体、时间、方式）和学习者的二语水平，自变量为学习者接受教师的纠错反馈后相应二语知识的输出情况。

（二）实验方法

该实验应包括实验的对象、实验的工具、实验的过程三个部分。

实验的对象，即被试，就是我们研究的对象——二语学习者。实验结果来源于他们，也将推广应用于他们。

实验的工具，是对学习者接受教师的纠错反馈后相应二语知识的输出情况（即实验的自变量）的检测手段。根据获得输出情况的不同来源，可分为主观情况和客观情况。1. 主观情况即学习者接受相应的纠错反馈后，对相关二语知识掌握程度的自我感觉。陈晓娇（2016）、赵敬（2015）、祖晓梅和马嘉俪（2015）、袁谦（2016）、朱彦（2016）等研究采用了调查问卷或半结构访谈的方法，探究了二语学习者对课堂纠错反馈的信念，即学习者自身对不同纠错反馈策略的态度。而对调整后输出的主观情况的把握，则可以在此基础上更进一步，设计专门的调查问卷或者半结构式访谈，用定量和定性结合的方法了解从学习者角度对不同纠错策略效果的看法。2. 客观情况则是除学习者以外的人对学习者接受教师纠错反馈后相应二语知识输出情况的评定，这部分可以按照时间点进行定量测试：1）课堂观察（陈婷婷，2016），即在教学课堂上观察并记录学习者接受教师纠错反馈后的反应，确定其是否能意识到自己的错误且顺利改正，在课后对所得数据进行一定的分析；2）知识性后测，即针对学习者在课堂上受到教师纠错反馈的错误知识点进行测试，可分为即时后测和延时后测（魏冉，2015），即时后测在纠错反馈发生的课堂结束后立即进行，延时后测则是在纠错反馈发生的课堂结束一段时间后再进行，这段时间应该根据具体的实验变量和实验过程来确定，如魏冉（2015）在探究纠错反馈和明示教学对英语学习者语用习得的影响时，将延时后测的时间定在纠错反馈发生的课堂结束 8 周后进行。

实验的过程，可采用控制变量的方法进行，设置教学实验组和教学控制组（对照组）（魏冉，2015）。教学实验组要控制好实验的变量，即在上述的实验变量中确定好要研究的变量，其他变量则保持不变。例如，选取纠错反馈的时机作为实验研究的自变量，那么根据三（一）所述，实验应该在同一二语水平的学生中展开，实验时纠错的主体、客体、纠错方式也应该保持不变，纠错时机则分为及时和延时两种情况，实施及时纠错反馈的学生为实验组，实施延时纠错反馈的学生为对照组，最后再利用实验的工具测试出相应的结果，即对照组和实验组学习者接受教师的纠错反馈后相应二语知识的输出情况。值得一提的是，关于学习者二语水平的确定可以采取实验前测的方法确定，并对各组成绩进行方差分析，以确定所选参与实验的各小组成绩没有显著的差异性（魏冉，2015）。

（三）数据分析与结果讨论

对实验过程中收集到的各种数据要进行合理的分析和讨论，再得出相应的结论。

定性的方法可以运用于分析半结构式访谈所得数据（朱彦，2016）和课堂观察记录所得的文字信息（陈婷婷，2016），从而对研究结果获得感性的认识。定量的方法则可运用于分析调查问卷和知识性测试所得的数据，主要考察参与实验的各组数据是否具有显著性，并以此来推断各自变量和因变量之间的相关性差异（陈婷婷，2016；魏冉，2015），从而对研究结果获得较为科学的认识。

在数据分析之后，要对所得结果进行合理的解读，根据自变量和因变量之间的相关性差异对第二外语教学课堂纠错反馈策略提出有建设性的建议，回归到研究的初衷。

四、结语

二语教学课堂不同纠错反馈策略效果的研究是在前人对纠错反馈策略研究的基础上进行的，该研究应该在相应的理论指导下通过实证研究进行，实验时要把握好自变量和因变量，设置好实验组和对照组。对实验所得数据应该科学合理地分析，最终提出对二语教学课堂纠错反馈策略有建设性的建议。

本方法探究明确了该话题下的指导理论和研究方法，特别是厘清了各自变量和因变量之间的关系，对实际的实验操作有一定指导意义。但该探究仍有不足，如，如何解决可研究的自变量过多，一场实验难以容下所有自变量的问题。此外，由于时间和精力有限，实验过程中很多细节问题，如没有涉及教师如何把握学习者出错的频率；在实验自变量的总结中，没有仔细分析二语学习者的性格等心理因素。希望本探究能起到抛砖引玉的作用，让该领域的研究更加完善。

【参考文献】

[1] CHEN Jun, 2016, Error Corrction and Feedback in Sencond Language Acquisition[J], Overseas English (5): 171-173.

[2] Swain, M. 1995, Three Functions of Output in Second Language Learning[A], In B.Cook & B. Seidhofer (eds.). Principles and Practice in Applied Linguistics[C]. Oxford:

OUP. 125-144.

[3] 陈晓娇 . 大学英语课堂纠错问题研究 [J]. 长春工程学院学报（社会科学版），2016（2）.

[4] 陈婷婷 . 对高职英语课堂中教师纠错反馈的研究 [J]. 镇江高专学报，2016（4）.

[5] 黄燕 . 输出任务类型对二语程式语附带习得的影响研究 [J]. 外语教学与研究，2016（1）.

[6] 龙志云 . 英语弱势学生课堂纠错的效用研究 [J]. 榆林学院学报，2015（1）.

[7] 魏冉 . 纠错反馈和明示教学对英语学习者语用习得的影响 [J]. 现代外语，2015（1）.

[8] 谢小红 . 非英语专业学生性别差异对纠错哦哦行为的影响 [J]. 池州学院学报，2015（1）.

[9] 袁谦，梅宇等 . 口语课堂纠错：教师信念、教师课堂行为与学生需求的对比研究 [J]. 英语广场，2016（5）.

[10] 赵敬 . 大学英语课堂纠错中学生期待与教师行为比较研究 [J]. 兰州教育学院学报，2015（4）.

[11] 朱彦 . 透过“反馈”之镜，倾听课堂之音——大学英语学习者对口纠错的反馈的信念探究 [J]. 外语与外语教学，2016（1）.

[12] 祖晓梅，马佳俪 . 汉语教师和学习者对课堂纠错反馈信念和态度的比较 [J].汉语学习，2015（4）.

第三部分

人才培养的理论与实践

关于高校阿拉伯语专业学生“非正式能力”培养的思考

肖 凌①

【摘要】“非正式能力”指与“专业知识运用能力”“通识性能力”相对而言的学生能力板块，其中包含人际沟通与协调能力、解决问题能力、把握细节的能力等。对学生“非正式能力”的培养，与对其专业知识能力、通识能力的培养高度相关。高校阿拉伯语专业可通过做好专业课程建设、专业课堂教学、第二课堂实践活动等环节工作，在培养学生扎实的专业能力的同时，提升学生的“非正式能力”，实现学生各个能力板块之间的良性互动，全面提升学生的综合素质，达成阿语专业人才的“人文性”培养目标。

【关键词】非正式能力；阿拉伯语专业；课程建设；课堂教学；第二课堂

2016年1月5日，华东师范大学高等教育研究所阎光才教授在《光明日报》上发表了《我们的教育究竟缺什么？》。这是一篇从人才培养“供给侧”视角出发，基于5万份调查样本的研究报告。该报告“针对毕业生目前工作岗位对其能力需求，与所毕业高校重视的能力培养之间做一个系统的匹配分析”。② 报告将高校学生的能力主要分成了三个板块，这三个板块分别是“非正式能力”“专业知识

① 博士，教授，现任职于北京第二外国语学院，著有《哈桑·哈乃斐——阿拉伯当代思想研究》《阿拉伯固有文化研究》等专著，主要研究方向为阿拉伯文化传统与现代化、阿拉伯当代思想与思潮、阿拉伯语教学等。

② 阎光才：《我们的教育究竟缺什么？》，载《光明日报（教育周刊·高等教育）》，2016-01-05。

运用能力”“通识性能力”。根据该调查研究，“供需双方最不匹配的，即高校培养明显不足的是非正式能力，其次是通识性能力，最后才是专业知识运用能力”①。

本文所指的“非正式能力”即出自该报告所提之概念。“非正式能力”包括，人际沟通与协调能力、解决问题能力、把握细节的能力、抗压与情绪管理、适应与变通能力、时间管理、责任心、团队合作、组织能力、忠诚度等。“非正式能力严格而言，主要表现为一种为人处世的态度与素养。”② 其实，也就是俗称为“待人接物”的能力。

一、为什么要重视高校阿拉伯语专业学生“非正式能力”的培养

通常而言，当我们谈及高校的阿拉伯语（以下简称“阿语”）专业人才培养时，更多地是涉及本专业知识及能力的培养，同行专家与学者对这部分的研究已很深入。而将阿语专业学生的“非正式能力”培养作为专题进行分析，还并不多见。实际上，如果从人才培养的系统性角度出发，无论是专业知识能力、通识能力，还是“非正式能力”，都是学习者能力的组成部分，各个能力板块之间存在不可切割的联系，对其“非正式能力”的培养，与对其专业知识能力、通识能力的培养高度相关。重视学生“非正式能力”的培养，并不是要放松对专业知识能力培养的重视，而是希望在人才培养的过程中，在重视专业知识能力培养的同时，也高度重视“非正式能力”的培养，并最终实现学习者综合能力的提升。

（一）重视“非正式能力”培养符合外语学科及外语教学的内涵要求

根据国务院学位委员会第六届学科评议组编写出版的《学位授

① 阎光才：《我们的教育究竟缺什么？》，载《光明日报（教育周刊 · 高等教育）》，2016-01-05。

② 阎光才：《我们的教育究竟缺什么？》，载《光明日报（教育周刊 · 高等教育）》，2016-01-05。

予和人才培养一级学科简介》(以下简称《学科简介》),“外国语言文学”一级学科的简介如下:“外国语言文学属于人文社会科学学科,涵盖外国语言学和外国文学研究,是中外文明与文化交流的产物”。①《学科简介》强调了外语学科的“人文”特性,具有丰富的人文内涵,而不仅仅是一项简单的语言工具或技能。

在2018年出版的《普通高等学校本科专业类教学质量国家标准》(以下简称《国标》)中,外国语言文学类教学质量国家标准对外语类专业的培养目标做了如下规定:“外语类专业旨在培养具有良好的综合素质、扎实的外语基本功和专业知识能力,掌握相关专业知识,适应我国对外交流、国家与地方经济社会发展、各类涉外行业、外语教育与学术研究需要的各外语语种专业人才和复合型外语人才。”②《国标》所述培养目标将外语人才的“综合素质”放在首位提出,并明确提出外语人才要适应国家对外交流的各行业发展要求,这就要求外语教学所涉及的培养内容,不仅要有各语种的专业语言技能,还应重视通识能力及“非正式能力”的培养。

外语学科是人文学科,外语教学是人文教育。刘润清先生曾说过:“英语是一门人文学科,人文教育无论怎么强调也不过分。简单点说,人文教育就是要教会学生如何做人,如何与人相处,如何面对生活。特别是面对生活中的坎坷时,如何克服困难;面对成功和荣誉时,又如何能够保持一颗平常心。”③虽然刘先生谈的是英语教学,但这其中的“道”可以推及整个外语学科的教学领域。他所谈及的人文教育应该重视的“如何做人”“如何与人相处”“如何面对生活”等能力,正是“非正式能力”的内涵所在。可见,重视“非正式能力”培养,是外语学科及外语教学的内涵要求。

---

① 国务院学位委员会第六届学科评议组编:《学位授予和人才培养一级学科简介》,49页,北京,高等教育出版社,2013。

② 教育部高等学校教学指导委员会编:《普通高等学校本科专业类教学质量国家标准(上)》,92页,北京,高等教育出版社,2018。

③ 张燕华、刘润清:《人文关怀理念下的大学英语教学与科研——刘润清教授访谈录》,载《山东外语教学》,2015(3)。

（二）重视“非正式能力”培养符合阿拉伯语专业人才培养的目标及原则

关于我国高校阿语专业的人才培养的目标及原则，可参考的全国性文件，除了前述《学科简介》《国标》，还有《普通高等学校本科专业目录和专业介绍（2012 年）》（以下简称《专业介绍》）、《高等学校阿拉伯语教学大纲》（以下简称《大纲》）。

2013 年出版的由教育部编写的《专业介绍》明确提出，阿语专业人才培养应重视人文素养，指出我国高校阿语专业的人才培养目标是“培养具有较高的人文素养，比较熟练的阿拉伯语语言技能，基本的阿拉伯语语言文学、历史、文化知识和其他相关专业知识，能在外事、教育、经贸、文化、科技、军事等部门运用阿拉伯语、第二外语和本族语从事翻译、外事、管理、教育、研究等各种工作的阿拉伯语专业人才。”① 阿语专业的人才，不仅应熟练掌握阿语技能，还应首先具有较高的人文素养。

由全国各高校阿语专业的专家组联合编订的《大纲》也明确提出，高校阿语专业的教学原则，在基础阶段应“正确处理专业教育与思想教育的关系”②“打好语言基础，重视交际能力的培养”③；在高年级阶段应“寓人的教育于语言教学的全过程”④“注重培养学生的综合能力”⑤ 等，这些原则无不体现了阿语专业的教学应将育人与专业知识的传授有机结合。可见，“非正式能力”的培养与专业能力、通识能力的培养应作为一个整体的系统，贯穿阿语专业的人才培养过程。重视“非正式能力”的培养，符合阿语专业人才培养的目标及原则。

---

① 中华人民共和国教育部高等教育司编：《普通高等学校本科专业目录和专业介绍（2012 年）》，94 页，北京，高等教育出版社，2012。

② 基础阿拉伯语、高年级阿拉伯语教学大纲研订组编：《高等学校阿拉伯语教学大纲》，17 页，北京，北京大学出版社，2000。

③ 基础阿拉伯语、高年级阿拉伯语教学大纲研订组编：《高等学校阿拉伯语教学大纲》，18 页，北京，北京大学出版社，2000 年。

④ 基础阿拉伯语、高年级阿拉伯语教学大纲研订组编：《高等学校阿拉伯语教学大纲》，221 页，北京，北京大学出版社，2000。

⑤ 基础阿拉伯语、高年级阿拉伯语教学大纲研订组编：《高等学校阿拉伯语教学大纲》，222 页，北京，北京大学出版社，2000。

二、如何落实高校阿拉伯语专业学生“非正式能力”的培养

重视阿语专业学生“非正式能力”的培养，可以从三个环节入手，将“非正式能力”的培养融入本专业学生培养的全过程。这三个环节分别是：阿语专业课程建设、阿语专业课堂教学、阿语专业学生的第二课堂实践活动。

（一）“非正式能力”培养与高校阿语专业课程建设

将“非正式能力”的培养融入阿语专业的课程建设，并不意味着要将原有的阿语专业课程减量，来设置专门的“非正式能力”培养有关课程，而是在课程体系的建设环节，将“非正式能力”的培养纳入专业课程设置的考量，在课程体系中设计一些既包含阿拉伯语专业知识能力培养也融入“非正式能力”培养的有关课程。

在保持阿语专业课程总量不变的前提下，课程体系中可设置一些能将阿语语言技能训练与“为人”的内涵养成相结合的课程。比如，部分高校阿语专业课程体系中设有用阿语讲授的“中国国情与文化”，在设计该课程时，可充分考虑到对学生“非正式能力”培养的辐射作用，在课程的教学内容描述中可加入待人接物的基本礼仪、社交规范等知识，还可以将一些具有时代特征的文化符号融入其中，比如设置专门的“微信社交礼仪”章节，用阿拉伯语授课，既兼顾了语言技能的训练，也能够承载“非正式能力”培养的功能。同样，课程体系中也可以设置阿拉伯语方言类课程。课程描述中，教学内容除了体现阿拉伯地区方言的语言知识，还可以融入具体对象国的文化、国情、风俗等知识。

由此，在课程体系建设的环节，充分考虑学生“非正式能力”的培养，将其纳入课程体系的设计，将能更好地贯彻“寓人的教育于语言教学的全过程”[①] 的教学原则。

---

① 基础阿拉伯语、高年级阿拉伯语教学大纲研订组编：《高等学校阿拉伯语教学大纲》，221页，北京，北京大学出版社，2000。

（二）“非正式能力”培养与高校阿语专业课堂教学

通过课程设置来承载学生“非正式能力”的培养是有限的，更大的培养空间还在于课堂教学环节。

在课堂教学中，贯彻“非正式能力”的培养导向，也并不需要额外增加课堂的时间。阿语专业课堂教学的“人文性”，可以“体现在对语言材料的理解和运用中，并不需要占用额外的课堂教学时间。重要的是教师要对此有强烈的意识，在教学中善于抓住有利的教学时机，见缝插针，将其渗透在课堂活动中”[①]。

为了实现这个目标，可以分三个要点来抓课堂教学。“第一，认真选择产出任务的话题……第二，精心选择为产出任务服务的输入材料。”[②] 阿语专业课程的教学中常常涉及跨文化交际的场景，我们可以设计一个与阿拉伯人交际的任务，并引导学生思考，什么样的应答话语更符合与对象国人民交际的原则，可以产生更积极的交际效果。比如，“فرصة سعيدة”（幸会）这句寒暄语，可以用原句来应答，即答复“فرصة سعيدة”（幸会）。但是，如果要产生更积极的交际效果，充分考虑到阿拉伯文化对于寒暄的重视、阿拉伯人民热情的民族性格，这句话也可以用“وأنا أسعد”来应答（我更幸 [运]）。在课堂传授这一语言知识的过程中，实际上也融入了要注意交际原则、充分考虑对方感受等待人接物的原则和方法，这种传授表面上看是阿语知识的灌输，实际上也融入了对学生“非正式能力”的培养。

除了任务和材料，还要注意第三点，即“巧妙设计教学活动的组织形式”[③]。教学活动中，课堂组织对于教学内容的学习有很大的影响。比如，要求课堂有一定的仪式感，上课有个正式的开始，师生用阿语互相问候对方，然后再开始进入课堂的学习。这在表面上看，似乎是多了一个形式上的任务，实际上，这样的仪式对于后续课堂的进程能产生很好的凝聚学生注意力的积极效果。在课堂的进程中，

---

① 文秋芳：《大学英语教学中通用英语与专用英语之争：问题与对策》，载《外语与外语教学》，2014（1）。

② 文秋芳：《构建“产出导向法”理论体系》，载《外语教学与研究》，2015（4）。

③ 文秋芳：《构建“产出导向法”理论体系》，载《外语教学与研究》，2015（4）。

阿语的教学实践通常会有大量的学生互动参与，我们可以组织学生展开自评、互评，在这样的过程中，也可以帮助学生加深“如何看待自己”、与他人团结合作的重要性等问题上的认识，将“非正式能力”培养融入其中。

（三）“非正式能力”培养与高校阿语专业第二课堂实践活动

除了专业课堂教学，阿语专业学生“非正式能力”的培养还有一个很重要的环节，就是“第二课堂”。所谓“第二课堂”，是相对于课堂教学来提的，“我国最早提出‘第二课堂’概念的是著名教育家朱九思，其在所著的《高等学校管理》（1983）中谈到，在教学计划之外，引导和组织学生开展的各种有意义的健康的课外活动，包括政治性的、学术性的、知识性的、健身性的、娱乐性的、公益性的（或称为服务性的）以及有酬性的活动等，就是所谓的‘第二课堂’”[①]。

高校阿语专业的学生，在大学期间，通常会有不少的机会参与学校的学生工作、专业的研讨会、校内外的专业实习实践等活动，这些都是阿语专业学生的第二课堂。我们可以充分利用研讨会、学生工作、专业实习实践等第二课堂的空间，为学生贯彻“非正式能力”培养导向。比如，学生工作中常会有学生干部参与教学事务的办理，学生能否养成事事有交代、件件有着落的意识？一个班级的作业布置与交收，所有学生是否能够按约定的时间、约定的方法来完成，通过交收作业养成规则意识？举办专业研讨会的过程中，能否让学生担任对象国来访学者的陪同，在锻炼阿语语言能力的同时，也锻炼跨文化交际及解决问题的能力？所有这些具体任务的完成，都会涉及学生“非正式能力”的培养。

当然，在第二课堂的环节贯彻“非正式能力”培养的导向，不仅仅需要阿语专业教师的努力，还需要学校各相关岗位的教师参与，实现真正的全员育人、全过程育人、全方位育人。

---

① 王晓如、负大强:《第二课堂与课堂教学关系研究》，载《青海民族大学学报（教育科学版）》，2011（1）。

三、结语

高校的本科专业教育，应该主抓学生的专业知识与能力培养，但并不能放松对学生“非正式能力”培养的关注。从阎光才教授的报告来看，当前用人单位与高校培养目标之间最不匹配的能力板块，恰恰是学生“非正式能力”的培养。大学通常是人才培养的最后一站，如果我们在人才培养的最后一站还不提升对“非正式能力”培养的认识，不去重视这个能力板块的培养，那么全方位育人的目标将难以实现。

“教育本身最为质朴也最为简单的目的——学会做人、学会做事和学会生活，却日渐为指标化的（效率与公平）业绩和政绩目标所冲淡。”[①] 这也许是当前用人单位需求与高校人才培养目标之间产生偏差的一个原因。无论如何，教书育人应本着“只问耕耘”的原则，既然用人单位的人才需求已经明确对教育提出了要更加重视“非正式能力”培养的要求，我们作为人才培养工作者，就应该去考虑如何能够培养出更符合国家和社会用人需求的人才。

从另一方面，“非正式能力”对学生的专业能力提升也有很强的相关性。阿语是世界上公认的最难学的语言之一，学生在专业学习上产生学业困难和障碍的例子屡见不鲜。在专业能力培养的过程中，阿语专业的学生如果能在“如何做人”“如何与人相处”“如何面对生活”等问题上提高认识，提升解决问题的能力，“特别是面对生活中的坎坷时”，能够鼓励自己克服困难；“面对成功和荣誉时”，又能够“保持一颗平常心”[②]，那么，这不仅意味着学生提高了自己“非正式能力”，也一定会体现在他不断进步的专业能力上。

教育从本质上来讲是一种“质性”的工作，我们需要更多地在量化的工作中，体现“质性”工作的指导思想，通过阿语专业课内、课外的各种努力，在培养学生扎实的阿语专业能力的同时，全面提

① 阎光才：《我们的教育究竟缺什么？》，载《光明日报（教育周刊·高等教育）》，2016-01-05。

② 张燕华、刘润清：《人文关怀理念下的大学英语教学与科研——刘润清教授访谈录》，载《山东外语教学》，2015（3）。

升学生的“非正式能力”，实现学生各个能力板块之间的良性互动，使学生的各部分能力形成相互促进的积极动态发展，最终提升学生的综合素质，达成阿语专业人才的“人文性”培养目标。

阿拉伯语专业人才培养方案及其先导后继关系

——以北京第二外国语学院为例

侯宇翔[①]

【摘要】阿拉伯语专业是我国高等教育人文社会科学的重要组成部分，属于外国语言文学学科。本文从阿拉伯语专业在学科和专业两个维度上进行基本描述，并对高等教育中人才培养方案对阿拉伯语专业人才培养的意义和作用做简要说明。本文主要以北京第二外国语学院中东学院阿拉伯语专业2016版人才培养方案为例，着重论述课程的先导后继关系。

【关键词】阿拉伯语专业；培养方案；课程体系

党的十九大报告指出："优先发展教育事业。"建设教育强国是中华民族伟大复兴的基础工程，必须把教育事业放在优先位置，加快教育现代化，办好人民满意的教育。随着"一带一路"战略的推进，阿拉伯语专业人才在服务"一带一路"建设中的作用日益突出，国家急需高素质的阿拉伯语专业复合人才。因此，在新背景下阿拉伯语专业人才培养模式必须因势而变，因势而动。本文以北京第二外国语学院阿拉伯专业人才2016版培养方案为例，阐释人才培养过程的先导后继关系，尝试探讨新时代阿拉伯语专业建设和人才培养新模式。

---

① 博士，副教授，北京第二外国语学院中东学院院长。

一、阿拉伯语：学科内涵与专业建设

阿拉伯语是阿拉伯国家联盟22个成员国的官方语言，也是联合国六大工作语言之一。虽然阿拉伯语在不同的地理方位表现出不同的方言类型，例如埃及方言、沙姆方言、马格里布方言及半岛方言等，但由于存在标准语，因此阿拉伯语仍被认为是统一的民族语言，是阿拉伯世界跨越国界、相互了解、沟通思想、联结友谊的语言工具。由于阿拉伯国家在历史上有着悠久的种族、亲缘、近邻的关系，阿拉伯语不仅是通用的生活语言，也是不同国度的穆斯林的共同的宗教语言。随着“一带一路”倡议的提出，中国与阿拉伯国家以及穆斯林地区的交流逐渐深化，阿拉伯语在中阿交流中的作用显得尤为重要。为了更好地发挥阿拉伯语在中阿经贸交流的沟通作用、中阿人文交流的纽带作用，阿拉伯语专业建设、阿拉伯语专业人才培养迫在眉睫。

阿拉伯语语言文学是我国学科分类的重要组成部分。阿拉伯语语言文学作为二级学科，其学科归属是文学类外国语言文学一级学科，目录编号为050208[①]。该学科的学科内涵包括阿拉伯语言、阿拉伯文学和阿拉伯国家研究等，具有跨学科特点。相关学科主要涉及哲学、历史学、政治学、社会学、经济学、教育学等。阿拉伯语作为教育部普通高等学校本科专业目录的归属为文学大类外国语言文学类，目录编号为050206。该专业建设的主要任务就是，培养具备上述学科内涵认识能力和实践能力的相关人才。[②]

北京第二外国语学院阿拉伯语专业是学校于1964年成立之初即设置并延续至今的专业，是教育部确定的全国最早七个阿拉伯语专业教学单位之一，是教育部第一批特色专业建设项目和北京市教委“质量工程”品牌专业建设项目，是教育部的三个阿拉伯研究培育中心之一。因此，北京第二外国语学院通过长期的课堂教学、社会实践和专业实习等多种渠道，培养符合国家各领域发展需求的高素质

① http://www.cdgdc.edu.cn/xwyyjsjyxx/sy/glmd/264462.shtml.

② http://www.gov.cn/fwxx/wy/2012-10/12/content_2242157.htm.

复合型阿语人才，已经成为国内优势较为明显的阿拉伯语人才培养基地。

二、培养方案在阿拉伯语人才培养过程中的作用

专业人才培养方案是高校人才培养方式的具体化表现，是高等院校人才培养过程的“施工蓝图”“指标文件”和“理念旗帜”。

专业人才培养方案是高校对于落实专业人才培养目标的具体操作步骤，培养方案的内容应涉及专业定位、培养目标和要求、学制、毕业与学位条件、学科外延、考核方式、课程类别与体系、第二课堂与专业实习等方面。其中最为关键的就是本科课堂上的课程设置和课程体系，其重要性关乎整个“施工蓝图”的成败，是人才培养过程中的决定性要素。阿拉伯语专业人才的培养是一个较为复杂的过程，因此“施工蓝图”的适切性十分重要，阿拉伯语本科专业人才培养方案的制定直接决定阿拉伯语专业人才的知识结构和能力体系。因此，本科专业人才培养方案说到底是“怎样培养人”的核心路径和根本指标。

专业人才培养方案不仅是“施工蓝图”，还是高校办学思想和育人理念的“旗帜”。培养方案体现的思想和内涵是该校对于育人目标的根本把握，也就是说，培养方案的设计已经体现了设计者对于人才培养的基本观点、基本看法和核心关切，因此培养方案是给予该高校对于“培养什么样的人”的自我表述。阿拉伯语专业既是外国语言文学类中的普通一员，也具有鲜明的地域特色，而且不同的高校也致力于培养符合各自办学目标的阿拉伯语人才。因此，制定高校的这面“旗帜”应该在认真研究贯彻《中华人民共和国高等教育法》《国家中长期教育改革和发展规划纲要（2010—2020 年）》《全面提高高等教育质量的若干意见》《教育部、财政部关于实施高等学校创新能力提升计划的意见》等文件基础上，结合高校学校定位、学科特色和相关规划，制定属于自己的专业人才培养方案。从而将阿拉伯语专业人才培养方案能够与学校的办学思想和育人理念高度一

致，助推学校的学科建设。

三、先导后继关系的两个维度

培养方案的制定应坚持人才培养的先导后继关系，具体体现为两个维度：培养过程的先导后继和课程体系的先导后继。下面具体以北京第二外国语学院阿拉伯语专业人才培养方案为例，该培养方案的制定在参照《北京第二外国语学院 2016 版人才培养方案修订指导意见》、结合兄弟院校阿拉伯专业培养方案中课程设置、课时设定、教学方法和教材选定等内容的基础上进行初稿编写，在听取各位专家意见后对初稿又进行了修改、补充和完善。新版人才方案坚持人才培养先导后继关系，主要体现如下。

（一）坚持阿拉伯语专业课堂教学与第二课堂教学相结合，构建培养过程先导后继

专业课堂教学是高校人才培养的主体部分，是实现学校人才培养目标的根本手段。根据《北京第二外国语学院 2016 版人才培养方案修订指导意见》，阿拉伯语专业学生毕业要求课堂学分总量为 155 学分，学分类型由通识必修课、通识选修课、专业必修课和专业选修课 4 类构成，为学生能力培养和素质提升提供充分保障。第二课堂及创新创业教育是人才培养的重要组成部分，总计 15 学分，包括形势政策教育、心理健康教育、职业生涯规划、社会实践与创新创业活动。第二课堂归口单位为学校学生处，负责设计第二课堂活动内容、实施办法和学分认定方案，招生就业处、团委、教务处和各院系学生管理部门协同学生处开展工作，建立与第一课堂紧密衔接的第二课堂培养体系。目的在于鼓励和促进学生参加校内外各级各类学科竞赛活动或各类创新创业活动，撰写、发表的论文和作品，完成国家、北京市和学校三级大学生创新创业项目（SRTP）。

专业课堂与第二课堂相结合，就是理论与实践相结合。就人才培养而言，专业学习是创新实践的基础与前提，创新实践则是专

业学习的回馈与完善。实践环节是提高学生综合素质、培养学生语言运用、自主学习、交际沟通、创新创造能力的重要环节，可分为课外实践活动、社会实践活动、专业实习和国际交流，有利于扩大学生知识面、增长见识、培养创新精神、合作意识；强化学生社会责任意识、培养学生人际交往能力；开拓国际视野、增强全球意识、提升跨文化交际能力。一个优秀的人才不应只成为“只会学不会用的人”或者“只会用不会改进的人”，应当是“专业知识指导技能实践，技能实践完善专业知识”的创新性、实用性人才，而这正是课堂教学与第二课堂教学相结合，培养过程坚持先导后继的真正目标。

整个培养过程先导后继关系的科学制定可以为“复合”提供较大的可能性。阿拉伯语专业的复合特色可以通过内部课程设置或与专业院系复合来实现。高年级学生必须修读与对象国相关的政、经、文、贸等课程，完成跨专业复合课程学分要求。第二外语课程通过学生自选复语专业修读双学位的形式完成。复合型国际化人才培养中的教材遴选与建设必须具有体系性，显示先修后继层级。

（二）坚持语言技能课与文化素质课相统一，打造课程体系先导后继

2016 版人才培养方案的制定在充分考虑当前国家发展大势、首都功能定位、社会需求反馈和学校人才培养目标，借鉴兄弟院校人才培养优秀经验的基础上，认为应当完善课程体系，在保持语言技能课在专业人才培养中的主体地位情况下，加入国别区域类课程作为提供学生文化素质的重要一环，打造课程体系先导后继，实现人才培养更加完善化、科学化。

根据阿拉伯学院 2016 版人才培养方案，涉及 32 学时语言综合课，63 学时语言技能课，包含听、说、读、写、译五项基本技能训练，28 学时的文化素质课，文化素质课以国别区域研究为基础，包含阿拉伯国家概况、阿拉伯历史、阿拉伯伊斯兰文化概论、中东政党与社会等。从课程体系构建中我们可以发现，语言技能课是前提和基

础，是阿拉伯语专业学生区别于其他专业学生的特色和优势，是学生学习阿拉伯文学、进行阿拉伯国家综合研究的基础，具有指导性意义，同时文化素质课是语言技能课的补充和完善，是当前国际形势、国家战略需要、市场人才需求的背景下对人才模式的一次调整。人才“国际化”和“复合化”成为人才培养趋势，单纯的语言技能已经不能满足市场需求，对象国文化了解、中阿交流、跨文化交际能力已经成为外语类人才的必备素养，因此亟须加强语言技能课与文化素质课的统一完善，及时改革课程体系，以语言技能课为铺垫导向课程，文化素质课为拔高提升课，打造课程体系先导后继，实现外语人才优质培养。

四、先导后继关系确立的两项原则

在阐释完人才培养先导后继关系原则在培养方案中的具体表现之后，接下来我们仍以北京第二外国语学院阿拉伯语专业人才培养方案为例，谈论坚持人才培养先导后继关系的根本目的。总体而言，主要表现为两方面：一是执行国家外语教学基本标准；二是实现学校人才培养目标。

（一）阿拉伯专业人才培养旨在执行国家外语教学基本标准

根据高等学校阿拉伯语本科专业教学质量国家标准，结合我校阿拉伯语专业实际，将人才培养目标定为培养具有扎实的阿拉伯语言基础知识，灵活的语言应用能力，宽广的知识面，深厚的人文素养，高尚的道德情操，较强的适应、竞争和创新能力，能够熟练运用阿语从事外交、安全、经贸、新闻、教育的高素质复合型人才。案例中的方案旨在培养能够运用扎实语言能力开展阿拉伯国别和区域研究工作的研究型人才。这其中对学生的培养规格做出以下要求。

1. 素质方面指出，阿拉伯专业学生应当热爱祖国，热爱中国共产党，具备为祖国建设与发展事业服务的崇高愿望和理想；具有高尚的道德情操和良好的人文修养；具备敬业精神、合作精神和良好的身体心理素质。

2. 知识方面指出，阿拉伯专业学生应当掌握阿拉伯语语言文学知识、阿拉伯国家知识、跨文化知识和中国语言文学、文化及和国家基本知识，具体表现为熟练掌握阿拉伯语语音、词汇、语法、语法等知识，熟悉阿拉伯常用语和文化负载语，了解阿拉伯标准语与阿拉伯国家方言之间的基本差异；了解阿拉伯文学发展史，熟知当代阿拉伯文学重要流派；熟知阿拉伯国家的历史、政治、社会、经济、文化、宗教等方面的知识，了解阿拉伯国家基本国情与文化特点。

3. 能力方面指出，具有扎实的阿拉伯语言基础和全面的阿拉伯文学、文化知识，具备较强的运用阿拉伯语进行口、笔头交际的能力，具有丰富的科学知识、深厚的人文素养、宽阔的国际视野和较强的跨文化交际能力。

（二）阿拉伯专业人才培养旨在实现学校人才培养目标

案例中的北京第二外国语学院的人才培养目标为“以培养国际化、复合型、高层次、应用性的优秀人才”，因此阿拉伯语专业确立为“本专业旨在培养德、智、体、美全面发展的，具有扎实的阿拉伯语语言基础知识，过硬的语言应用能力，宽广的知识面，深厚的人文素养，高尚的道德情操，较强的适应、竞争和创新能力，能够熟练运用阿拉伯语从事外交、安全、经贸、新闻、教育与科研等领域工作的高端复合型人才”。具体而言就是，积极践行北京第二外国语学院关于人才培养的理念和思想。

五、结语

综上所述，阿拉伯语专业人才方案的制定应坚持人才培养的先导后继关系，做好专业教育第一课堂是实践创新第二课堂的前提与基础，实践创新第二课堂是专业教育的第一课堂的反馈与补充；专业教育内部做好专业技能课是文化素养课的基础与铺垫，文化素养课是专业技能课的拔高与完善。因此，应坚持人才培养先导后继关系，在执行高等学校阿拉伯语本科专业教学质量国家标准的基础下，努力实现学校人才培养目标，制定新的人才培养方案，培养“国际化、复合型、高层次、应用性”优秀阿拉伯语专业人才，以服务国家战略实施、首都功能完善，满足社会人才需求。

“一带一路”背景下阿拉伯语硕士创新人才培养模式建设研究

——以四川外国语大学为例①

吴　昊②

【摘要】阿拉伯国家在共建“一带一路”倡议中举足轻重，“一带一路”倡议对阿拉伯语硕士人才培养提出机遇和挑战。阿拉伯语硕士人才培养模式应对接“一带一路”倡议，进行创新人才培养模式建设：在培养方式上创新，变“国内培养”为“国际化培养”；在导师制上创新，变“中方单导师制”为“中外双导师制”；在课程体系上创新，变“单一语言文学”为“多元课程模块”；在课程内容上创新，对接“一带一路”倡议和中国文化“走出去”战略；在科研理念上创新，指导学生在“一带一路”倡议框架内进行科研创新研究。

【关键词】“一带一路”；阿语硕士；人才培养模式；创新

建设世界一流大学和一流学科，是党中央、国务院在新的历史时期与时俱进地做出的一项重大战略决策，国家战略需求正是“双一流”建设的出发点和归宿点。对外语类高校而言，在“双一流”建设过程中，服务国家“一带一路”倡议和文化“走出去”重大战

① 本文系 2018 年重庆市研究生教育教学改革研究项目“‘一带一路’背景下阿拉伯语硕士创新人才培养模式建设与实践”（编号：yjg183104）成果。

② 女，博士，副教授，硕士生导师，四川外国语大学东方语学院院长助理，阿拉伯语语言文学硕士点主任。

略是其人才培养的重要使命。[①] 对阿拉伯语硕士人才培养而言，在"双一流"建设背景下，应该重点对接"一带一路"倡议，进行适应国家战略的人才培养模式的转型，加大人才培养模式的创新力度，加大对对象国社情、民情和国情的研究深度，为国家培养更多对接国家战略所需的阿拉伯语高端人才。

一、阿语硕士人才培养对接"一带一路"倡议的必要性

阿拉伯语硕士人才培养应重点对接"一带一路"的倡议，是由阿拉伯国家在共建"一带一路"倡议中的重要性决定的。中阿友好交往源远流长，中国将阿拉伯国家视为共建"一带一路"的天然和重要合作伙伴，阿拉伯国家在共建"一带一路"倡议中占有重要地位。

（一）阿拉伯国家数量占比大

"一带一路"沿线国家中，阿拉伯国家有 13 个，占总数的五分之一，伊斯兰国家有 26 个，占总数的近一半。阿拉伯国家享有重要的战略位置和丰富的战略资源，分布于丝绸之路经济带的南线及 21 世纪海上丝绸之路的中国—波斯湾线和中国—红海—地中海 / 黑海线。按照现今广义的"一带一路"沿线国家概念，地处西亚和北非的 22 个阿拉伯国家都是"一带一路"朋友圈里的重要伙伴。

（二）"一带一路"倡议得到阿方积极响应

"一带一路"倡议提出后，得到了阿拉伯国家的积极响应，中阿政治交往进一步深化，经贸往来与合作日益密切。倡议提出后，共建"一带一路"成为深化中阿战略合作的新动力，中国同 8 个阿拉伯国家建有全面战略伙伴关系、战略伙伴关系或战略合作关系，同海湾阿拉伯国家合作委员会建立了中海战略对话机制。2014 年以

① 姜智彬：《"双一流"建设中外语类高校的使命感教育》，载《中国高教研究》，2017（12）。

来，中国与“一带一路”沿线阿拉伯国家在经济文化等方面的联系愈发紧密，贸易增长速度高于国际平均水平。2014 年至 2017 年，中阿双边贸易额年均高达 2124.9 亿美元。目前，中国已成为阿拉伯国家第二大贸易伙伴，以及沙特、阿联酋、阿曼等 9 个阿拉伯国家的最大贸易伙伴，阿拉伯国家是中国的第七大贸易伙伴和最重要的原油进口市场。截至 2017 年 6 月，科威特、阿曼、卡塔尔、沙特阿拉伯、阿联酋、埃及、约旦、苏丹和巴林 9 个阿拉伯国家加入亚投行，其中前 7 个国家还是亚投行创始成员国。

（三）中国多次向阿拉伯国家作政策宣示

2014 年，国家主席习近平在中阿合作论坛第六届部长级会议开幕式上发表重要讲话，为新时期中阿关系发展和双方集体合作指明了方向。2016 年，中国政府发布《中国对阿拉伯国家政策文件》，是新时期“一带一路”框架下中阿关系发展的行动指南，体现了中国政府对阿拉伯国家的重视；习近平在阿拉伯联盟总部发表题为《共同开创中阿关系的美好未来》的重要演讲，提出促进稳定、产能对接、创新合作和增进友好的行动指南；中阿合作论坛第七届部长级会议签署了《多哈宣言》和《中阿合作论坛 2016 年至 2018 年行动执行计划》两项重要成果文件，进一步明确了双方共建“一带一路”的重点领域和重要合作举措。2018 年，习近平出席中阿合作论坛第八届部长级会议开幕式并发表题为《携手推进新时代中阿战略伙伴关系》的重要讲话，宣布中阿双方一致同意，建立全面合作、共同发展、面向未来的中阿战略伙伴关系。

二、“一带一路”倡议对阿语硕士人才培养提出的机遇与挑战

2017 年“一带一路”国际合作高峰论坛召开并发布《圆桌峰会联合公报》，标志着“一带一路”从中国倡议走向了国际共识，合作共建“一带一路”已经成为当前和今后较长一段时期中国和沿线国

家谋求共同发展的集体愿景和共同行动。“一带一路”建设需要大批具有国际视野、通晓商务知识、精通所在国语言、熟知所在国文化的高层次国际化复合型人才，应抓住机遇积极服务这一国家战略，不断探索研究生培养体系和模式，大力培养高层次创新人才。

“阿拉伯语语言文学”作为外国语言文学二级学科，在共建“一带一路”倡议中有重要的现实意义。阿拉伯语作为22个阿拉伯国家的官方语言，是4亿阿拉伯人的母语，16亿穆斯林的宗教语言，联合国的六大工作语言之一。服务“一带一路”倡议是阿拉伯语硕士人才培养的重要责任，“一带一路”建设对阿拉伯语高端人才的需求潜力巨大，为阿语硕士毕业生提供了广阔的发展机遇和良好的就业机会。

同时，“一带一路”倡议也对阿拉伯语高层次人才培养提出了新的挑战。国内高校阿拉伯语硕士人才培养模式存在同质化的现象，人才培养目标定位模糊化、趋同化，特色不够鲜明，培养方案设置传统化和单一化，培养国际化水平仍然有限，这不仅不利于学科的长远发展，也抑制了研究生创新意识的产生和创新能力的提高。作为培养国际化人才和促进中外人文交流的重要平台，外语学科需要明确定位，科学发展，以服务国家和区域需求，培养卓越国际人才，提升学科的国内外影响力。[①] 鉴于当前阿拉伯语高层次人才培养模式服务“一带一路”倡议存在的不足，需要积极探索阿拉伯语硕士创新人才培养模式，着力提高培养高层次创新人才的能力。

三、川外阿语硕士创新人才培养模式建设的基础

（一）重庆区位优势

四川外国语大学的阿拉伯语语言文学二级学科依托重庆区位优势在西南地区处于领军地位。重庆位于长江经济带和丝绸之路经济带的交汇处，是丝绸之路经济带的战略支点，也是海上丝绸之路的

① 王雪梅:《对国家战略视角下外语学科发展规划的思考》,《中国外语》，2017（5）。

战略腹地。依托重庆区位优势的阿拉伯语语言文学是西南地区第一个且唯一的硕士点，在国内高校阿拉伯语专业中拥有一定的影响力。

（二）川外“外国语言文学”学科优势

外国语言文学学科是川外的传统优势学科，目前该学科已设置7个二级学科博士点，12个二级学科硕士点，是重庆市一流学科，在全国第四轮学科评估中评为“B+”，在2017—2018年研究生教育分学科排行榜名列第9位，被评为五星级学位点。依托川外“外国语言文学”学科优势，可以引领和带动阿拉伯语语言文学学科发展，提升竞争力。

（三）川外阿语硕士点已有的创新实践基础

川外阿拉伯语语言文学硕士点自建立以来，一直积极进行创新人才培养模式的探索，在国际化培养方面有突出表现：国家留学基金委政府间互换奖学金项目2016级派出人数占比33%，2017级占比77%；已与阿尔及利亚特莱姆森大学签署校级交流协议，2016级硕士研究生已通过该项目派出。另外，自2016级开始，均有外籍专家担任1～2门研究生课程，并开设“英阿互译”研究生课程。

四、川外阿语硕士创新人才培养模式建设

“一带一路”倡议背景下的阿拉伯语硕士创新人才培养模式主要包括：培养方式创新、导师制创新、课程体系创新、课程内容创新，以及科研理念创新。

（一）培养方式创新：变“国内培养”为“国际化培养”

只有长期在阿拉伯语国家学习和生活，学生才能充分了解对象国的社会经济情况及其参与“一带一路”建设的需求和优劣势，才能真正形成符合“一带一路”倡议需求的国际交往能力。所以，“一带一路”倡议提出本身就是对阿拉伯语硕士国际化人才培养的一个重大机遇。通过变“国内培养”为“国际化培养”的培养方式创新，

使学生真正达到"会语言、通国家、精领域",提升其跨文化交际能力和社会参与能力。

主要实现路径有二。第一,通过国家留学基金委政府间互换奖学金项目和四川外国语大学与阿尔及利亚特莱姆森大学的校级交流项目,使学生能够在研二期间到阿拉伯国家进修,学生读研期间出国率达到100%。第二,国内上课期间,专业课程的外籍专家授课率不低于40%。

(二)导师制创新:变"中方单导师制"为"中外双导师制"

导师在研究生创新精神和学术能力培养中起着重要的引领作用,变"中方单导师制"为"中外双导师制",可以发挥外籍专家在对象国语言、国情等方面的先天优势,提升学生服务共建"一带一路"的能力。

主要实现路径:四川外国语大学已经完成外籍专家职称评定改革,目前拥有母语为阿拉伯语的外籍专家5人,其中教授2人(1人为2017"外教中国"年度人物获得者,另1人有联合国工作经历),副教授3人(涵盖法律、金融、建筑领域),在校内即可实现"中外双导师制"。

(三)课程体系创新:变"单一语言文学"为"多元课程模块"

据目前掌握的情况,国内高校阿拉伯语硕士生课程主要为语言、文学类课程,即传统课程体系。但是单一的语言文学课程已经无法满足服务"一带一路"倡议的需要,对接"一带一路"倡议需要对阿拉伯语硕士课程体系进行"多元课程模块"创新。

主要实现路径:在充分调研的基础上,对培养方案进行修改,设置"语言文学""一带一路国情知识""经贸阿拉伯语"等多元课程模块,在保留"语言文学"传统的基础上,增加"一带一路"沿线阿拉伯国家社会、经济、法律、民俗等方面内容的国情知识模块,增加以阿拉伯商务谈判、经贸文章选读、经贸应用文等为主要内容的经贸阿语模块。

（四）课程内容创新：对接“一带一路”倡议和中国文化“走出去”战略

在对课程体系进行创新的基础上，创新课程内容，对接“一带一路”倡议，对接中国文化“走出去”战略。

主要实现路径：以对接中国文化“走出去”为例，需要学生掌握用阿拉伯语讲好中国故事的能力，并且应该考虑到地域特色，重庆是共建“一带一路”倡议的战略支点城市，可以突出本地与特定的“一带一路”沿线阿拉伯语国家已有的或可能进一步扩展的联系，建设相应特色课程。

（五）科研理念创新：指导学生在“一带一路”倡议框架内进行科研创新研究

阿拉伯语语言文学专业的硕士生应该有服务国家战略的意识，积极主动地投身于共建“一带一路”倡议中，在科研理念上进行创新，抛开过去单一做语言文学研究的思路。

主要实现路径：由中外导师指导学生在“一带一路”倡议框架内积极申报研究生科研创新课题，比如“一带一路”沿线阿拉伯国家涉华舆情研究，“一带一路”沿线阿拉伯国家民众心中的中国形象研究等。

五、结语

“一带一路”背景下阿拉伯语硕士创新人才培养模式建设具有服务国家战略的视野，该模式提出的在阿拉伯语硕士人才培养模式中进行“国际化培养”“中外双导师制”“多元课程模块”“对接‘一带一路’的研究生课程建设”等实践，在国内高校阿拉伯语硕士人才培养模式中是有益的尝试。

建设对接“一带一路”倡议的阿拉伯语硕士创新人才培养模式，把“阿拉伯语语言文学”打造成重庆市有特色、有亮点的学科，在国内有影响的学科，“在特色发展中求一流”，服务于国家和重庆的政治、经济、文化等需求。建成“一带一路”背景下阿拉伯语硕士创新人才培养模式，可以切实提高重庆阿拉伯语硕士人才培养水平，使重庆市成为阿拉伯语高端人才培养的新高地；为重庆市开展对阿拉伯国家、伊斯兰国家的经贸合作、文化交流提供必要的高端人才储备；对国内其他高校阿拉伯语硕士人才培养模式起到启示作用；亦可对非英语的外语学科硕士创新人才培养模式有所启发。

服务中阿人文交流人才培养的课堂重构与创新[①]

崔林杰[②]

【摘要】本文通过解析人文情怀的培养、交流意识的构建、第二课堂的辅助作用这三个层面，明确独立学院阿拉伯语专业课程建设和课堂重构的方式和路径，结合创新创业教育，开拓教学改革视野，融合人文交流元素，拓展阿拉伯语教学新模式。

【关键词】创新创业教育；人文交流；人才培养；丝路文化

服务中阿人文交流人才培养的课堂重构与创新，就是围绕以培养服务中阿人文交流人才为目标的教学大纲与方案，着力课程建设与课堂重构，革新理念，搭建人才培养创新平台，优化教学实施路径，深度融入“一带一路”建设国家战略。

以南京大学金陵学院为例，从 2017 年到 2018 年，阿拉伯语专业人才培养以及课程建设思路和方案经历了一次转型和升级，概括地讲，就是从原先的“阿拉伯语专业人才能力培养的人文引导”升级为现在的“中阿人文交流人才培养与创新”。

针对学科创办以来遇到的教学问题，该院阿拉伯语系教学团队制定了适应独立学院教学特点的“阿拉伯语专业人才能力培养的人文引导”教学方案。

这套方案从课程体系建设、教学管理创新、对外合作交流三个

---

① 本文系南京大学金陵学院教学改革与研究立项项目重点课题“创新创业教育与外语专业教育的深度融合—以新丝路平台为例”（0010521807）的阶段性成果。

② 讲师，南京大学金陵学院阿拉伯语系副主任。

方面就独立学院阿拉伯语专业的特色学科建设和实践型人才培养模式进行阐释，并在实践中得到检验。

人文引导，即针对阿拉伯语本科教学面临的先天不足，南京大学金陵学院阿拉伯语系教学团队制定了“聚力课程体系建设—创新教学管理模式—拓展对外合作交流”三位一体教学方案，在教学实践中对学生的阿拉伯语专业学习进行人文引导。

阿拉伯语难学难教，四年制阿拉伯专业本科教学面临诸多难题。

第一，阿语学习入门难、学生思想包袱重、学习目的不明确。

第二，阿语学生差异大、学生交流途径少、学业规划不系统。

第三，阿语交流环境少、出国学习制约多、口语交流不顺畅。

为了解决这些先天不足，阿拉伯语系教学团队凝心聚力，在教学中大胆创新，勇于实践，摸索出一套适应独立学院特点的阿拉伯语教学方法。

第一，聚力课程体系建设，打造独具特色的新生导学课系统，引导学生明确学习目的。

第二，创新教学管理模式，建立班导师制管理体系，引导学生科学制订学业规划。

第三，拓展对外合作交流，充分利用教学资源，引导学生强化口语交流能力。

去年以来，金陵学院以阿拉伯语学科作为轴心加亮点，组织申报南京大学国家双创示范基地重点项目并成功获批立项，开始建设“新丝路”工作坊。在此基础上，阿拉伯语系教学团队提出了升级版的专业人才培养以及课程建设思路和方案，即“中阿人文交流人才培养与创新”。

这套方案紧扣创新创业教育改革主题，围绕“双线并行—三位一体”建设思路，注重学生“语言文化核心素养”培养主线与“综合实践创新能力”培养主线双线并行，人才培养与课程建设以“核心素养为前提”，以“实践教学为特点”，以“全面发展为目标”三位一体，旨在培养具有“扎实的外语交际能力、厚实的人文知识涵养、充实的实践技能经验”的中阿人文交流人才。

以下，笔者从三个方面阐释上述课堂重构与创新的思路与方法。

第一，人文情怀的培养。

经过多年实践，基于多模态理论，南京大学金陵学院阿拉伯语系开设了“中阿人文交流与创新”课程，作为阿拉伯语专业学生“新生导学课”的接续课程，旨在深化培养学生的人文主义情怀。

教学团队将这门课程分为“阿拉伯语与阿拉伯文化”“汉阿文化比较”“人文交流与中阿经贸关系”和“中东剧变之后的中阿关系”4个板块，每个版块均组成教学小组，由名家学者领衔，分成3～4个专题实施教学。

基于多模态教学理论，教学团队将学生组成人数固定的小组，学生小组和教学团队有效互动，课前教学团队各位教师之间多模态互动备课、学生小组各成员之间多模态互动预习，课上采取任务导向型教学模式，要求学生小组成员间进行多模态话题讨论，教学团队与学生小组之间进行多模态课件报告展示，以及学生小组各成员之间采取多模态协作学习研讨。

几年来，阿拉伯语系先后邀请二十余位名家学者走进浦苑讲学，与师生积极交流，将阿拉伯语言文学、社会文化、中阿交流等领域研究的前沿动态及时分享，孵化出以名师领衔的教学团队为核心、以多模态理论为指导、以师生有效互动为特色、以培养学生人文情怀为目标的创新型课程，有效地促进了学科发展，丰富了校园文化。

阿拉伯语系教学团队鼓励学生积极申报省级大学生创新训练项目和校级暑期社会实践活动，结合专业特色，充分利用南京悠久厚重的人文宝藏和历史积淀，开展丰富多彩的社会实践调研，指导效果明显。近年来，有七个项目获得省教育厅立项，师生们实地调研南京净觉寺、宝船厂、静海寺、大报恩寺等历史文化景点，开展关于海上丝绸之路起点遗址的文化交流论坛，尝试性地研讨南京海上丝绸之路起点概念旅游产品；线上线下调研南京清真食品企业发展现状，实地走访马祥兴、韩复兴等民国老字号清真食品企业，研究和讨论清真特色食品的民族化、本地化程度和状态，绘制清真餐厅或饭店的大堂装修图纸，深度融合金陵特色和清真风格，深受好评。

第二，交流意识的构建。

以创新创业教育为契机，以优质的双创平台为载体，南京大学金陵学院阿拉伯语系努力打造全新的创新创业教育品牌“新丝路”工作坊，师生同参与，从2017年下半年起，每月一期，至今已经举办四期，分别围绕“新丝路双创平台的聚集作用”“一带一路与中国的全球治理思维”“逊尼派和什叶派的历史纠葛与极端主义”“中阿节日习俗与文化传承”四个主题，采取翻转课堂的教学理论，努力培养和构建阿语学生的人文交流意识。

采用翻转课堂的教学理论，通过课前知识传递阶段—课中知识内化阶段—课后拓展阅读阶段三个部分的有机结合，在我们规划的范围内有效地实现了阿语课堂的重构与创新。

基于翻转课堂教学模式的工作坊是一个由点到面的过程，可以是教学团队为解决师生之间由于时间、地点等因素限制所造成的教学困难，在小范围内开展的教学探索。工作坊教学活动开展以来，我们进一步通过微信公众号的推送和社交平台的师生互动，努力拓展翻转课堂的积极意义。基于翻转课堂的工作坊创造了一种新型的教学模式，它从根本上颠倒了传统教学的知识传递和知识内化两个阶段，是对传统教学模式的“破坏式革新”，具有传统教学模式无法比拟的独特优势。

阿拉伯语系教学团队指导学生社团开展南京留学生论坛，邀请阿拉伯国家在宁留学生来校，围绕民族传统文化展开交流讨论，结对子、建小组，学习阿拉伯语言和歌曲、舞蹈，教授中文、书法、太极拳，扎风筝、做花灯，同时积极宣传和推广这种交流形式，深受社会关注、反响积极。

第三，第二课堂的辅助作用。

第二课堂对阿语课堂教学的辅助作用非常明显。南京大学金陵学院阿拉伯语系以“新丝路”工作坊为支撑，培育一支标杆学生团队，以学科竞赛和戏剧展演促进培养阿语学生的专业核心素养。

围绕专业课教学，开展了“新丝路”文化艺术节，集中展示师生人文交流实践成果，将课堂内外的所学所用通过立体化的空间艺术效果呈现给更多的观众，既能很好地反馈和汇报阿拉伯语系的课内外教学成果，检验创新创业教学实效，同时还能够向更多的校内外师生、学者和公众展示和普及丝路文化和中外人文交流情况。

开展戏剧节和配音大赛，突破传统的学科竞赛模式，通过学生喜闻乐见的课外活动形式，融入阿拉伯语专业教学特色，师生共同参与，能够更好地提升第二课堂的参与程度和实践效果。

独立学院阿拉伯语专业学科的发展是一条漫长而艰难的道路，课程建设和课堂创新是这条发展道路上尤为关键的一环，改革是趋势，改出特色、改出成效，人才培养才能维系，学科建设才能发展，重视和深化阿拉伯语课堂重构，需要阿拉伯语教学团队集思广益，勠力同心，结合创新创业教育，开拓教学改革视野，融合人文交流元素，拓展阿拉伯语教学新模式。

独立院校“双师型”教师队伍建设的实践探索

——以四川外国语大学成都学院阿拉伯语专业为例

李阳　郑祥雯[①]

【摘要】随着改革开放政策的实施与高考制度的恢复，我国的高等教育水平不断提高。其中，高等职业教育的发展也对教师的教学提出了新的要求，教师不仅仅要讲授理论知识，更要理论与实际结合，教授学生可实践的实际操作，这种类型的教师被称为“双师型”教师。此文分析了四川外国语大学成都学院阿拉伯语专业教师队伍的现状，并结合学校的办学特色和实际情况，提出了逐步建设一支业务能力突出的“双师型”教师队伍的建议。

【关键词】“双师型”教师；独立院校；阿拉伯语

一、“双师型”教师的概念

（一）学术界对于“双师型”教师概念的界定

教师在人类文明传承与发展过程中发挥着重要作用。在日常的教学中，教师是教学活动的组织者，将知识传授于受教育者，把他们培养成社会需要的专业人才。新时代背景下，教师依然在传递科学文化知识、推动人类向前发展等方面发挥着不可替代的作用。

---

① 李阳，四川外国语大学成都学院东方语系助教。郑祥雯，四川外国语大学成都学院东方语系助教。

随着改革开放政策的实施与高考制度的恢复，我国的高等教育水平不断提高，在这其中，高等职业教育也发展迅速。高等职业教育的发展也对教师的教学提出了新的要求，教师不仅仅要讲授理论知识，更要理论与实际结合，教授学生可实践的实际操作。由此，“双师型”教师这一概念应运而生。“双师型”教师这一概念最早于 1990 年由上海冶金专科学校的王义澄先生提出。王义澄先生在《建设“双师型”专科教师队伍》一文中，总结上海冶金专科学校关于教师培养的经验时提出，让教师通过带队参加实践、承担实践技术项目以提高自己的实践能力，成为有别于传统教师的“双师型”教师。由此以后，国内学术界便开始对“双师型”教师的相关课题进行了多维度、长时间的探索。不仅如此，国家也先后出台了一系列关于“双师型”教师的文件。

1995 年，国教委发布《国家教委关于开展建设示范性职业大学工作的通知》（教职〔1995〕15 号）文件，国教委在这份通知里首次明确提出了“双师型”教师这一概念。此通知指出：“有一支专兼结合、结构合理、素质较高的师资队伍。专业课教师和实习指导教师具有一定的专业实践能力，其中有三分之一以上的‘双师型’教师。”这份通知明确地提出了“双师型”教师在整个教师队伍中的占比。1998 年，国家教委制定的《面向 21 世纪深化职业教育教学改革的意见》中提出，要重视“双师型”教师的培养，更加直白地体现了国家对于培养“双师型”教师的重视。1999 年 6 月，国务院对于深化教育教学改革的文件明确提出了“吸收企业优秀工程技术和管理人员到职业学校任教”“加快建设兼有教师资格和其他专业技术职务的‘双师型’教师队伍”的策略”[①]，更加具体地提出了加强“双师型”教师队伍建设的方法。2000 年，教育部明确指出“培养具有‘双师资格’的新型教师。”[②]2004 年教育部颁发的《高职院校人才培养工作水平评估方案（试行）》在“专任教师结构”这一观测点中明确规定：“专业基础课和专业课中‘双师型’教师评估合格和优秀比例

① 国务院：《国务院关于深化教育改革全面推进素质教育的决定》，1999。
② 教育部：《教育部关于加强高职高专教育人才培养工作的意见》，教高〔2000〕2 号。

标准分别是 50% 和 70%。”同时也提出了“双师型”教师的界定标准，为高职院校建设“双师型”师资队伍提供了政策依据。2006 年，教育部再次强调“逐步建立‘双师型’教师资格认证体系，研究制定高等职业院校教师任职标准和准入制度”。[①] 国家先后出台的这些政策虽然没有具体明确的提出何为“双师型”教师，但是已从“双师型”教师的界定标准、如何建设“双师型”教师队伍等角度提出相关规定。

虽然对于“双师型”教师的具体为何尚未达成一致，但不论哪种观点或者标准，对“双师型”教师都有以下两个方面的要求。“第一，‘双师型’教师与传统教师一样，要教授学生相关的专业理论知识；第二，‘双师型’教师要区别于传统教师，不仅仅要教授学生理论知识，还要根据自己的实际工作经验指导学生进行专业实践。”“双师型”教师与传统教师类型相比，不仅仅强调其教授理论知识的能力，更注重其自身的实践能力以及传授实践经验的能力。

（二）外语类独立院校“双师型”教师的定位

“独立学院是由普通本科高校按新机制、新模式举办的本科层次的二级学院。不同于以往普通高校按照公办机制、模式建立的二级学院、分校或其他类似的二级办学机构。”[②] 独立院校一般具有实施相对独立的教学组织和管理，独立招生，独立颁发学历证书，独立进行财务核算等特性。

四川外国语大学成都学院是国家教育部批准设立的全日制普通本科高校。学院办学外语特色鲜明，学科优势突出。开设有英语、日语、德语、西班牙语、法语、葡萄牙语、朝鲜语（韩语）、俄语、越南语、泰语、意大利语、阿拉伯语、波兰语、捷克语、匈牙利语 15 个外语语种，以及翻译、商务英语、汉语国际教育、新闻学、国际经济与贸易、国际商务、会展经济与管理、体育服务与管理、酒店管理等与外语相关的本专科专业，还有经济与贸易、国际物流管

① 教育部:《关于全面提高高等职业教育教学质量的若干意见》，教高〔2006〕16 号。
② 刘元国主编:《大学生职业发展与就业指导》，4 页，北京，中国三峡出版社，2011。

理、外事管理、跨境电商、国际新闻、涉外旅游、国际酒店管理、师范、涉外文秘、学前英语教育管理、中小学英语教学、商务翻译、国际高尔夫运营与管理、国际足球运营与管理、国际网球运营与管理等专业方向。学院已形成以外国语言文学学科专业为重点，与中国语言文学类、经济与贸易类、工商管理类、新闻传播学类、旅游管理类、体育学类学科专业互为支撑、相互融合、协调发展的学科专业布局。

为培养学生的实际操作能力，突出以培养应用型外语人才为办学目标的特色，学院配备功能齐全的专业化、现代化教学设施设备、多媒体覆盖所有教室、多语种同声传译实验室、综合语言实验室、工程技术法语实训室、俄语高级翻译实训室、国际商务英语实训室、高尔夫虚拟仿真实验室、新闻录播实训室等先进的教学应用设备，提高学生的语言应用能力，持续推进"外语+"人才培养。

"应用型"外语人才的培养是我院的鲜明办学特色。为了与其接轨，我院还建设了一支特色鲜明的"双师型"教师队伍。例如，我院体育部按照学院"以外语学科为主，相关学科互相交叉、互为渗透的培养高素质复合型涉外人才的教学应用型学院"的办学定位，本着以培养德才兼备、具有宽阔国际视野的通用型体育人才的宗旨，2014 年开设体育运营与管理专业（国际高尔夫方向），2016 年成功增设体育运营与管理专业（国际足球方向），2017 年成功增设体育运营与管理专业（国际网球方向）。体育部拥有一支来自不同文化背景和专业领域，具有深厚运动学、体育学专业理论功底，同时又具备开阔国际视野和丰富实践经验的"双师型"师资队伍，包括朝鲜语、英语等。除此以外，我院的工程技术法语、汽车朝鲜语、经贸阿拉伯语等特色课程也拥有一批较强的"双师型"教师。

从我院的办学特色和人才培养方案、培养方式来看，我院对"双师型"教师的要求更加突出外语特色。我院的"双师型"教师定位为"能教授语言知识，培养学生的外语听、说、读、写基本能力，更重要的是以外语为工具教授学生外贸、工程技术、科技、体育等方面的相关专业知识，培养'外语+'人才。"我院的"双师型"教师定位是结合我院的特色与实际情况而来，目前我院的“双师型”教师队伍仍在不断发展壮大。

二、四川外国语大学成都学院阿拉伯语专业“双师型”教师队伍建设现状分析

（一）阿拉伯语专业教师队伍来源途径

截至2018年7月底，四川外国语大学成都学院阿拉伯语专业教师共计8名，其中，由高校引进的应届毕业生占比最大，为75%；有一定工作经验的社会人士占比为25%，且成为学院阿拉伯语专业“双师型”教师队伍的主要力量。

（二）阿拉伯语专业教师队伍结构分布

1. 年龄结构

四川外国语大学成都学院阿拉伯语教师中，30岁以下的年轻教师占比最大，为62.5%；31～40岁的教师占比12.5%；40岁以上的教师占比25%。

2. 学历结构

四川外国语大学成都学院阿拉伯语专业的8名教师中，4人具有硕士学位，占总人数的50%，其余教师具有学士学位，占比50%。

3. 职称结构

四川外国语大学成都学院阿拉伯语专业教师中，具有初级职称的教师占比62.5%，具有中级职称的教师占比37.5%。

（三）阿拉伯语专业“双师型”教师队伍建设存在的问题

通过以上对教师队伍来源途径及结构的分析，我们认为四川外国语大学成都学院阿拉伯语专业“双师型”教师队伍建设存在以下问题。

1. 教师队伍来源渠道相对单一

近几年来，四川外国语大学成都学院阿拉伯语专业教师的招聘

方法主要是，在网络上发布招聘信息或直接进入高校引进应届生人才，之后就较少主动出击，而是等待相关人才主动投递简历、上门面试，这就造成教师队伍来源渠道相对单一，具有较丰富社会经验的应聘者偏少。

2. 教师选拔标准未与“双师型”教师实际能力完全结合

四川外国语大学成都学院是应用型独立学院，其性质决定了其不可能走学术发展之路，但在阿拉伯语人才聘用方面，依然存在重学历、重职称、轻工作经验的情况，人才准入标准缺乏对“双师型”人才实际工作经验和能力的考查，这也导致部分“双师型”人才的流失。

3. “双师型”教师数量少且年龄偏大

四川外国语大学成都学院阿拉伯语专业“双师型”教师占比仅为 25%，且年龄较大，精力不足，不能完全满足专业对“双师型”教师的需求。

4. 教师队伍整体偏年轻化，缺乏社会工作实践经历

由于学院地理位置和性质等客观因素的局限性，阿拉伯语专业教师整体偏年轻，多为高校应届毕业生，教学经验和工作经验都相对不足，且入职后较难获得社会上专业对口的其他工作实践经历的机会。

5. “双师型”教师奖励机制不完善

目前学院对于“双师型”教师没有明确的认定机制，不管是“双师型”教师还是非“双师型”教师，其待遇和福利并没有明显差异，这在一定程度上挫败了教师们、尤其是努力发展成为“双师型”教师的年轻教师的主动性和积极性。

三、加强四川外国语大学成都学院阿拉伯语专业“双师型”教师队伍建设的有效途径

（一）以市场需求为导向，拓宽专业教师的来源渠道

目前四川外国语大学成都学院阿拉伯语专业教师来源渠道较为

单一，因此要广开渠道，不仅从高校引进阿拉伯语人才，还应根据阿拉伯语专业对“双师型”教师的需求，主动引进企业或事业单位的相关人才，考查其是否具备丰富的专业工作经历，能否独立担任一门应用性强、市场需求量大的课程，如工程阿拉伯语或互联网阿拉伯语等课程，并聘请其为学院的专职教师。

（二）制定科学的教师选拔标准

根据阿拉伯语专业对“双师型”教师的实际需求，专业应与学院负责招聘的部门协商，共同明确和优化阿拉伯语专业教师的选拔考核标准，转变观念，在招聘过程中权衡学历和工作经验的重要性，增加原生“双师型”教师的比例，以此也能减少后期培养“双师型”教师所花费的成本。

（三）加强校企合作，培养专业教师的实践能力

加强校企合作，既可以邀请企业“走进来”，也可以鼓励教师“走出去”。

企业走进高校，在高校内实现校企协同育人，对于企业和高校双方是一件互惠互利的事情。一方面，可以为企业的发展提供后备专业支撑，企业也能以高校作为平台提升自身的知名度；另一方面，高校也可借此培养出一大批具有相关工作经验和知识储备的“双师型”教师队伍。在四川外国语大学成都学院，阿拉伯语专业与纳美教育进行了长期合作，共同培养“阿拉伯语＋英语”方向的导游，这些参加培训的老师，今后将成为旅游阿拉伯语方向的“双师型”储备人才。

校企合作的另一种方式是将教师送入企业内部进行挂职锻炼。教师所进入的企业由学院统一规定，同时，学院和企业要定期检查教师挂职锻炼的成果，并做好教师在企业锻炼期间的痕迹管理，与教师返校后所获得的奖惩挂钩。

（四）加强与政府职能部门的合作

加强与政府职能部门的合作，主要依托大成都范围内的政府各职能部门，为其开展的各类国际会议等提供翻译和接待服务，达成了专业教师与阿拉伯国家宾客间的跨文化交际，习得了各类商务、外事接待礼仪，全面提升了综合素质，也为“双师型”教师的发展提供助力。

（五）完善“双师型”教师的评价标准和奖励机制

学院首先应明确“双师型”教师的标准，对符合条件的教师给予称号和物质上的奖励，同时，也可以考虑引入“双师型”教师的教学名师评选机制，使一些低学历的“双师型”人才能与其他教师同台竞技，激发原生“双师型”教师的教学热情，同时，也能鼓励更多年轻教师积极投身“双师型”教师的发展队伍中。

四、结语

“‘双师型’教师是我国高等职业教育对教师素质的一种特殊的要求，是实现以就业和个体发展为导向的教育目标、提高高等职业教育水平、推进高等职业教育教学改革和强化实践教学的需要。高等职业教育的‘双师型’教师作为复合型的教育活动者，必然有其特殊的知识结构和素质要求。”[①] 由于教育主管部门、高职院校、教育专家学者和一线教师从不同角度理解，对“双师型”教师时至今日仍然存在众多的关于其内涵、标准的解读。虽未达成明确的统一的标准，但也不妨碍其随着我国教育水平的提高、办学方式的多样化而一直发展。不论是“双师型”教师的培养模式还是其评价标准，都在整体向前推进。外语独立类院校更要结合自己的办学特色和实际情况，打造一支专业素质过硬、业务能力突出的“双师型”教师队伍，以适应全方位、多层次、宽领域开放办学、合作办学的办学特色，培养“德才兼备，一专多能”，具有国际视野的高素质复合型涉外人才。

① 付兴国:《现代高等职业教育论》，167 页，北京，中国轻工业出版社，2014。

【参考文献】

[1] 王义澄 . 建设“双师型”专科教师队伍 [N]. 中国教育报，1990-12-05.

[2] 刘元国主编 . 大学生职业发展与就业指导 [M]. 北京：中国三峡出版社，2011.

[3] 王维坤，温涛 . 民办高校师资队伍建设的问题与出路 [J]. 中国高教研究，2014（1）.

[4] 张婷婷 . 高校“双师型”教师队伍建设模式的研究 [J]. 职业教育与培训，2018（16）.

[5] 白杨 . 我国高校教师招聘的现状和存在问题 [J]. 辽宁广播电视大学学报，2011（2）.

[6] 周晓梅 . 校企合作背景下“双师型”师资队伍建设——以旅游管理专业为例 [J]. 江苏经贸职业技术学院学报，2018（3）.

[7] 国家教委 . 国家教委关于开展建设示范性职业大学工作的通知 . 1995-12-19.

[8] 国家教委 . 面向 21 世纪深化职业教育教学改革的原则意见 . 1998.

[9] 国务院 . 国务院关于深化教育改革全面推进素质教育的决定 . 1999.

[10] 教育部 . 教育部关于加强高职高专教育人才培养工作的意见 . 教高〔2000〕2 号 .

[11] 教育部 . 高职高专院校人才培养工作水平评估方案（试行）. 教高〔2004〕16 号 .

[12] 教育部 . 关于全面提高高等职业教育教学质量的若干意见 . 教高〔2006〕16 号 .

独立学院应用型阿拉伯语人才培养模式探索

——以四川外国语大学成都学院为例

徐先美[①]

【摘要】独立学院是中国普通高等院校中的一支重要力量，以培养应用型人才为目标，伴随互联网时代的到来以及“一带一路”倡议的深入推进，中国与阿拉伯国家的经贸活动蓬勃发展，中阿经贸活动的良势发展需要一大批应用型人才。本文将以四川外国语大学成都学院为例，从市场对阿拉伯语人才的能力素质要求探索应用型阿拉伯语人才培养模式，对课程设置、教学方式、师资建设以及教学效果测评等方面进行优化改革。新的人才培养模式更符合市场需求，利于提高教学质量，扩大学生出口，也有助于打造专业特色。

【关键词】独立学院；阿拉伯语；应用型人才培养模式

一、引言

中国与阿拉伯国家保持着友好稳定的合作伙伴关系，中国与阿拉伯国家间的经贸合作领域不断拓宽，规模不断扩大，合作项目不断深入推进，对阿拉伯语人才的培养提出了更多元、更高的要求。在开设阿拉伯语专业的院校中，独立学院是一支不可忽视的力量，虽然其发展历程不长，但其发展态势良好，为地方经济社会服务作

① 四川外国语大学成都学院东方语系讲师。

出了积极贡献。独立学院自创办之初即定位为民办普通高等院校，为社会经济发展培养应用型人才，随着经济的转型升级，为更好的服务社会经济发展，打造自身特色，独立学院也应积极进行人才培养模式探索。

二、独立学院阿拉伯语人才培养现状

独立学院由一批于20世纪末至21世纪初的公办高校创办的国有民营二级学院发展而来，2003年，教育部发布《关于规范并加强普通高校以新的机制和模式试办独立学院管理的若干意见》把这种新的办学形式定名为“独立学院”。独立学院以母体高校为依托，借助其办学机制和模式再结合自身的发展情况不断调整，逐步走上自主办学、自我管理的发展轨道。①

四川外国语大学成都学院于2000年建校，阿拉伯语专业开设于2011年，在开设阿拉伯语专业的独立院校中起步相对较晚，截至目前，共有4届毕业生，平均每年约有7%的学生成功考取研究生，其余大部分学生进入了各类企业、公司工作。在学院内涵式发展的背景下，阿拉伯语专业一直致力于不断优化人才培养方案，截至2017年，人才培养方案经过多次修改，形成目前低年级阶段重基础、高年级阶段重技能的模式。但由于我院阿语专业开办时间较短，师资队伍年轻等多重因素，多次修改后的人才培养方案均是基于专业现实和在借鉴兄弟院校经验的基础上而形成的，未打造出自身的专业特色。而作为培养应用型外语人才的独立学院，必须错位发展，塑造特色，才能在高校中拥有立足之地并良好发展。而学院的特色基于专业的特色，因此川外成都学院阿拉伯语专业开展以市场为导向的人才培养模式探索是必然趋势。

① 樊哲等:《独立学院发展的现状研究与对策建议》，载《中国高等教育》，2011（3/4）。

三、中阿外经贸人才市场需求

随着“一带一路”倡议得到世界各国的认同与积极参与，中国与“一带一路”沿线国的经贸合作蓬勃发展，对外经贸人才的需求空前增大，截至 2018 年 6 月，“一带一路”沿线国家共 73 个，其中阿拉伯国家占 15 个，[①] 中国与阿拉伯国家间的贸易活动往来增多，据统计，2017 年，中阿货物贸易额达 1913.52 亿美元，同比增长 11.9%；2014—2016 年，阿联酋与中国双边贸易额合计达 5206 亿迪拉姆（约合 1418 亿美元），中国连续三年在阿联酋主要贸易伙伴排名中位居榜首；2015 年，中国成为沙特最大贸易伙伴；2017 年，中国是埃及第一大进口来源地。[②]2018 年 7 月 16 日于北京召开的中阿合作论坛第八届部长级会议取得丰硕成果，中方同 21 个阿拉伯语国家的代表进行深入探讨，达成了 100 多项共识，双方签署了《论坛 2018 年至 2020 年行动执行计划》等重要成果文件，明确了双方接下来在经济、能源、旅游、教育等方面的合作路径和计划，其中关于经济领域的合作计划占比最大。因此，未来中阿之间的经贸合作需要大量的应用型复合型阿拉伯语人才，而高素质的应用型涉外人才是推动双方经贸合作蓬勃发展的重要因素之一。此外，随着跨境电商的蓬勃发展，对外经贸人才也提出了更多元、更高的要求。

四、外经贸人才的能力素质要求

“互联网”时代的到来和跨境电商的蓬勃发展使得对外贸易活动对外贸人才能力素质提出了新要求，主要体现在以下几个方面。

（一）外语能力和文化底蕴

语言是沟通的桥梁，精通外语是为经贸往来做好服务的基础。

① 中国一带一路网，https：//www.yidaiyilu.gov.cn/info/iList.jsp?cat_id=10037，2018-07-29。

② 中华人民共和国商务部统计数据，http：//www.mofcom.gov.cn/mofcom/xyfzhou.shtml，2018-07-29。

使用对象国语言有助于经济贸易活动的开展，了解目的国的人文风俗、传统习惯也是保证贸易活动顺利开展的条件；同时，外经贸人才还需拥有文化自信和健康的心理素质，才能经受多元文化的冲击，拥有良好的跨文化交际能力。[①] 应用型阿拉伯语人才需拥有扎实的听、说、读、写、译基本功，也必须熟悉阿拉伯国家的国情、文化传统和社会风俗。此外，英语作为全球通用语言，对外贸易过程中的许多贸易环节如报关等仍然以使用英语为主，掌握对象国语言的同时还需熟练掌握英语。

（二）实践能力与创新能力

实践能力主要是指，对语言和对经贸活动过程各主要环节与流程的掌握与应用。如今许多外资、外贸公司希望招到的人才能立刻上岗，但实际上高校的培养与市场实际需求有不同程度的脱节，许多毕业生表示在实际工作中除了会运用到所学语言外，还需掌握其他知识与技能，如熟练使用办公软件，具备一定的商务谈判能力、营销能力、活动组织策划能力等。在岗位上从头学习这些技能在某种程度上制约了学生的职业发展，加大了企业的投入成本。且由于国内缺乏学外语的环境，学生还是习惯于重书面学习，轻或怯于口头表达，因此需在教学侧重和机制建设上引导学生重视并强化实践能力，通过具体实践能激发学生的创造力，提升学生的沟通力，增强学生的综合素质。

（三）外贸专业知识要求

作为应用型的阿拉伯语人才必须了解经济学原理、国际贸易实务、国际商法、市场营销学、商务英语等主要课程知识，才能构建基本的对外经贸知识框架，使学生具备较好的从事外经贸相关业务的专业知识能力。

---

① 唐静等:《“一带一路”倡议与高校外经贸双创人才培养优化》，载《广东外语外贸大学学报》，2018（1）。

五、应用型阿拉伯语人才培养模式探索

（一）加强课程体系建设，优化教学内容

培养应用型的人才课程体系必须紧随外经贸发展步伐，注重实践性和应用性。独立学院无论是在资金支持上还是人力成本上都有一定的局限，为达到培养目标，笔者认为可以通过"间接融合"至"深度融合"的方式达成，分为低年级阶段（前两年）和高年级阶段（后两年），两个阶段的课程设置相互依存，相辅相成。①

低年级阶段仍然重视语言基础的夯实，其一是保持对阿拉伯语基础课程的重视，这也是应对专业四级考试的基础；其二是开设应用英语课程，侧重商务英语的教学，借学生高考后仍然有较强英语表达能力之势，保持英语能力不退步；其三是可融合其他院、系部的资源分学期开设与国际经济贸易知识相关的课程，使学生能从理论上了解国际经济与贸易专业理论知识和方法，了解国际法律法规和国际贸易规则，为后期的"深度融合"奠定基础。②

高年级阶段课程设置可加大经贸阿拉伯语课程的比重或者细分经贸类课程，如阿拉伯语商务谈判等。低年级阶段开设的经济贸易课程已经解决了学生理论方面的知识，也为高年级阶段经贸阿语课程节省了基础贸易理论和方法、原则等内容的课时，侧重于应用能力的培养。这一类课程可通过设置阶段性目标或者主题式教学内容设置逐步完成涉及金融、合同、商法、进出口业务、跨境电商、知识产权交易等领域的教学，教学方法上可由简入难，先从简单的请柬、表格、函件逐步过渡到商业询报盘、劳务合同、工程承包等，侧重案例教学和模拟实验教学。③

独立学院办学历程短，各方面的积累都还有一定欠缺，藏书资

① 姜克银：《信息化时代的宁夏高等院校阿拉伯语复合型人才培养模式研究》，载《西北民族大学学报》，2014（5）。

② 王瑛等：《有关复合型商务阿拉伯语人才培养的探讨》，载《辽宁广播电视大学学报》，2016（1）。

③ 李秀芳等：《高校应用型外经贸人才培养之探讨》，载《教育理论与实践》，2009（4）。

料远比其他公立高校要少得多，资源平台也十分有限，加之阿拉伯语各科教材数量较少，目前各科目的教材仍然是采用大多数公立院校所使用的教材，教学内容上存在一定的滞后性，且与独立学院人才培养目标和学生实际需求不完全相符。因此，必须改革教学内容。一种途径是在国内、外选择与培养目标相吻合的教材；另一种途径是，结合学院实际编写校本教材，教学内容的选取需遵循科学性、真实性和时效性的原则，教学材料应来源于真实应用材料，并保持材料的及时更新，才能最大程度上使教学效果与工作需求相吻合。

（二）优化教学方式，注重教学过程管理

独立学院学生入口层次不高，学习动力不足，大部分学生都没有形成良好的学习习惯，加之阿拉伯语入门难度大，许多学生容易产生畏难情绪，如果教师的教学方法生硬、单一，很容易使学生对一成不变的教学模式感到厌倦，丧失学习兴趣，从而厌学、弃学。因此，保持学生的学习兴趣和形成良好的学习氛围、习惯就显得十分重要，这在很大的程度上依赖丰富的教学方式。教学方式应与教学目标、教学内容相适应，且保持“学生为中心”的原则，除了讲授法、讨论法、情景演练法、启发式教学法等传统教学方法外，教师还应充分利用现代信息技术，增加课堂趣味性；注重课堂文化渗透，增加知识的延展性；科学设计课堂实践教学大纲，激发学生的主观能动性。

科学的教学内容，多样的教学方式，再辅以行之有效的教学管理方式，才能最大程度保障并促使学生进行有效学习。笔者认为，针对独立学院学生的学情，从阿拉伯语专业教师层面可分三个阶段进行管理。

1. 第一阶段（即第一学年）应当进行全面管理

这一时期学生刚入门，是学习兴趣最为浓厚、迫切的时期，也是养成良好班风、学风，培养良好的语言学习习惯的关键期，因此必须从课前、课上、课后的学习状态、心理变化、适应力等方面进行全方位的管理，重视学生的学习效果，关注学生的学习态势，引

导良好的学习方式。

2. 第二阶段（即第二学年）应当进行分层管理

经过一学年的学习，大部分学生都有了自己的学习方式和习惯，这一时期专业教师一方面可通过常规的要求继续保持良好的班级学风态势，另一方面还需对学习效果不太理想的学生有针对性地管理，帮助他们建立自信，改善学习方法，提高学习效率。

3. 第三阶段（即高年级阶段）可进行目标管理

这一阶段需要给学生足够的空间去发挥和创造，多途径、多方式地达到同一教学目标，外松内紧、张弛结合，才能尽可能地发挥学生的主观能动性，提高学生的实践能力和创新能力。

（三）深化实践育人平台建设，提升学生综合能力

仅有课堂内的实践教学环节还远不足以锻炼学生的实践能力，良好的实践育人平台更能真实地反映学生的语言应用能力并使之得到极大的锻炼和提高。实践育人平台可从三个层面开展：校内、校外和国外。校园内可组织课外实践教学活动，通过模拟、还原贸易过程来加强对外贸流程的了解；校外可积极通过校企合作建立实践教学基地，分批次让学生深入公司、工厂内部了解一线生产过程和贸易活动的开展；国外可充分利用国际交流合作，开设实践、实习环节，让学生将所学知识应用到真实的工作环境中，有效检验教学效果和学生的学习情况。无论是哪一层面的实践活动，都需建立反馈机制，反哺教学活动。

（四）加强师资队伍建设，提升教学质量

独立学院师资队伍整体偏年轻化，且多数是从高校毕业后直接进入教学岗位，因此缺乏实践经验和系统的外经贸专业知识。为达到应用型人才培养目标，就必须加强师资队伍建设。从阿拉伯语专业教师层面来说，首先，要加强外经贸知识储备，了解基本的贸易理论、方法和原则，熟悉常规的贸易流程，掌握基本的商务英语用语；其次，还需了解阿拉伯主要国家的政策法规、社会文化与国情等内容；再次，可鼓励教师积极利用假期深入企业实践、调研，通

过第一手资料和实战经验促使教师往“双师型”教师发展；最后，还可以通过聘请企业相关领域的从业专家以系列讲座等形式向学生授课，以补足缺乏行业知识的不足。

（五）改革教学效果测评方式

独立学院尤其是外语类学生学习效果的测评方式仍然是以卷面考试为主的终结性评价，这种评价方式标准单一，难以有效检测学生的综合应用能力。而应用型人才的能力涉及多方面，除了基本的语言能力、外经贸专业知识外，还需具备跨文化交际能力，沟通协作能力，应变能力以及创新能力等，而这些能力无法通过一纸试卷有效检测，因而需在现有的终结性评价的基础上更侧重过程性评价，可在教学过程中通过学生自评、小组互评、教师点评相结合的方式让学生了解自己的学习状态和效果，也有利于提高学生的学习兴趣和主动性。终结性评价也可结合教学情况，设计小组主题发表、实践报告、论文等多种形式的考核方式。

六、结语

四川外国语大学成都学院对于应用型阿拉伯语人才培养模式的探索是以市场需求为导向，以自身办学定位与实际为基础，以培养具有扎实语言基础技能、较强专业实操能力、过硬综合素质人才为目标。通过探索人才培养模式，能促进课程体系建设，教学内容、教学方式、测评机制改革，师资队伍建设，也能促使教师自身专业素养和教学能力的提高。

然而，人才培养模式探索是一个复杂的、涉及多方面因素的过程，此次探索尚在起步阶段，还涉及如课时具体分配、课程教学大纲设计、教学方式具体优化方案、教学效果测评标准等一系列重难点，这些还需在今后进一步科学研讨，构建一个科学的、可操作的、符合人才市场需求的应用型阿拉伯语人才培养模式。

图书在版编目（CIP）数据

当代阿拉伯研究：阿拉伯语语言文学学科发展与课程建设专辑. 2 / 刘欣路，吴旻雁主编. —北京：北京师范大学出版社，2019.5
ISBN 978-7-303-24655-7

Ⅰ. ①当… Ⅱ. ①刘… ②吴… Ⅲ. ①阿拉伯语—教学研究 Ⅳ. ① H37

中国版本图书馆 CIP 数据核字（2019）第 074409 号

营 销 中 心 电 话 010–58805072 58807651
版权与国际合作部 http：//www.bnup.com

DANGDAI ALABO YANJIU
出版发行：北京师范大学出版社 www.bnup.com
北京市海淀区新街口外大街 19 号
邮政编码：100875
印　　刷：北京盛通印刷股份有限公司
经　　销：全国新华书店
开　　本：710 mm × 1000 mm 1/16
印　　张：17.75
字　　数：252千字
版　　次：2019年5月第1版
印　　次：2019年5月第1次印刷
定　　价：86.00元

策划编辑：谢　曦　　责任编辑：杨　艳
美术编辑：汝俊杰　　装帧设计：汝俊杰
责任校对：段立超　陈　民　　责任印制：刘英杰